新编21世纪高等职业教育精品教材 **金 融 类**

新型活页工作手册式教材

金融科技应用

主 编 张 蓓 单 俊
副主编 吕 勇 魏 曼 杨萌萌 高 娜
参 编 刘 馨 谢 瑶 张书娟 张 朗

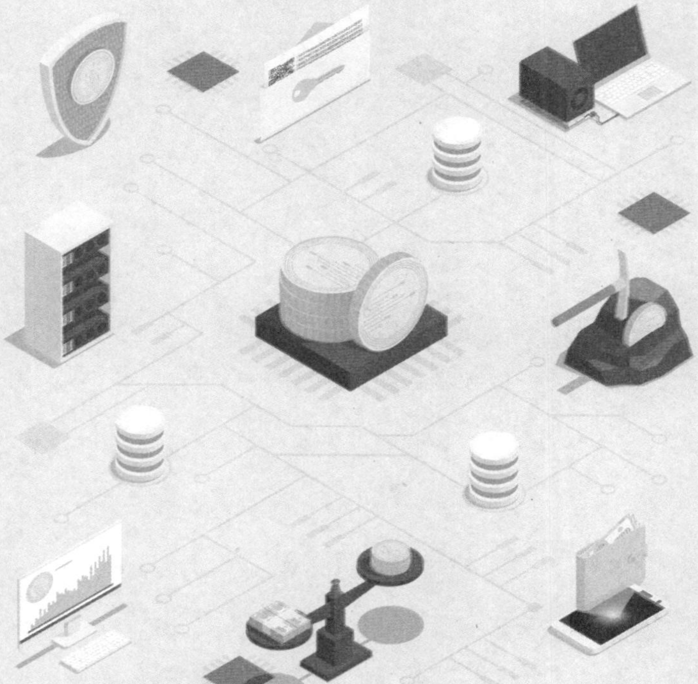

中国人民大学出版社
· 北京 ·

前言

PREFACE

教育部2021年发布了职业教育新专业目录，“互联网金融”升级为“金融科技应用”。为适应新专业教学需要，北京经济管理职业学院对互联网金融专业进行了升级改造，与此同时，花大力气对金融科技应用这门专业基础课进行了集中建设。其间，我们主持了金融科技应用国家级教学资源库中“金融科技”（Financial Technology）这门中英双语课程的建设，录制了大量的中英文微课、动画，整理了金融科技典型案例库、题库等，建立了电子化、立体化、多样化的课程资源。

党的二十大对金融业的发展提出了高屋建瓴的规划，强调要深化金融体制改革，加强和完善现代金融监管，提升金融业对实体经济的支持力度。金融科技对金融业的发展至关重要，一方面要充分利用金融科技，对金融业进行创新，提升金融服务的效率和效果；另一方面要积极利用金融科技来管理金融风险并注意防范金融科技自身风险。本教材贯彻了党的二十大精神，强调金融科技在金融业的具体应用，加强课程的实操性，真正落实“做中学”。我们与上海逸景网络科技有限公司的专家合作开发了针对金融科技专业的虚拟仿真实训模块，并合作开发出这本新型活页工作手册式教材。

与同类教材相比，本教材具有以下特色：

1. 校企合作，共同开发基于教材的虚拟仿真实训模块

本教材强调“做中学”，除项目一外，其余项目都开发了专门的实训模块，让学生通过自主操作和探索来理解金融科技在金融业的应用，消化吸收课程知识点，并形成实操技能，为学生走上工作岗位做好准备。

2. 编写体例新颖，采取活页工作手册的形式，注重实操性

本教材按照理实一体化教学模式来设计，除项目一外，其余项目均由“核心知识点”、“应用案例”、“实训操作指引”和“总结与展望”四部分构成，理实结合、讲训一体，注重以学生为主体，使学生真正理解金融科技的内涵和应用方式。

在本教材中，每个项目都配有精心设计的任务单和评价表，学生必须完成每个任务及学习评价，所有学习过程在教材中都留有痕迹，大大增强了教材的实用性。

3. 建设立体化教材，配套丰富的资源以支持学习和教学

本教材充分发挥“互联网+”的优势，学生通过手机扫描教材中的二维码，即可观看实训操作相关视频，直接获得实训指导，有助于学生进行个性化的自主学习，实现翻转课堂。同时，本教材配套的金融科技应用国家级教学资源库，为学生和教师提供了丰富的中英文微课和动画、中英文教学 PPT、习题、案例等资源。

教材编写组由来自高职院校金融科技应用专业的骨干教师以及金融科技企业专家共同组成，他们是：北京经济管理职业学院的张蓓、吕勇、魏曼、杨萌萌、高娜等五位老师，以及上海逸景网络科技有限公司的单俊总经理、刘馨经理、谢瑶经理、张书娟经理和张朗经理。

本教材可作为高职院校金融科技课程的专业教材，也可作为金融科技应用专业的实训课程教材。本教材由五大项目构成：第一个项目是金融科技基础知识，以学生为主体，教师指导学生查阅资料、分组讨论、分析案例，由学生完成教材中的各个任务，实现对知识的探索和掌握。每个任务模块的学习结束后，学生可完成教材中的知识点巩固测试，就所学内容进行复习和巩固。第二个项目至第五个项目分别是金融科技在银行、证券、保险、金融监管等领域的应用，每个项目都分成四个任务：核心知识点、应用案例、实训操作指引、总结与展望。核心知识点用于巩固基本理论，本教材设计了大量知识点巩固测试，帮助学生巩固基本理论；应用案例则精选金融科技在金融业应用的典型案例，由教师指导学生进行分析讨论，有助于学生了解行业发展现状；实训操作指引则以金融业真实任务为原型，通过虚拟仿真实训软件，帮助学生实现“做中学”，深入理解并灵活运用所学知识，提升实操技能；总结与展望则对学习重点和难点进行总结，并对金融科技发展的未来进行展望，拓宽学生的专业视野。第二个项目至第五个项目以教师为主导、以学生为主体，教师指导学生完成课前、课中、课后三个环节涉及的各种任务，并指导学生在软件平台上完成实训操作，最后，学生还要填写评价表，对学习过程进行评价和反思。本教材实现了贯穿课前、课中和课后三阶段的课堂设计，有助于提升课堂的效率和效果。

因活页工作手册式教材是编者的创新尝试，受限于自身的水平和经验，本教材存在不足及错漏之处在所难免，恳请广大读者批评指正。涉及实训软件使用咨询的，请与上海逸景网络科技有限公司的单俊总经理联系，电话：13391118022。

编者

目录

CONTENTS

项目一 金融科技发展概述

学习目标

知识目标

1. 认识云计算的概念、特点、服务模式和系统结构；
2. 认识区块链的定义、特征和基础技术；
3. 了解大数据的定义、分类和基本原理，掌握大数据处理流程；
4. 掌握区块链的网络构架——公有链、联盟链、私有链；
5. 理解人工智能的概念和八大底层技术基础。

能力目标

1. 能够分析云平台与信息系统的资源层、平台层、应用层、用户访问层以及管理层五个基本组成部分的设计结构；

2. 能够熟练分析云计算服务的三种基本模式——SaaS 模式、PaaS 模式和 IaaS 模式；

3. 能够合理选择统计分析、聚类分析、决策树、人工神经网络、关联规则、Web 数据挖掘和数据可视化技术等，为客户提供数据挖掘金融服务；

4. 能够结合区块链的技术特征为客户选择与业务匹配的区块链网络构架；

5. 能够理解并分析人工智能技术如机器学习、自然语言处理、物体识别、OCR 识别、生物特征识别等的实现逻辑。

素养目标

1. 培养学生求真务实、探索真理的科学素养；
2. 培养学生勇于探索、敢于突破的创新精神；
3. 培养学生奋发学习、实现科技强国的使命感和担当精神。

知识架构

金融科技发展概述
认识云计算的内涵、服务模式和系统结构
课前任务——了解云计算类金融科技公司及其用人需求
课中任务
云计算的概念
云计算的特点
云计算服务的模式——讨论身边的云计算服务属于哪种模式
云平台与信息系统基本结构
课后任务——知识点巩固测试
认识大数据的内涵和处理流程
课前任务——大数据应用案例分析
课中任务
大数据的定义
大数据的分类
大数据的基本原理
大数据的数据采集
大数据的数据存储
大数据的数据处理
大数据的数据挖掘——数据可视化分析软件功能探究
课后任务——知识点巩固测试
认识区块链的内涵和基础技术
课前任务——银行票据市场存在哪些痛点问题
课中任务
区块链的定义
区块链的特征
区块链的基本构成
区块链的工作过程
区块链的网络构架——分析三类区块链技术的特点、适用场景、优势及不足
课后任务——知识点巩固测试
认识人工智能的内涵和技术基础
课前任务——找找手机里的人工智能
课中任务
人工智能的概念
人工智能底层技术基础——讨论人工智能底层技术的未来发展趋势
课后任务——知识点巩固测试

任务一 认识云计算的内涵、服务模式和系统结构

课前任务　了解云计算类金融科技公司及其用人需求

请同学们上网查阅云计算类金融科技公司的招聘信息，分别查找这些公司的主要业务领域、发展情况、急需用人的岗位及其任职要求，并填写表 1-1。

表 1-1　课前任务：了解云计算类金融科技公司及其用人需求

类型	公司名称	业务领域	发展情况	招聘岗位	任职要求
银行类					
保险类					
证券类					
科技类					

课中任务

一、云计算的概念

“云计算”的概念较早是由美国的谷歌公司提出的。云计算包含两个层面的含义：一是商业层面，即“云”。“云”是互联网的一种比喻性说法，即互联网与建立互联网所需的底层基础设施的抽象体。二是技术层面，即“计算”。“计算”当然不是指一般的数值计算，而是计算机所提供的计算服务，包括计算、存储、资源分配等各种功能。

云计算是由分布式计算（distributed computing）、并行计算（parallel computing）、网格计算（grid computing）发展而来的，是一种新兴的商业计算模式。鉴于人们对云计算的认识还在不断发展变化，目前云计算的定义有以下几种：

中国云计算网将云计算定义为：云计算是分布式计算、并行计算和网格计算的发展，或者说是这些科学概念的商业实现。

美国国家标准与技术研究院（NIST）将云计算定义为：云计算是一种按使用量付费的模式，提供可用的、便捷的、按需的网络访问服务，进入可配置的计算资源共享池（包括网络、服务器、存储、应用软件、服务），这些资源能够快速地提供，只需进行很少的管理工作，或与服务提供商进行很少的交互。

综上，云计算是一种基于互联网的超级计算模式，它将计算资源汇集起来，进行统一管理和协同合作，以便提供更好的数据存储和网络计算服务。

二、云计算的特点

云计算通过把计算分布在大量的分布式计算机上而非本地计算机上或远程服务器中，使得企业数据中心的运行与互联网更相似。引入云计算，企业就能够将资源切换到需要的应用上，根据需求访问计算机和存储系统。这好比是从单台发电机模式转向电厂集中供电的模式，它意味着计算能力也可作为一种商品实现流通，就像水、电、气一样，取用方便，费用低廉，但云计算能力是通过互联网而不是有形的管线进行传输的。云计算有以下八大特点：

（一）超大规模

“云”具有相当的规模，谷歌云涉及100多万台服务器，亚马逊、IBM、微软等的“云”都涉及几十万台服务器。企业的私有“云”一般涉及数百或上千台服务器。“云”能赋予用户前所未有的计算能力。

（二）虚拟化

云计算支持用户在任意位置使用各种终端设备获取应用服务。用户所请求的资源来自“云”，而不是固定的有形实体。应用在“云”中某处运行，但实际上用户无须了解也不用担心应用运行的具体位置，只需要一台计算机或者一部手机，就可以通过网络服务来实现所需的，甚至包括超级计算这样的任务。

（三）高可靠性

云计算必须保证服务的可持续性、安全性、高效性和灵活性。所以，对提供商来说，必须采用各种冗余机制、备份机制、足够安全的管理机制和保证存取海量数据的灵活机制等，从而保证用户数据和服务安全可靠。对用户来说，只要支付一笔费用，即可得到提供商提供的专业级安全防护服务，节省大量的时间与精力。

（四）通用性

云计算不针对特定的应用，在“云”的支撑下可以构造出千变万化的应用，同一个“云”可同时支撑不同的应用运行。

（五）高扩展性

“云”的规模可以动态变化，满足应用和用户规模增长的需要。

（六）按需服务

“云”是一个庞大的资源池，用户可以按需购买资源；“云”可以像水、电、气那样计费；“云”的规模是可以动态变化的。在使用云计算服务的时候，用户所获得的计算资源按用户的个性化需求增加或减少，用户在此基础上对自己使用的服务付费。

（七）高性价比

由于“云”的特殊容错措施可由高性价比的节点形成，“云”的自动化集中管理使大量企业无须负担日益高昂的数据中心管理成本，“云”的通用性使资源的利用率较传统系统大幅提升，因此用户可以充分享受“云”的低成本优势，通常只要花费几千元、几天的时间就能完成以前需要数万元、数月的时间才能完成的任务。

（八）基于互联网

云计算是通过把一台台的服务器连接起来，使服务器可以相互传输数据，数据就像网络上的“云”一样在不同服务器之间“飘”。

三、云计算服务的模式

云计算可分为 SaaS（software as a service，软件即服务）、PaaS（platform as a service，平台即服务）、IaaS（infrastructure as a service，基础设施即服务）三种服务模式。

（一）SaaS——软件即服务

SaaS 是提供软件服务的应用模式，要求能够支持不同租户之间数据和配置的隔离，从而保证每个租户的数据安全与隐私，以及用户对诸如界面、业务逻辑、数据结构等的个性化需求。由于 SaaS 同时支持多个租户，每个租户又有很多用户，这对支撑软件的基础设施平台的性能、稳定性、扩展性提出了很大的挑战。

最早的 SaaS 模式当属在线电子邮箱，这改变了人与人之间的沟通方式。目前，SaaS 的种类与产品十分丰富，如面向个人用户的服务，包括账务管理、文件管理、表格制作、日程表管理等；面向企业用户的服务，包括在线存储管理、网络会议、客户关系管理（CRM）、企业资源管理（ERP）、人力资源管理（HRM）、销售管理（STS）以及针对特定行业和领域的应用服务等。

（二）PaaS——平台即服务

PaaS 是一种无须下载或安装即可通过互联网发送操作系统和相关服务的模式。由于 PaaS 模式能够将私人电脑中的资源转移至“云”上，有时它也被称为“云件”，是 SaaS 的延伸。PaaS 是把服务器平台、开发环境或者业务基础平台作为一种服务，以 SaaS 模式提交给用户的一种商业模式。因此，PaaS 也是 SaaS 的一种应用，但 PaaS 的出现可以加快 SaaS 的开发速度。

PaaS 模式的典型应用有以下三种：

（1）应用程序开发 / 运行平台，如 Google App Engine；

（2）在线数据库服务，如亚马逊在线简单数据库服务；

（3）云操作系统，如 Windows Azure。

（三）IaaS——基础设施即服务

在 IaaS 模式下，向用户出租计算能力、存储、网络和其他基本的计算资源；用户能够部署和运行任意软件，包括操作系统和应用程序。用户不管理或不控制底层的云计算基础设施，但能控制操作系统、存储、部署的应用，也能选择网络组件（例如，防火墙、负载均衡器）。用户可以通过互联网从完善的计算机基础设施中获得服务，这类服务即 IaaS。基于互联网的服务（如存储和数据库）是 IaaS 的一部分。

IaaS 模式的典型应用有以下五种：

（1）云主机；

（2）云存储；

（3）云容灾备份；

（4）虚拟防火墙；

（5）弹性计算平台。

从用户角度而言，这三层服务是独立的，它们提供的服务、面向的用户不尽相同。但是，从技术角度而言，云计算服务架构的这三个层次是有一定依赖关系的。比如，SaaS 层的产品和服务不仅需要用到 SaaS 层的技术，而且还依赖 PaaS 层所提供的开发和部署平台，或者直接部署在 IaaS 层所提供的计算资源之上；而 PaaS 层的产品和服务也很有可能构建在 IaaS 层服务之上。与传统封闭套件相比，IaaS、PaaS、SaaS 模式服务内容如图 1－1 所示。

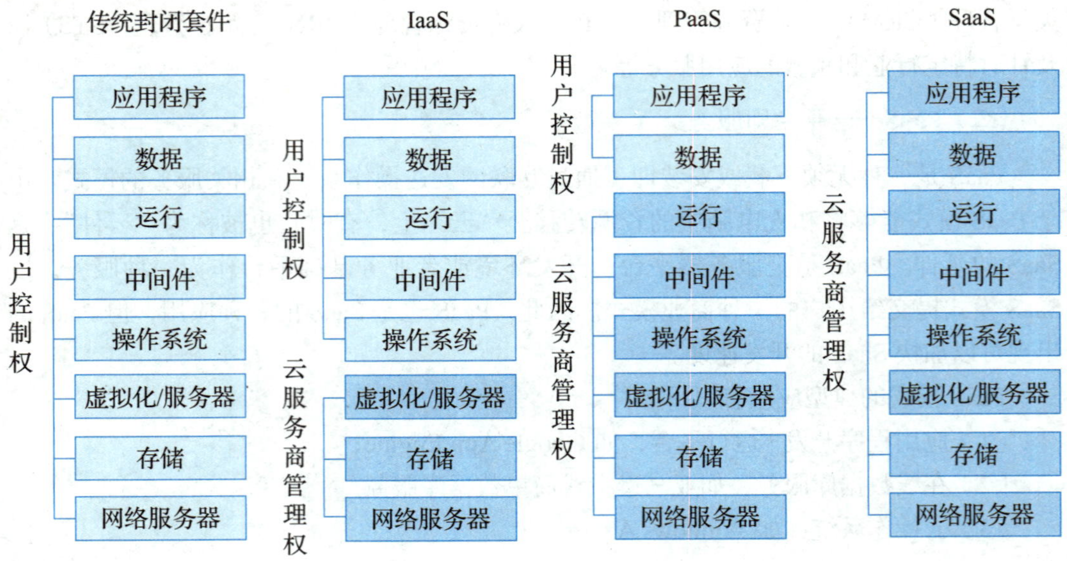

图 1-1　IaaS、PaaS、SaaS 模式服务内容

课中任务单　讨论身边的云计算服务属于哪种模式

4～6名学生为一组，各组从IaaS层、PaaS层、SaaS层选取一个，讨论身边的云计算服务属于哪种模式，列出其优点、不足和适用性，完成表1-2。

表 1-2　课中任务单：讨论身边的云计算服务属于哪种模式

组别		小组成员	
小组任务	讨论身边的云计算服务属于哪种模式，列出其优点、不足和适用性		
讨论记录			

四、云平台与信息系统基本结构

一个典型的云平台一般由资源层、平台层、应用层、用户访问层以及管理层组成。

（一）资源层

资源层即IaaS层，位于云平台架构的底层，主要由服务器、存储设备和网络设备组成，为处于上层的平台层提供计算、网络通信和数据存储服务。

（二）平台层

平台层即 PaaS 层，位于资源层之上、应用层之下，对资源层的各种计算、存储和网络资源进行封装和抽象化，为上层直接提供计算平台和解决方案服务，以方便应用程序部署，从而节省用于购买和管理底层硬件和软件的成本。具体应用如 Google App Engine，这种服务可以让开发人员编译基于 Python 的应用程序，并可免费使用谷歌的基础设施来进行托管。

（三）应用层

应用层即 SaaS 层，云应用利用云软件架构，往往不再需要用户在电脑上安装和运行该应用程序，从而减轻软件维护、操作和售后支持的负担。具体应用如谷歌的企业应用套件 Google Apps。

（四）用户访问层

用户访问层是方便用户使用云计算服务所需的各种支撑服务，针对每个层次的云计算服务，都需要提供相应的访问接口。服务目录是一个服务列表，用户可以从中选择需要使用的云计算服务。订阅管理是提供给用户的管理功能，用户可以查阅自己正订阅的服务或者终止订阅的服务；服务访问是针对每个层次的云计算服务提供的访问接口，针对资源层的访问提供的接口可能是远程桌面或者虚拟化管理工具，针对应用层的访问提供的接口可能是 Web 服务。云平台基本架构如图 1－2 所示。

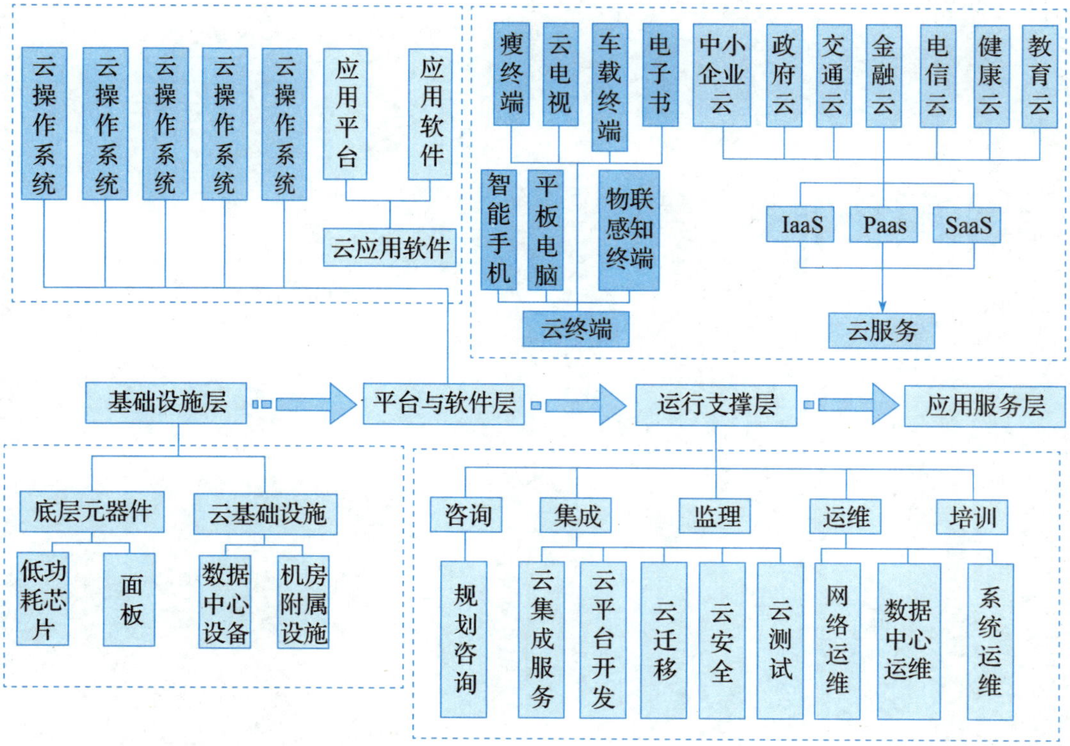

图 1－2　云平台基本架构示意

（五）管理层

管理层对所有层次云计算服务提供管理功能：服务监控提供对服务的授权控制、用户认证、审计、一致性检查等功能；服务组合提供对已有云计算服务进行组合的功能，使得新的服务可以基于已有的服务创建；服务目录管理提供对服务目录和服务本身进行管理的功能，管理员可以增加新的服务或者从服务目录中除去某服务；服务使用计量对用户的使用情况进行统计，并以此为依据对用户进行收费；服务质量管理提供对服务的性能、可靠性、扩展性进行管理的功能；部署管理提供对服务实例的自动化部署和配置功能，当用户订阅新的服务，部署管理模块自动为用户准备服务实例。

课后任务 1-1　知识点巩固测试

一、单选题

1.“云计算”的概念较早是由哪家公司提出的？(　　)

A. 微软　　B. 谷歌　　C. 苹果　　D. 阿里巴巴

2.(　　)在整个体系里的定位，实际上就是数据的集中存储、计算、分析，展现的主要是大数据。

A. 云计算　　B. 大数据　　C. 人工智能　　D. 物联网

3. 云计算的一大特征是(　　)，没有高效的网络，云计算就不能提供很好的使用体验。

A. 按需自助服务　　B. 无处不在的网络接入

C. 资源优化　　D. 高弹性

4. 在云平台与信息系统基本结构中，位于架构底层的是(　　)。

A. PaaS 层　　B. SaaS 层　　C. 用户访问层　　D. IaaS 层

5.(　　)对资源层的各种计算、存储和网络资源进行封装和抽象化，为上层直接提供计算平台和解决方案服务。

A. IaaS 层　　B. SaaS 层　　C. PaaS 层　　D. 用户访问层

6.(　　)是将 IT 相关能力以服务的方式提供给用户，没有相关知识的用户可通过互联网获取所需服务。

A. 区块链　　B. 人工智能　　C. 大数据　　D. 云计算

7. 云计算是对(　　)技术的发展与运用。

A. 并行计算　　B. 网格计算　　C. 分布式计算　　D. 以上都是

8. 将平台作为服务的云计算服务类型是(　　)。

A. IaaS　　B. PaaS　　C. SaaS　　D. 以上都不是

二、多选题

1. 以下哪个是云计算服务的基本模式？(　　)

A. UaaS　　B. SaaS　　C. PaaS　　D. IaaS

2. 云计算是一种新兴的商业计算模式，它是由下面哪些计算技术发展而来的？(　　)

A. 分布式计算　　B. 大数据计算　　C. 并行计算　　D. 网格计算

3. PaaS 模式的典型应用有(　　)。

A. 应用程序开发　　B. 在线数据库服务　　C. 云操作系统　　D. 运行平台

4. 下列哪些是云计算的特点？(　　)

A. 超大规模　　B. 实体化　　C. 高可靠性　　D. 通用性

三、判断题

1. SaaS 是提供软件服务的应用模式，要求能够支持不同租户之间数据和配置的隔离，从而保证每个租户的数据安全与隐私。(　　)

2. PaaS是把服务器平台、开发环境或者业务基础平台作为一种服务，以SaaS模式提交给用户的一种商业模式。(　　)

3. IaaS模式的典型应用包括云主机、云存储、云容灾备份等。(　　)

4. 云计算由区块链、分布式计算、并行计算、网格计算发展而来，是一种新兴的商业计算模式。(　　)

5. 一个典型的云计算平台一般由资源层、平台层、应用层、用户访问层以及管理层组成。(　　)

6. 云计算是一种按使用量计费的模式，提供可用的、便捷的、按需的网络访问服务，进入可配置的计算资源共享池与服务提供商进行很少的交互。(　　)

7. 云计算是分布式计算、并行计算和网格计算的发展，或者说是这些科学概念的商业实现。(　　)

8. 云计算将计算资源汇集起来，进行统一管理、协同合作，以便提供更好的数据存储和网络计算服务。(　　)

9. 云计算服务只提供计算服务，不提供存储服务。(　　)

10. 云计算管理层的服务组合提供对已有云计算服务进行组合的功能，使得新的服务可以基于已有的服务创建。(　　)

任务二 认识大数据的内涵和处理流程

课前任务　大数据应用案例分析

京东利用大数据技术生成用户画像，并提供统一的数据服务接口，供网站其他功能调用，提高与用户沟通的效率，提升用户体验。比如，将用户画像提供给“推荐搜索”调用，针对不同用户的属性特征、性格特点或行为习惯，在用户搜索商品时展示符合该用户特点和偏好的商品，给用户以友好舒适的购买体验，有效提升了用户的购买转化率，提高了用户忠诚度和用户黏性。正是基于用户画像技术的应用，在用户打开京东 App 时，首页推荐的商品不尽相同：向男大学生推荐的商品通常有时尚球鞋、数字产品、游戏装备等，而向女大学生推荐的商品通常是服装、化妆品等。再如，将数据接口提供给网站智能客服 JIMI，可以基于用户画像，针对用户量身定制咨询应答策略，如快速理解用户意图，有针对性地进行商品评测、商品推荐及个性化关怀等，提升了智能客服 JIMI 的智能水平和服务质量，赢得用户好评。

请同学们对上述案例提到的大数据应用场景及作用予以总结，并填写表 1-3。

表 1-3　课前任务：大数据应用案例分析

<table>
<tr><td>组别</td><td></td><td>小组成员</td><td></td></tr>
<tr><td>案例分析要求</td><td colspan="3">对京东案例中提到的大数据应用场景及作用予以总结</td></tr>
<tr><td>大数据应用场景及作用</td><td colspan="3"></td></tr>
</table>

课中任务

一、大数据的定义

麦肯锡全球研究院对大数据的定义是：一种规模大到在获取、存储、管理、分析方面大大超出了传统数据库软件工具能力范围的数据集合，具有海量的数据规模、快速的数据流转、多样的数据类型和应用价值高等特征。

大数据的特征通常用5V来描述，即数据规模大（volume）、数据处理速度快（velocity）、数据类型多样（variety）、数据真实（veracity）和应用价值高（value）。在大数据时代，数据成为一种生产要素，并产生了多种多样的应用场景。大数据技术广泛应用于医疗、农业、商业、金融、公安等各个领域。

二、大数据的分类

依据不同的维度，大数据有不同的分类方法。

从数据结构来看，大数据可分成结构化数据、半结构化数据和非结构化数据。结构化数据一般指有严谨结构逻辑的数据，一般存储在MySQL、Oracle等关系数据库中；非结构化数据与结构化数据恰恰相反，它一般没有固定的结构，文本、图片、视频都属于这一类；半结构化数据介于以上两种数据之间，比如XML文档、HTML文档、JSON数据等。

从处理方式来看，大数据可分成实时数据和离线数据。实时数据一般指由系统实时产生或采集的数据，它的一个重要维度就是时间，比如股票的实时交易数据、天气的实时数据等；离线数据指存储在数据库或者文件系统中的数据，比如股票的历史交易数据、天气的历史数据等。

从数据来源和行业来看，大数据可分成网络数据、社交媒体数据、医疗数据、农业数据、身体健康数据、设备监测数据等。

三、大数据的基本原理

大数据是伴随着物联网和云计算的发展而不断发展的。物联网和云计算可看作大数据的基础设施：物联网可看作大数据的采集端；云计算可看作大数据的核心技术处理端。

（一）物联网

物联网作为互联网应用的拓展，在各个领域都有所应用，物联网为大数据提供了广泛的信息来源。物联网通过射频识别各类传感装置，通过全球定位系统、激光扫描等把各类物品联系起来后，利用互联网进行交换，最终能让人与物、物与物互相连接，达到智能化的识别和定位。举例来说，对于食品安全系统，从食物生产到摆上餐桌的全过程可追溯就是借助物联网技术实现的。

物联网产生海量数据，是采集大数据的基础设施。在日常生活中，大数据主要有以下三个来源：

第一，以微博、微信为代表的社交网络可以产生海量数据。对这类数据的分析和应用可以了解人与人之间的关系，预测社区存在的形态，也为细分市场和精准营销提供了数据分析基础。

第二，电商平台。阿里集团曾表示，在阿里数据平台事业部的服务器上，有超过100 PB处理过的数据，相当于580亿本藏书的数据量。电商平台每天都在产生海量数据，对这些数据的分析有助于商家准确预测消费者行为，把握商机。

第三，视频和图片等信息。比如，商场里随处可见的安保摄像头，散落在各个城市街道的人流、车流信息都可以生成海量数据，对这些数据的处理和分析可为商场布局、缓解交通拥堵等提供有力的支持。

（二）云计算

云计算为大数据的计算和分析提供了可行的方法。云计算的数据存储在云端，不论任何时间、任何设备，只要登录后就可以享受计算服务。通过云计算对数据进行处理后，数据可成为一种基础的公共物品，被人所用。

谷歌、IBM、亚马逊都提供云计算服务。腾讯和阿里也投入巨资建立云计算数据中心。2010年正式投入运营的天津数据中心是腾讯在亚洲建立的超大规模数据中心，共计8万平方米，约20万台服务器。该中心负责数据的处理，比如微信等即时通信数据。阿里云则依靠阿里生态，提供大量的大数据产品，包括大数据基础服务、数据分析及展现、数据应用和人工智能等，可以帮助企业或组织迅速搭建自身的大数据应用平台。

四、大数据的数据采集

大数据的处理流程是指利用合适的工具对海量数据源进行抽取和集成，按照某一标准统一存储，再对存储的数据进行分析，从中提取有益的信息并将结果展现给终端客户。具体而言，大数据的处理流程包括：数据采集、数据存储、数据处理和数据挖掘。

数据采集是进行大数据应用的第一步，是指利用多个数据库接收来自客户端（包括传感器、网页、移动应用程序）的数据。数据采集技术可以分成基于硬件的数据采集技术和基于软件的数据采集技术。基于硬件的数据采集技术包括传感器技术、条码技术和RFID技术等；基于软件的数据采集技术包括网络爬虫、ERP系统等。

具体来看，大数据的数据源主要有以下三方面：

（一）各种智能设备中的运行数据

在智能制造、可穿戴设备、物联网不断普及的今天，智能设备的数据采集变得十分重要。例如，通过汽车内置的传感器和黑盒能收集车速、行驶里程等数据；通过可穿戴设备可收集、监测使用者的身体健康状况数据。通过智能设备采集的数据包括结构化数据、半结构化数据、非结构化数据等多种类型，与以往纯粹的结构化数据采集有很大的不同，因此存在不少需要克服的技术难题。

（二）互联网网页数据

社交网络、电商网站、应用程序中的用户数据是商家获取用户消费、交易、产品评价信息以及社交信息的重要渠道。这类数据可通过网络爬虫或网站公开 API 等方式获取，将结构化数据和半结构化数据从网页中提取出来，并以结构化的方式将其存储为统一的本地数据文件。

网页数据采集应用最广泛的技术就是网络爬虫。网络爬虫的工作原理如下：第一，甄选一些种子 URL，一般可以筛选一些内容丰富、访问流量大的 URL 作为种子；第二，将种子 URL 存入待处理的 URL 队列；第三，依次处理 URL 队列中的 URL，并下载对应的网页内容，对网页内容进行分析处理，提取网页内的 URL 地址；第四，对提取的 URL 地址进行过滤，将未处理的 URL 地址加入 URL 队列；第五，从网页中抽取需要的内容存入数据库。具体工作原理如图 1－3 所示。

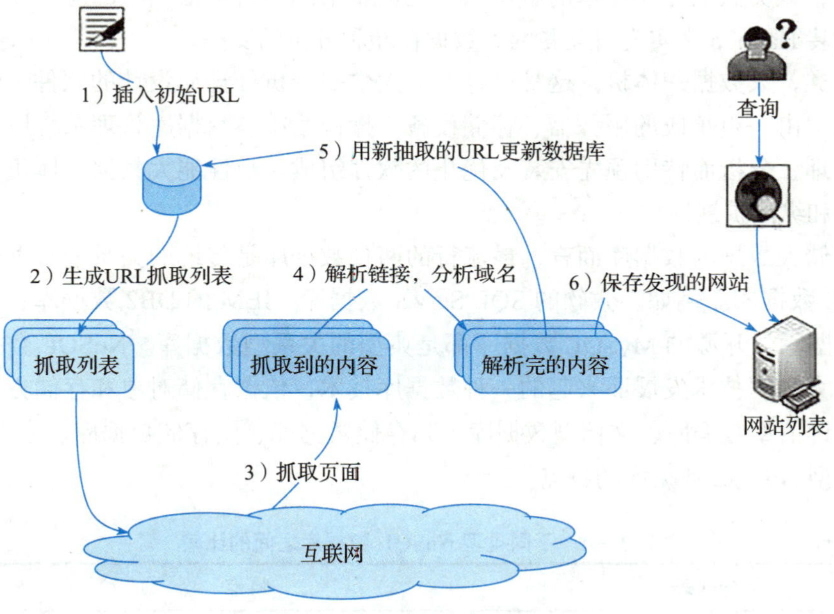

图 1－3　网络爬虫工作原理

资料来源：向远金．未备案网站发现的技术手段探讨．通信世界网，2020-01-06.

（三）RFID 射频数据

射频识别（RFID）标签通常贴在装运托盘或产品外包装上。在制造业和零售业，有了 RFID 标签，就不再需要人工记录和盘点每件商品，提高了商家清点商品的效率。在物流领域，有了 RFID 标签，司机通过高速公路收费站时不再需要停车，提高了道路的通行效率，有助于缓解交通拥堵。

五、大数据的数据存储

大数据的来源不同，格式也多种多样，既可分为结构化数据、半结构化数据、非结构化数据；也可分为元数据、主数据、业务数据；还可分为文本、视频、音频、地理位置信息等。因此，大数据的存储系统必须对多种数据及软硬件平台有较好的兼容性，以适应各种应用算法或者数据提取转换与加载。现阶段常用的大数据存储技术包括以下几类：

第一类，采用大规模并行处理（MPP）系统架构的新型数据库集群，重点面向行业大数据，采用无共享（shared nothing）架构，通过列存储、粗粒度索引等大数据处理技术，再结合 MPP 架构高效的分布式计算模式，实现对分析类应用的支撑。这类数据存储技术的运行环境多为低成本电脑服务器，具有高性能和高扩展性的特点，在企业分析类应用中应用广泛。

第二类，基于 Hadoop 技术扩展和封装，围绕 Hadoop 衍生出相关的大数据技术，应对传统关系型数据库较难处理的数据和场景，充分利用 Hadoop 开源的优势。伴随着技术进步，该类数据存储技术的应用场景也逐步增加。目前最典型的应用场景是通过扩展和封装 Hadoop 来实现对互联网大数据存储和分析的支撑。

第三类，大数据一体机，这是一种专为大数据分析处理而设计的软件、硬件相结合的产品，由一组集成的服务器、存储设备、操作系统、数据库管理系统以及为数据查询、处理、分析而特别预先安装及优化的软件组成。高性能大数据一体机具有良好的稳定性和纵向扩展性。

就存储大数据的数据库而言，最流行的两种数据库是传统的关系型数据库和新兴的 NoSQL 数据库。例如，微软的 SQL Server 数据库、IBM 的 DB2 数据库、甲骨文的 Oracle 数据库、开源的 MySQL 数据库都是典型的关系型数据库。NoSQL 数据库是近年来随着大数据技术发展而兴起的一种数据库技术，依据存储对象和存储方法的不同又可分成键值型数据库、文档型数据库、列存储数据库、图存储数据库。表 1－4 梳理了不同类型 NoSQL 数据库的特点。

表 1－4　不同类型 NoSQL 数据库之间的比较

类型	部分代表	特点
键值型	Oracle BDB Google Bigtable Amazon DynamoDB	键值型数据库主要使用一个哈希表，这个表中有一个特定的键和一根指针指向特定的数据。键值型数据库的优势在于简单、易部署，但如果只对部分值进行查询或更新，则效率相对低下
文档型	MongoDB CouchDB	此类数据库可存放并获取文档，其格式可以是 XML、JSON、BSON 等，这些文档具备可述性（self-describing），呈现分层的树状结构（hierarchical tree data structure），包含映射表、集合和纯量值。文档型数据库可视为其值可查的键值型数据库，可以对某些字段建立索引，实现关系型数据库的某些功能

续表

类型	部分代表	特点
列存储	HBase Cassandra Hypertable	列存储数据库通常是用来应对分布式存储的海量数据。键仍然存在，但指向了多个列。这些列由列家族来安排。特点是方便存储结构化数据和半结构化数据，方便压缩数据，对基于列的查询有很大的优势
图存储	Neo4J InfiniteGraph	使用灵活的图形模型，并且能够扩展到多个服务器上。将数据存储在图状网络的节点上及它们之间的关系中，这里的图不是指图形、图像，而是一种数据存储结构

我们应如何选择合适的数据存储技术？一般来讲，有严谨的数据结构、对数据的可靠性要求高、经常需要对数据进行商业智能分析时，数据适合存储在关系型数据库中，一般可以选择开源的 MySQL 数据库；相反，数据量特别大、对数据的扩展性要求高、对数据库的可用性要求高、对存储效率和恢复响应要求高的数据则适合存储在 NoSQL 数据库中。有如此多类型的 NoSQL 数据库，而每种类型的 NoSQL 数据库又有很多不同的产品，到底选择什么类型的 NoSQL 数据库作为存储工具？这并不是个很好回答的问题，我们常常需要根据以下情况来综合考虑：

第一，数据结构特点，包括结构化、半结构化、字段是否可能变更、是否有大文本字段、数据字段是否可能变化。

第二，写入更新特点，包括插入操作所占比例、更新操作所占比例、是否经常更新数据的某一小字段、原子更新需求。

第三，查询特点，包括查询的条件、查询热点的范围，比如用户信息的查询可能就是随机的，而新闻的查询则需要按照时间先后来进行。

其实，NoSQL 数据库仅仅是对关系型数据库在某些方面（如性能）的一个补充，单从功能来讲，NoSQL 数据库的几乎所有功能在关系型数据库上都能实现。因此，在实践中，通常会将 NoSQL 数据库和关系型数据库结合使用，各取所长，需要使用关系特性的时候使用关系型数据库，需要使用 NoSQL 特性的时候使用 NoSQL 数据库，各得其所。关系型数据库和 NoSQL 数据库结合使用可以分为两种模式：

第一种，NoSQL 数据库作为辅助存储。在这种模式下，把所有的数据都存储在关系型数据库中，可能被频繁读取的数据另存储一份在 NoSQL 数据库中，目的是提高数据的查询速度，降低关系型数据库的访问负载。

第二种，NoSQL 数据库作为主存储。在这种模式下，把所有的数据存储在 NoSQL 数据库中，而为了满足一些特殊业务或功能的需要，在将数据存入 NoSQL 数据库的同时存入关系型数据库中一份。数据存储和查询主要是由 NoSQL 数据库来完成，少量的数据从关系型数据库中读取。

六、大数据的数据处理

在数据处理环节主要完成对所采集数据的抽取、清洗和脱敏等操作。

（一）数据抽取

由于采集的数据具有多种结构，数据抽取可帮助我们将多种类型的数据转化为单一类型、便于处理的数据，以达到快速分析处理的目的。从数据库中抽取数据一般有两种方式。第一种是全量抽取。类似于数据迁移或数据复制，将数据源中的表格或视图数据原封不动地从数据库中抽取出来，并转换成自己的 ETL（extraction-transformation-loading，数据提取、转换和加载）工具可以识别的格式。第二种是增量抽取。抽取自上次抽取以来数据库中要抽取的表中新增、修改、删除的数据。在 ETL 工具使用过程中，增量抽取较全量抽取应用得更广。

（二）数据清洗

在所采集的数据中会存在大量的“脏”数据。这些数据或与我们的需求无关，或是错误数据，或是相互之间有冲突，因此要通过“去噪”过滤掉这些不符要求的数据，提取出有效数据，这一过程称为“数据清洗”（data cleaning）。数据清洗不仅有利于提高搜索处理效率，还能对用户信息进行多一层的保护。

（三）数据脱敏

数据脱敏是指对一些涉及个人隐私的敏感信息，如身份证号、电话号码、银行账户等，进行数据的转换处理，达到保护隐私的目的。

现阶段常用的数据处理技术有 Ab Initio（大数据处理软件平台技术）、Hadoop（开源分布系统的基础架构，适合处理超大规模数据）、Netezza（IBM 基于数据仓库的分析技术）。

Hadoop 是由 Apache 软件基金会发起的一个分布式计算平台，也是目前最为流行的大数据处理平台。用户可以在该平台上开发和运行处理海量数据的应用程序。Hadoop 在数据提取、转换和加载（ETL）方面具有优势，擅长存储大量的半结构化数据，也擅长分布式计算——快速地跨多台机器处理大型数据集。

Netezza 数据仓库应用设备将存储、处理、数据库和分析融入一部高性能数据仓库设备，使大数据高级分析更简单、更迅速、更易用。

七、大数据的数据挖掘

数据挖掘（data mining）的前身是数据库中的知识发现技术，是指运用计算机技术从大量数据中将隐藏的有价值的信息提取出来的过程。数据挖掘具有以下特点：一是基于海量数据；二是不平凡性，即挖掘出来的知识应该是不简单的；三是隐藏性，即数据挖掘是要发现深藏数据内部而非浮现在数据表面的知识；四是价值性，即挖掘出的知识能给企业带来直接或间接效益。数据挖掘有很多技术方法，归纳起来主要涉及统计学、机器学习和数据库等领域的研究成果。

（一）统计分析

统计分析是指利用统计学对大数据进行分析，包括回归分析、差异分析、判别分析、因子分析等，主要用来处理结构化数据。统计分析反映了数据库中数据的属性值特性，通过函数表达数据映射关系来发现属性值之间的依赖关系。它可以用于数据序列的预测及相关关系的研究。例如，通过对本季度销售的回归分析，对下一季度的销售趋势做出预测并采取有针对性的营销措施。

（二）聚类分析

聚类分析是一种重要的数据挖掘方法，具体是指根据事物的特征进行分类，以期从中发现一定的规律。聚类类似于分类，但目的与分类稍有不同，是针对数据的相似性和差异性将一组数据分为几个类别。其原则是使同一类事物尽可能相似，不同类事物尽可能差异大。属于同一类别的数据之间的相似性大，但不同类别数据之间的相似性很小，跨类的数据关联性很低。聚类分析又可细分为划分聚类法、层次聚类法、基于网格和模型的聚类法。

实践园地

我国近年来实施的科技强国、创新发展战略取得丰硕的成果，大数据产业从萌芽到如今初具规模，已走过将近 20 个年头。“十四五”之后大数据产业也进入了更深层次的发展阶段。大数据应用领域涌现出一批对全球有影响力的成功企业，如华为、阿里、腾讯和百度等科技巨头，这些企业不断引领我国大数据产业的创新发展。大数据在工业、交通、医疗、政务等领域的融合应用技术不断更新迭代，“智融万物”逐步由理论变成现实。

我国大数据技术的核心优势则在于拥有雄厚的数据基础和多维度的实践场景。我国大数据产业建设是以新基建带动算力设施布局，以大数据技术与传统行业应用的融合来加快产业的发展。这样的发展模式有助于实现大数据技术的普惠，广大人民群众可以低成本地享受到大数据技术带来的好处。

课中任务单　数据可视化分析软件功能探究

4～6 名同学为一组，各组选择一款数据可视化分析软件，对该软件的功能进行探究，列出该软件的功能和应用效果，并填写表 1－5。

表 1－5　课中任务单：数据可视化分析软件功能探究

组别		小组成员	
小组任务	列出一款数据可视化分析软件的功能和应用效果		
结论和成果			

（三）决策树

决策树是机器学习中最基础、应用最广泛的算法模型，原理是在已知数据的基础上建立一棵决策树，利用决策树对数据进行分析和预测。常见的算法包括分类与回归树（CART）、ID3、C4.5、随机森林等。

以下用一个例子来解释决策树的运行模式。如图 1－4 所示，决策树可用于预测借款人是否具有还款能力，具体通过三个核心指标来判断：是否拥有房产、是否结婚、月收入。决策树的每一个内部节点都代表一个指标，叶节点则表示借款人是否具备还款能力。例如，客户甲没有房产，未婚，月收入为 8 000 元。通过决策树的节点判断，该用户最终落在“可以偿还”的叶节点上。因此，预测该用户具备还款能力。

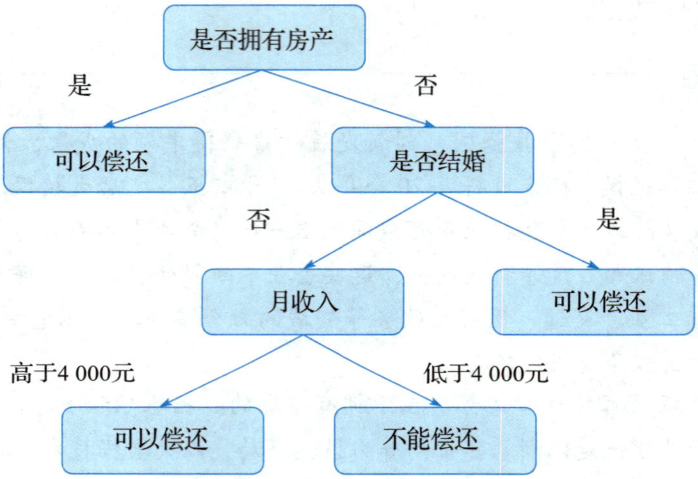

图 1－4　决策树示例

（四）人工神经网络

人工神经网络（ANN）作为一种先进的人工智能技术，因其自行处理、分布存储和高度容错等特性，非常适合处理非线性的以及模糊、不完整、不严密的数据，因此在数据挖掘领域得到广泛的应用。典型的人工神经网络模型主要分为三大类：第一类是用于分类预测和模式识别的前馈式模型，主要代表为函数型网络、感知机；第二类是用于联想记忆和优化算法的反馈式模型，以 Hopfield 的离散模型和连续模型为代表；第三类是用于聚类的自组织映射方法，以 ART 模型为代表。

（五）关联规则

关联规则是数据挖掘领域特有的技术，由一连串的“如果……则……”的逻辑规则对数据进行细分，以期在数据库中搜索和挖掘以往不知道的规则。关联规则旨在找出数据项之间隐藏的关联或相互关系，根据一个数据项推导其他数据项。关联规则的挖掘过程主要包括两个阶段：第一阶段为从海量原始数据中找出所有的高频项目组；第二阶段为从这些高频项目组产生关联规则。金融企业广泛应用关联规则挖掘技术，用以预测客户的需求和偏好，从而改进自身的营销。

（六）Web 数据挖掘

Web 数据挖掘是一项综合性技术，指 Web 从文档结构和使用的集合 C 中发现隐含的模式 P，如果将 C 看作输入，将 P 看作输出，那么 Web 挖掘过程就可以看作从输入到输出的一个映射过程。当前越来越多的 Web 数据以数据流的形式出现，因此对 Web 数据进行挖掘具有很重要的意义。目前，常用的 Web 数据挖掘算法有：PageRank 算法、HITS 算法以及 LOGSOM 算法。这三种算法提到的用户都是笼统的用户，并没有区分用户个体。

（七）数据可视化技术

数据可视化技术是以表格、图形、报表等方式将大数据分析处理结果直观地、可视化地展示给用户的过程。数据可视化技术可以将有价值的信息展示出来，同时还能将其出现的原因、背景以及其他相关信息列示出来，使隐藏在大数据资源背后的真相呈现出来。对数据进行可视化无须任何编程基础，只需要上传数据，就能创建和发布图表。

数据可视化起源于 1960 年的计算机图形学，那时候人们使用计算机创建图表，将数据的各种属性和变量直观地呈现出来。我们所熟悉的饼图、直方图、散点图、柱状图等，可以说是最原始的统计图表，它们是数据可视化最基础、最常见的应用。作为一种统计学工具，统计图表可用于创建一条快速认识数据集的捷径，成为一种令人信服的沟通手段，传达数据潜藏的基本信息。所以，我们会在大量 PPT、报表、方案中见到统计图表。

但统计图表只能呈现基本的信息，随着信息技术的发展，需要更高级的计算机图形学技术及方法来处理规模庞大的数据。数据可视化技术需要根据不同的用户需求加以筛选。同一份数据能够可视化为多种截然不同的形式。如果可视化的目标是观测、跟踪数据，那么就要强调实时性、变化和运算能力，可能会生成不停地变化、可读性强的图表；如果可视化的目标是分析数据，那么就要强调数据的准确性，可能会生成可以检索、交互式的图表；如果可视化的目标是发现数据之间的潜在关联，那么就要生成分布式的多维图表。为了帮助用户快速理解数据的含义或变化，可视化技术会利用颜色和动画创建生动明了的图表，并使用对比、置换等手段，使图表拥有强大的说服力和冲击力。常见的数据可视化工具如表 1－6 所示。

表 1－6　常见的数据可视化工具

可视化工具	简介
Excel	作为一款入门级工具，是快速分析数据的理想工具，也能创建供内部使用的数据图，但在颜色、线条和样式方面可选择的范围有限
D3	是支持 SVG 渲染的一种 JavaScript 库，能够提供大量线性图和条形图之外的复杂图表样式，例如 Voronoi 图、树形图、圆形集群图和单词云等

续表

可视化工具	简介
Visual.ly	主要定位是“信息图设计师的在线集市”，同时也提供了大量信息图模板
R	作为用来分析大规模数据集的统计组件包，拥有强大的社区和组件库，但 R 是一个相对复杂的开源工具
Gepi	进行社交图谱数据可视化分析的工具，不但能处理大规模数据集并生成漂亮的可视化图形，还能对数据进行清洗和分类
Tableau	是更适合企业和部门进行日常报表和数据可视化分析的一款工具，产品涵盖 Tableau Desktop、Tableau Server 以及 Tableau Public

课后任务 1－2 知识点巩固测试

一、单选题

1. 数据采集是进行大数据应用的第（　　）步。

A. 一　　B. 二　　C. 三　　D. 四

2. 统计分析是指利用（　　）对大数据进行分析，包括回归分析、差异分析、判别分析、因子分析等，主要用来处理（　　）数据。

A. 会计学，非结构化　　B. 统计学，非结构化

C. 统计学，结构化　　D. 会计学，非结构化

3.（　　）反映了数据库中数据的属性值特性，通过函数表达数据映射关系来发现属性值之间的依赖关系。

A. 聚类分析　　B. 统计分析　　C. 神经网络分析　　D. 关联规则分析

4. 在所采集的数据中会存在一些数据或与我们的需求无关，或是错误数据，或是相互之间有冲突，因此要通过"去噪"过滤掉这些不符要求的数据，提取出有效数据，这一过程称为（　　）。

A. 数据挖掘　　B. 数据清洗　　C. 数据脱敏　　D. 数据整顿

5. 对一些涉及个人隐私的敏感信息，如身份证号、电话号码、银行账户等，进行数据的转换处理，达到保护隐私的目的，这一过程称为（　　）。

A. 数据挖掘　　B. 数据清洗　　C. 数据脱敏　　D. 数据整顿

6. 网页数据采集应用最广泛的技术是（　　）。

A. 传感器技术　　B. 条码技术　　C. RFID 技术　　D. 网络爬虫

7. 下面哪项技术是大数据的核心技术处理端？（　　）

A. 区块链　　B. 云计算　　C. 物联网　　D. 5G 通信

8. 下面哪项技术是大数据的采集端？（　　）

A. 区块链　　B. 云计算　　C. 物联网　　D. 5G 通信

二、多选题

1. 大数据的数据源主要有以下哪几个方面？（　　）

A. 各种智能设备中的运行数据　　B. 互联网网页数据

C. RFID 射频数据　　D. 举报者提供的数据

2. 大数据的处理流程包括以下哪几个环节？（　　）

A. 数据采集　　B. 数据存储　　C. 数据处理　　D. 数据挖掘

3. 以下属于数据挖掘方法的有（　　）。

A. 人工神经网络　　B. 统计分析　　C. 聚类分析　　D. 即时分析

4. 典型的人工神经网络模型主要分为以下哪几大类？（　　）

A. 用于分类预测和模式识别的前馈式模型

B. 用于联想记忆和优化算法的反馈式模型

C. 用于聚类的自组织映射方法
D. 用于画像分析的可视化输出型模型

5. 数据挖掘具有以下哪些特点？(　　)
A. 基于海量数据　B. 不平凡性　C. 隐藏性　D. 价值性

6. 在数据处理环节，主要包括(　　)操作。
A. 数据抽取　B. 数据清洗　C. 数据脱敏　D. 数据存储

7. 从数据库中抽取数据，一般有以下哪几种方式？(　　)
A. 全量抽取　B. 增量抽取　C. 择机抽取　D. 随机抽取

8. NoSQL 数据库依据存储对象和存储方法的不同又可分成很多种，包括(　　)。
A. 键值型数据库　B. 文档型数据库　C. 列存储数据库　D. 图存储数据库

9. 基于硬件的数据采集技术包括(　　)。
A. 传感器技术　B. 条码技术　C. RFID 技术　D. 网络爬虫

10. 关于大数据的特征，已经基本形成了共识，通常用 5V 来描述，包括(　　)。
A. 数据规模大（volume）　B. 数据处理速度快（velocity）
C. 数据类型多样（variety）　D. 数据真实（veracity）
E. 应用价值低（value）

11. 从数据结构来看，大数据可分成(　　)。
A. 结构化数据　B. 半结构化数据　C. 非结构化数据　D. 多结构数据

三、判断题

1. 数据采集技术可以分成基于硬件的数据采集技术和基于软件的数据采集技术。(　　)

2. 社交网络、电商网站、应用程序中的用户数据是商家获取用户消费、交易、产品评价信息以及社交信息的重要渠道，这类数据可通过网络爬虫或网站公开 API 等方式获取。(　　)

3. 数据可视化技术需要根据不同的用户需求加以筛选，同一份数据能够可视化为多种截然不同的形式。(　　)

4. 金融企业广泛应用关联规则挖掘技术，用以预测客户的需求和偏好，从而改进自身的营销。(　　)

5. 人工神经网络作为一种先进的人工智能技术，因其自行处理、分布存储和高度容错等特性，非常适合处理线性的以及完整、严密的数据。(　　)

6. 决策树是机器学习中最基础、应用最广泛的算法模型。(　　)

7. 聚类与分类的目的完全相同，是针对数据的相似性和差异性将一组数据分为几个类别。其原则是使同一类事物尽可能不同，不同类事物尽可能差异小。(　　)

8. 现阶段常用的数据处理技术有 Ab Initio（大数据处理软件平台技术）、Hadoop（开源分布系统的基础架构，适合处理超大规模数据）、Netezza（IBM 基于数据仓库的分析技术）。(　　)

9. 就存储大数据的数据库而言，最流行的两种数据库是传统的关系型数据库和新兴的 NoSQL 数据库。新兴的 NoSQL 数据库在各方面都优于传统的关系型数据库。(　　)

10. 基于硬件的数据采集技术包括传感器技术、条码技术和 RFID 技术等。(　　)

11. 云计算的数据存储在云端，无论任何时间、任何设备，只要登录后就可以享受计算服务。(　　)

12. 物联网产生海量数据，是大数据来源的基础设施。(　　)

13. 大数据是伴随着人工智能和云计算的发展而不断发展的，人工智能和云计算可看作大数据的基础设施。(　　)

14. 以微博、微信为代表的社交网络可以产生海量数据，分析这类数据可以了解人与人之间的关系，预测社区存在的形态，也为细分市场和精准营销提供了数据分析基础。(　　)

任务三
认识区块链的内涵和基础技术

课前任务　银行票据市场存在哪些痛点问题

请同学们通过查阅资料、访谈、实地调研等方式，了解并总结银行票据市场存在哪些痛点问题，并填写表 1－7。

表 1－7　课前任务：银行票据市场存在哪些痛点问题

组别		小组成员	
小组任务	了解并总结银行票据市场存在哪些痛点问题		
结论和成果			

课中任务

一、区块链的定义

区块链（blockchain）是指通过“去中心化”和“去信任”的方式集体维护一个可靠数据库的技术方案。该技术方案主要是让系统中的任意多个节点，通过使用密码学方法产生数据块（block），每个数据块包含了一定时间内系统中的全部交流信息，并且生成数据指纹用于验证信息的有效性和链接（chain）下一个数据块。

实践园地

2019 年 10 月 24 日中共中央政治局就区块链技术发展现状和趋势进行第十八次集体学习。中共中央总书记习近平在主持学习时强调要抓住区块链技术融合、功能拓展、产业细分的契机，发挥区块链在促进数据共享、优化业务流程、降低运营成本、提升协同效率、建设可信体系等方面的作用。

目前，全球主要国家都在加快布局区块链技术发展。我国在区块链领域拥有良好的基础，要加快推动区块链技术和产业创新发展，积极推进区块链和经济社会融合发展。我们要把区块链作为核心技术自主创新的重要突破口，明确主攻方向，加大投入力度，着力攻克一批关键核心技术。经过几年的探索，“区块链 +”技术在教育、就业、养老、精准扶贫、医疗健康、商品防伪、食品安全、公益、社会救助等领域取得了一系列实践成果。

二、区块链的特征

（一）去中心化

由于使用分布式核算和存储的方法，不存在中心化的硬件或管理机构，任意节点的权利和义务是均等的，系统中的数据块由整个系统中具有维护功能的节点来共同维护，并且采用纯数学方法代替原来的中心机构，节点之间的信任关系更强。

（二）开放性

区块链系统是开放的，除了交易各方的私有信息被加密外，区块链数据对所有人公开，任何人都可以通过公开的接口查询区块链数据和开发相关应用，因此整个系统信息高度透明。

（三）自治性

区块链采用协商一致的规范和协议（如一套公开透明的算法），使得整个系统中的所有节点都能在去信任的环境中自由、安全地交换数据，使得对“人”的信任变成了对机器的信任，任何人为的干预都不起作用。

（四）集体维护

分布式系统中的所有节点均可参与数据块的验证过程（如比特币“挖矿”），每个节点的权利和义务是均等的。

（五）信息不可篡改

一旦信息经过验证并添加至区块链，就会永久存储起来，除非能够同时控制系统中至少 51% 的节点，否则单个节点对数据库的修改是无效的，因此区块链的数据稳定性和可靠性极高。

（六）可靠数据库

除非能够同时控制整个系统中至少 51% 的节点，否则单个节点对数据库的修改是无效的，也无法影响其他节点上的数据内容。因此，系统中的节点越多和计算能力越强，该系统中的数据安全性越高。

（七）匿名性

由于节点之间的交换遵循固定的算法，实现数据交互是无须相互信任的（区块链中的程序规则会自行判断活动是否有效），因此交易对手无须通过公开身份的方式让对方对自己产生信任，对信用的累积非常有帮助。由于节点之间是无须相互信任的，因此节点之间无须公开身份，系统中的每个节点都是匿名的。

（八）开源性

由于整个系统的运作规则必须是公开透明的，因此对于程序而言整个系统必定是开源的。所有人都可免费参与，共同促进区块链技术的发展和进步。

（九）无国界性

目前，跨境汇款通常经过层层外汇管制机构，而且交易信息会被多方记录。但如果用比特币交易，直接输入数字地址，点一下鼠标，等待网络确认交易，大量资金就汇过去了。不经过任何外汇管制机构，也不会留下任何跨境交易记录。

（十）山寨者难以生存

由于区块链技术的算法是完全开源的，谁都可以下载源码，修改某些参数，重新编译就能创造新的区块链。但这需要控制至少 51% 的算力，而想要控制区块链网络 51% 的算力，所需的主机数量将是一个天文数字，代价太高，因此山寨者很难生存。

三、区块链的基本构成

（一）区块链的基本结构

区块链由区块组成，这些区块前后有序衔接，构成一个链状结构进而组成区块链。区块链的基本结构如图 1 - 5 所示。

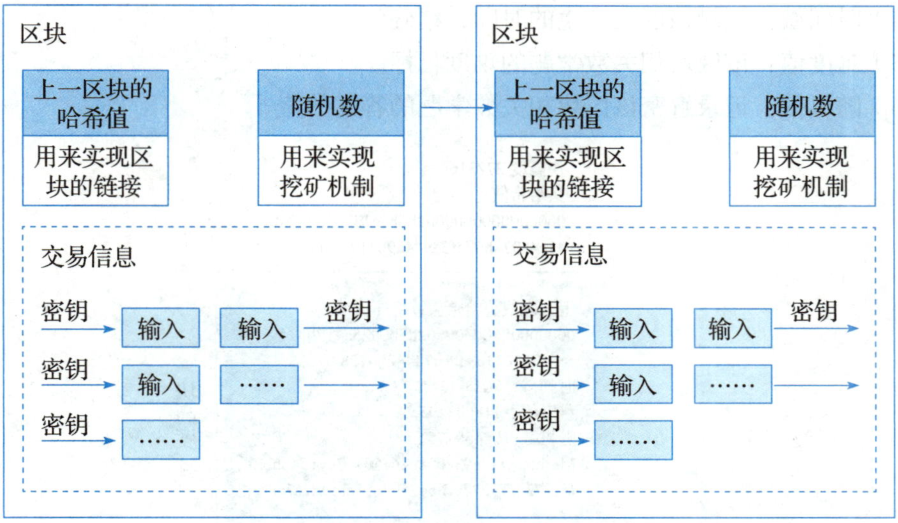

图 1-5　区块链基本结构

（二）区块的基本结构

一个区块存储当前区块的序列号、上一区块的哈希（hash）值、区块内容、时间戳、数字签名以及共识协议。当然，不同的区块链其内容和共识协议会不同，但其他组成是一样的。比特币是区域链的一种应用。在构造区块链应用时，核心就是组织区块内容与论证共识协议的合理性。区块的基本结构如图 1-6 所示。

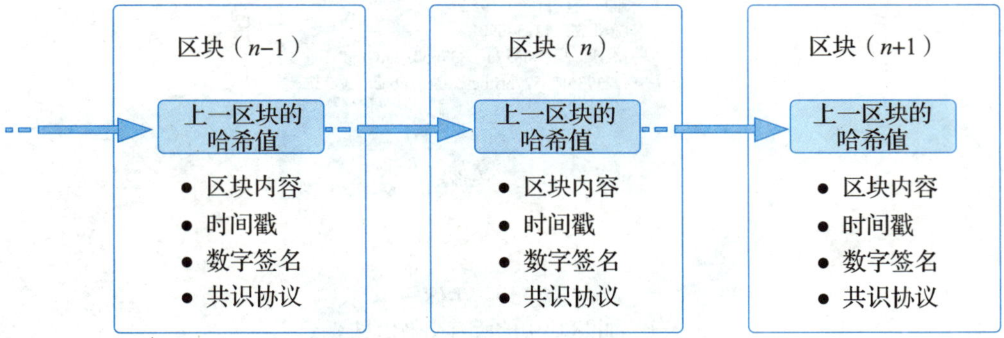

图 1-6　区块的基本结构

（三）区块头的结构

区块头的结构如图 1-7 所示，包括以下六项内容：

（1）版本号：标示软件及协议的相关版本信息。

（2）父区块哈希值：引用的区块链中父区块的哈希值，通过该值每个区块才首尾相连组成了区块链，并且该值对区块链的安全性起到了至关重要的作用。

（3）Merkle 根：由区块体中所有交易的哈希值逐级两两进行哈希计算得到的一个数值，主要用于检验一笔交易是否存在于这个区块。

（4）时间戳：记录该区块产生的时间，精确到秒。

（5）难度值：该区块相关数学题的难度目标。

（6）随机数：记录解密该区块相关数学题的答案的值。

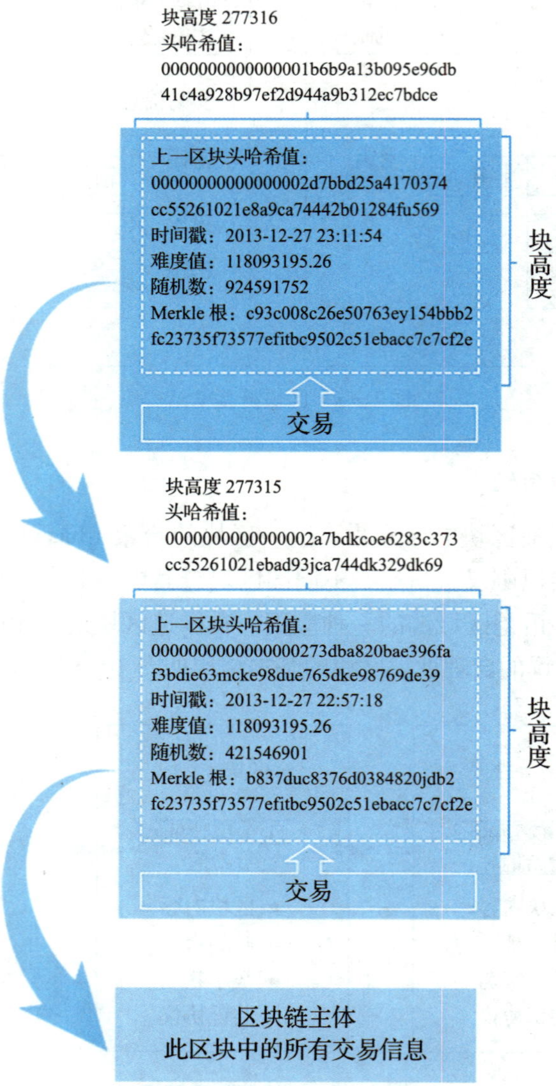

图 1－7　区块头的结构示例

四、区块链的工作过程

在区块链的工作过程中，不同的区块链系统会略有差别，但核心原理是一样的。

（一）基于区块链的电子货币交易基本过程

在图 1－8 所示的交易过程中，没有中心化的交易场所，没有第三方进行认证，由于所有参与者都“听到了”系统广播并同意交易，因此交易被判定有效，并在一个区块中永久保存，通过这种方式实现最终交易的确认。

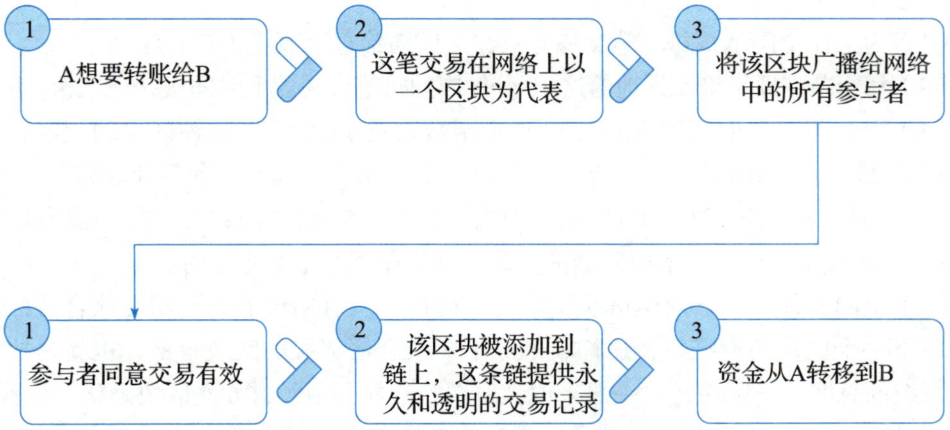

图 1－8　基于区块链的电子货币交易基本过程

（二）比特币的交易机制

比特币的交易机制是 10 分钟产生一个区块，意思就是每隔 10 分钟计算机就打包全网交易进入一个区块。矿工就是在打包游戏中争夺区块链记账权的人，谁能最快、最准确地解 SHA-256 哈希函数，谁就赢得了这个 10 分钟区块的记账权。而这 10 分钟内的每一笔交易都会被盖上一个时间戳。当然，矿工不是白辛苦的，谁赢得了记账权，谁就将获得 25 枚比特币作为奖励。图 1－9 所示是比特币的交易过程。

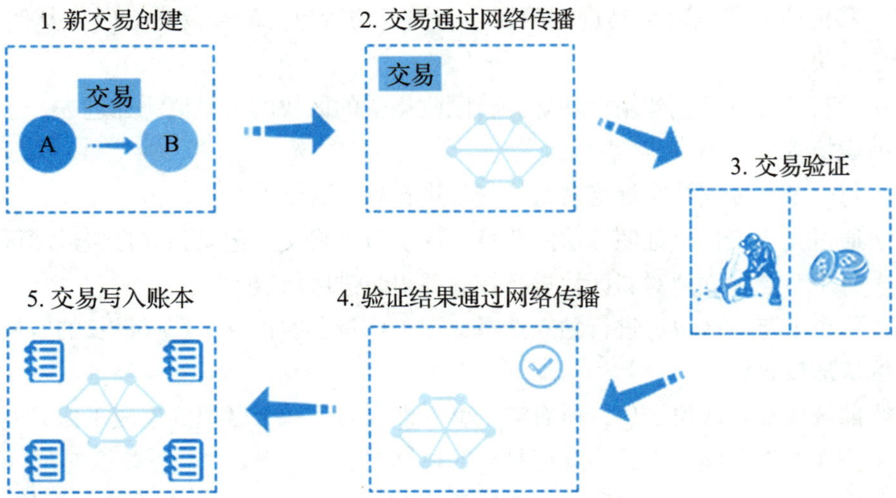

图 1－9　比特币的交易过程

1. 比特币交易证明机制

比特币交易证明机制目前主要分为两类：权益证明机制（proof of stake，POS）和工作量证明机制（proof of work，POW）。工作量证明机制即按照工作量的多少来获得奖励，弊端是算力很容易集中化。

2. 比特币信用系统建立过程

建立比特币信用系统包括以下步骤：

（1）为了让全网承认每一笔交易有效，须广播给每个节点（矿工）。

（2）每个节点要正确无误地给这 10 分钟内的每笔交易盖上时间戳并记入相应区块。

（3）每个节点要通过解 SHA-256 哈希函数来竞争这个 10 分钟区块的记账权，并争取得到 25 枚比特币的奖励（头四年是每 10 分钟 50 个比特币，每四年递减一半）。

（4）如果一个节点解出了这 10 分钟内的 SHA-256 哈希函数，它将向全网广播这个 10 分钟区块记录的所有盖时间戳的交易，并由全网其他节点核对。

（5）全网其他节点核对该区块记账的正确性，没有错误后它们将在该合法区块之后竞争下一个区块的记账权，这样就形成了一条合法记账的区块单链，也就是比特币支付系统的总账——区块链。一般来说，每一笔交易必须经过 6 次区块确认，也就是 6 个 10 分钟才能最终在区块链上被承认是合法交易。所以，比特币就是这样一个记账系统：所有者用私钥进行电子签名并支付给下一个所有者，然后由全网的矿工盖时间戳记账，形成区块链，实现交易。

3. 区块链形成过程

形成区块链的步骤包括：

（1）新的交易需求广播给所有节点。

（2）每个节点把新的交易需求收集到一个区块中。

（3）每个节点开始不断生成随机字符串，计算随机数答案。

（4）当一个节点得出的答案与随机数匹配，它将生成的区块广播给其他所有节点。

（5）其他所有节点对交易进行验证，当该区块所包含的交易有效时，其他所有节点接受该区块。

（6）所有节点开始创建新区块，并将刚刚接受的区块的哈希值添加进去。

4. 共识协议

（1）每个节点依据综合标准对每项交易进行独立验证。

（2）通过完成工作量证明算法的验算，挖矿节点将交易记录独立打包进新区块。

（3）每个节点独立地对新区块进行校验并组装进区块链。

（4）每个节点对区块链进行独立选择，在工作量证明机制下选择最长的区块链。

5. 区块形成过程

在当前区块加入区块链后，所有矿工就立即开始下一个区块的生成工作。

（1）将在本地存储的交易信息记录到区块体中。

（2）区块体生成此区块中所有交易信息的 Merkle 树，Merkle 根保存在区块头中。

（3）把上一个区块的数据通过 SHA-256 哈希函数生成一个哈希值填入当前区块的父区块哈希值中。

（4）把当前时间保存在时间戳字段中。

（5）难度值字段会根据之前一段时间区块的平均生成时间进行调整以应对整个网络不断变化的整体计算总量，如果计算总量增加了，系统则会调高数学题的难度值，使得预期形成下一个区块的时间依然保持在一定范围内。

6. 区块链的哈希值形成过程

区块链的哈希值形成过程如图 1－10 所示。

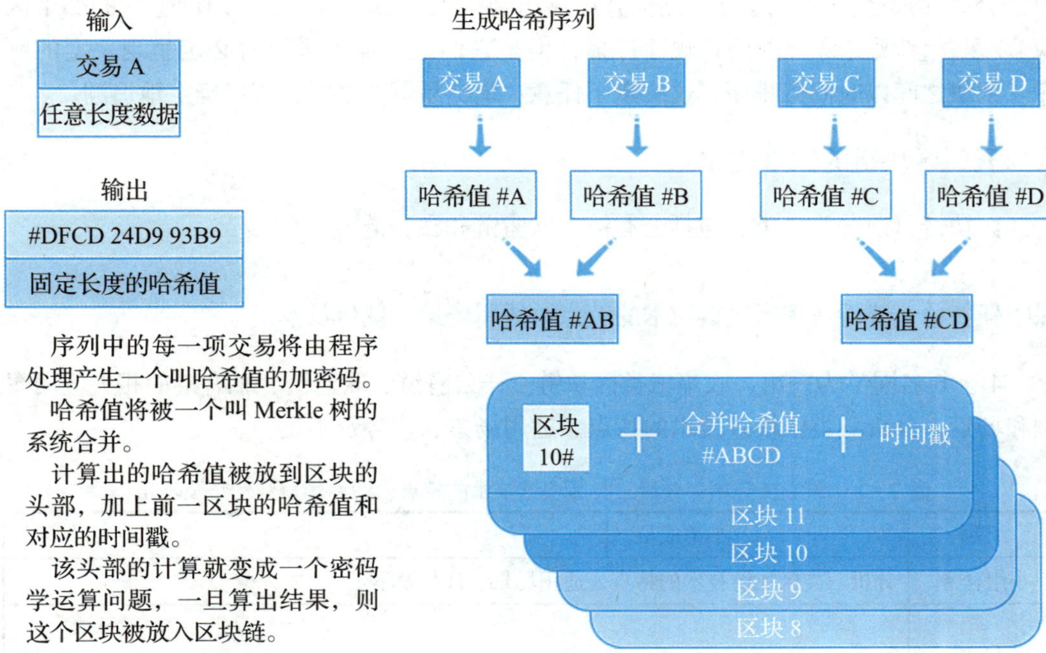

图 1－10　区块链的哈希值形成过程

7. 多重处理解决机制——分叉机制

同一时间段内全网不止一个节点计算随机数，会有多个节点在网络中广播它们各自打包好的临时区块（都是合法的）。

某一节点若收到多个针对同一前续区块的后续临时区块，则会在本地区块链上建立分支，多个临时区块对应多个分支。该僵局的打破要等到下一个工作量证明被发现，而其中一条分支链被证实是较长的一条，那么在另一条分支链上工作的节点将转换阵营，开始在较长的链条上工作，其他的分支链将会被网络彻底抛弃。区块链对分支的处理如图 1－11 所示。

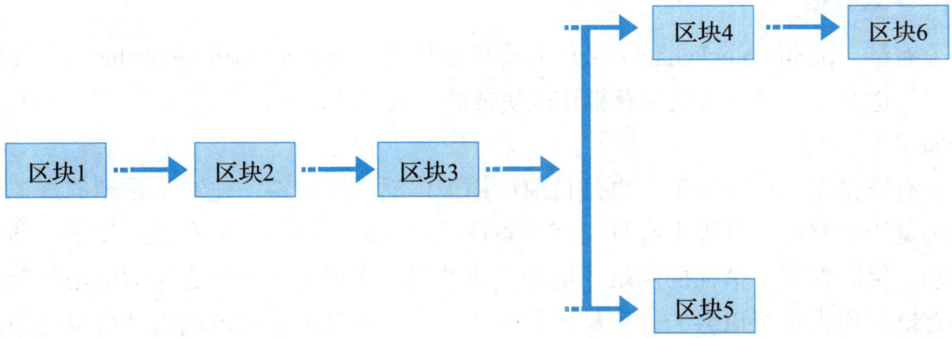

图 1－11　区块链对分支的处理示意

8. 双重支付问题的解决

双重支付是指攻击者几乎同时将同一笔钱用于不同交易。每个节点在把新收到的交易加入区块之前，会顺着交易发起方的公钥向前遍历检查，检查当前交易所用的币是否确实属于交易发起方，此检查可遍历到该币的最初诞生点（即产生它的那个区块）。虽然多项交易可以任意顺序广播，但是它们最终加入区块时必定呈现一定的顺序。区块之间以时间戳排序，这决定了任意一笔交易资金来源都可以确定地追溯。

五、区块链的网络构架

区块链目前分为三类，包括公有链、联盟链和私有链。

课中任务单　分析三类区块链技术的特点、适用场景、优势及不足

4～6名同学为一组，收集三类区块链——公有链、联盟链、私有链的相关应用案例和场景，分析三类区块链技术的特点、适用场景、优势及不足。

表 1-8　课中任务单：分析三类区块链技术的特点、适用场景、优势及不足

组别		小组成员	
小组任务	分析三类区块链技术的特点、适用场景、优势及不足		
讨论记录			

（一）公有链

公有链（public blockchain）又称非许可区块链（non-licensed blockchain）。任何人都可以发送交易，且交易能够获得该区块链的有效确认，任何人都可以参与共识过程，具体如图 1-12 所示。

公有链是最早的区块链，也是目前应用最广泛的区块链。比特币系列的虚拟数字货币均基于公有链，世界上有且仅有一条该币对应的区块链。公有链通过密码学及经济激励，保障在互不信任的网络环境中达成共识，实现完全去中心化的信用机制。由于公有链任何人都可以参与，容易部署应用程序，并且在全球范围内都可以访问，不依赖单个公司或者辖区，因此，需要经济激励来奖励参与共识过程的节点。当前，公

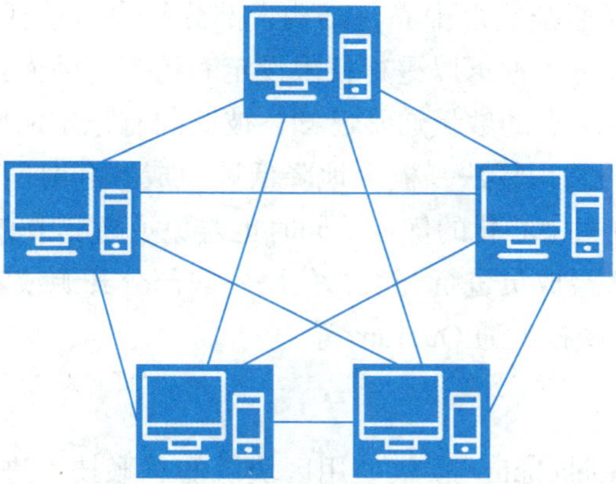

图 1-12 公有链示意

有链一般采用 POW 或 POS 共识算法，用户对共识形成的影响力取决于他们所拥有计算资源的占比，因此容易形成较大的算力、电力等资源消耗，并且容易遭受攻击。此外，由于需要全网节点参与共识过程，给监管带来较大困难，并且极大地降低了交易速率。目前，公有链主要采用社区方式进行维护，代码完全开源，典型的公有链平台有比特币、以太坊。

（二）联盟链

联盟链（consortium blockchain）由某个群体内部指定的多个预选节点作为记账者，每个区块的生成由所有的预选节点共同决定（预选节点参与共识过程），其他接入节点可以参与交易，但不过问记账过程（本质上还是托管记账，只是变成分布式记账，预选节点的多少、如何决定每个区块的记账者成为该区块链的主要风险），也可以通过该区块链开放的 API 进行限定查询。具体如图 1-13 所示。

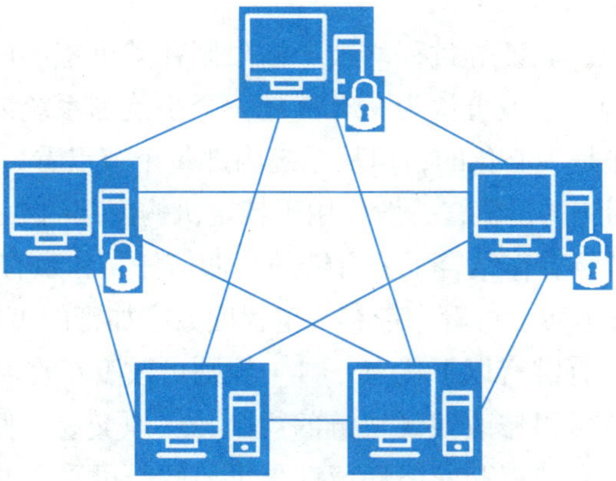

图 1-13 联盟链示意

由于参与共识的节点较少，联盟链一般不采用 POW 共识算法，而是采用实用拜占庭容错（PBFT）、Paxos、Raft 等共识算法。

相比于公有链，联盟链是多中心化结构，部分解决了信任问题，具有以下优点：（1）联盟链对访问区块链数据可以进行权限设定和控制，因而拥有更高的可应用性和可扩展性。（2）联盟链节点的数量通常已知，彼此间有稳定的网络连接，因而可以设计更简单、效率更高的共识算法，极大地降低读写成本和时间成本，提高交易效率。（3）联盟链继承了部分去中心化的优点，同时也避免了高度中心化所带来的垄断压力。目前，联盟链主要由联盟成员进行开发，代码一般部分开源或者定向开源，典型的联盟链平台有超级账本、摩根大通 Quorum 等。

（三）私有链

私有链（private blockchain）仅仅使用区块链的总账技术进行记账，可以是机构，也可以是个人，独享该区块链的写入权限，各个节点的写入权限由某个机构或个体控制，而读取权限可视需求有选择性地对外开放，或者被任意程度地进行了限制。具体如图 1－14 所示。

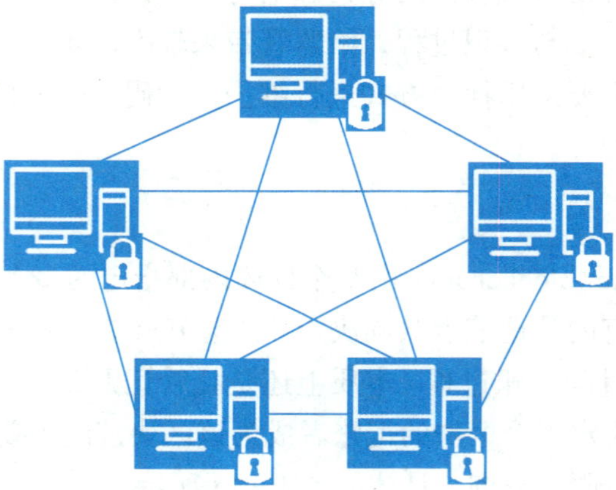

图 1－14　私有链示意

虽然私有链的共识、验证等过程均被严格限制在某个范围内，但仍然具备区块链多节点运行的通用结构，一般可认为私有链是一个小范围系统内部的公有链，即从系统外部看私有链可看作是中心化的；但从系统内部每个节点看，私有链是去中心化的。因此，私有链也具有相应的价值，一般应用于特定机构内部的数据库管理与审计等。

相比而言，联盟链可看作结合了公有链的“低信任”和私有链的“单一高度信任”的混合模型，而私有链本质上可看作带有一定程度数字加密的可审计的中心化系统。

与公有链相比，私有链有以下优点。（1）规则可改变：在私有链中允许特权的存在，即私有链的运行者可以修改该区块链的规则、还原交易、修改余额等。（2）交易效率高：在私有链中所有节点和网络环境都是可控的，可采用共识算法减少区块生成时间，提高交易效率。（3）交易成本低：在私有链中交易只需由几个获得授信的高算力节点验证，而不需要经过数万台计算机的确认，因此交易成本会降低。（4）较好的隐私保护：在私有链中读取权限受到限制，从而可提供更好的隐私保护。（5）可以没有经济激励机制：在私有链中参与记账的节点基本上都属于某个机构的内部节点，记账本身就是该机构或其上级的要求，因此不一定需要通过经济激励来激励每个节点进行记账。

综上所述，三类区块链的比较如表 1－9 所示。

表 1－9　三类区块链的比较

<table>
<tr><th>比较项</th><th>公有链</th><th>联盟链</th><th>私有链</th></tr>
<tr><td>中心化程度</td><td>去中心化</td><td>多中心化</td><td>中心化</td></tr>
<tr><td>参与者</td><td>任何人</td><td>预先设定、具有特殊特征的成员</td><td>中心控制指定的可以参与的成员</td></tr>
<tr><td>信任机制</td><td>工作量证明</td><td>共识机制</td><td>自行背书</td></tr>
<tr><td>记账者</td><td>所有参与者</td><td>参与者协商决定</td><td>指定</td></tr>
<tr><td rowspan="3">优势</td><td>完全解决信任问题</td><td>容易进行控制权限定</td><td>一般没有挖矿过程，网络能耗低</td></tr>
<tr><td rowspan="2">全球用户可访问，应用程序容易部署，进入壁垒最低</td><td rowspan="2">具有很高的可扩展性</td><td>规则修改容易，交易量、交易速度无限制</td></tr>
<tr><td>节点通过授权进入，不存在 51% 攻击风险</td></tr>
<tr><td>缺点</td><td>交易量受限，挖矿能耗高</td><td>不能完全解决信任问题</td><td>接入节点受限，不能完全解决信任问题</td></tr>
<tr><td>适用场景</td><td>节点之间没有信任的场景</td><td>连接多个公司或中心化的组织</td><td>节点之间存在高信任的场景</td></tr>
<tr><td>典型案例</td><td>比特币、以太坊</td><td>清算、超级账本</td><td>R3 联盟</td></tr>
</table>

课后任务 1-3 知识点巩固测试

一、单选题

1. 区块链由（　　）组成。

A. 一条条链　B. 区块　C. 网格　D. 线段

2. 区块链是指通过“去中心化”和（　　）的方式集体维护一个可靠数据库的技术方案。

A. 链路　B. 去信任　C. 应用适配　D. 数据传输

3.（　　）是区块链最早的一个应用，也是最成功的一个大规模应用。

A. 以太坊　B. 联盟链　C. 比特币　D. Rscoin

4. 除非能够同时控制整个区块链系统中超过（　　）的节点，否则单个节点上对数据库的修改是无效的。

A. 30%　B. 49%　C. 51%　D. 65%

5. 由于区块链节点之间的交换遵循固定的算法，其数据交互是（　　）相互信任的。

A. 无须　B. 必须　C. 有时需要　D. 以上都不对

6. 区块链的技术分类包括公有链、联盟链和（　　）。

A. 区域链　B. 社会链　C. 私有链　D. 数据链

7. 以下不属于区块链特征的是（　　）。

A. 去中心化　B. 自治性　C. 封闭性　D. 集体维护

8. 区块链的数据对（　　）公开。

A. 系统事先定义好的人　B. 特定授权的人

C. 有特定关系的人　D. 所有人

9. 以下不属于私有链特点的是（　　）。

A. 规则不可改变　B. 交易效率高

C. 交易成本低　D. 可以没有经济激励机制

二、多选题

1. 下列哪些是区块链的特征？（　　）

A. 去中心化　B. 安全性　C. 开放性　D. 可靠数据库

2. 区块链的技术分类主要包括（　　）。

A. 公有链　B. 数字链　C. 联盟链　D. 私有链

3. 下列哪些是区块头结构？（　　）

A. 版本号　B. 时间段　C. 随机数　D. Merkle 根

4. 私有区块链的特征有（　　）。

A. 规则可改变　B. 较好的隐私保护　C. 交易成本低　D. 交易效率高

5. 以下关于区块链的说法，正确的有（　　）。

课后任务

A. 比特币是区块链的典型应用之一　　B. 区块链能够解决信任问题
C. 区块链上的信息难以篡改　　D. 区块链只能是私有链

三、判断题

1. 私有链仅仅使用区块链的总账技术进行记账，可以是机构，也可以是个人，独享该区块链的写入权限。(　　)

2. 比特币交易证明机制主要分为 POS 即权益证明机制和 POW 即工作量证明机制。(　　)

3. 区块之间以时间戳排序，这决定了不是任意一笔交易资金来源都可以确定地追溯。(　　)

4. 相比于公有链，联盟链是多中心化结构，没法缓解信任问题。(　　)

5. 公有链是任何人在任何地理位置都可以参与共识的。(　　)

6. 公有链是任何人都可以写入和访问数据的。(　　)

7. 私有链本质上可看作带有一定程度数字加密的可审计的中心化系统。(　　)

8. 在构造区块链应用时，核心就是组织区块内容与论证共识协议的合理性。(　　)

9. 中心化计算与处理模式的容灾能力较强。(　　)

10. 区块链技术应用于慈善领域，可以提高慈善的透明度、可信度，有效避免诈捐等失信行为。(　　)

11. 以太坊和比特币相同的地方是都是公有链，谁都可以参与进来。(　　)

任务四
认识人工智能的内涵和技术基础

课前任务 找找手机里的人工智能

请同学们仔细观察自己的手机，列出自己手机里的人工智能，并填写表 1-10。

表 1-10 课前任务：找找手机里的人工智能

组别		小组成员	
小组任务	找找手机里的人工智能		
观察记录			

课中任务

一、人工智能的概念

1956年夏，在美国东部的达特茅斯召开了一场学术会议，会议首次提出“人工智能”这个术语。人们首次将像人类那样思考的机器称为“人工智能”。出席会议的有约翰·麦卡锡（John McCarthy）、马文·明斯基（Marvin Minsky）、艾伦·纽维尔（Allen Newell）、赫伯特·西蒙（Herbert Simon）。

人工智能（artificial intelligence，AI）是研究、开发用于模拟、延伸和扩展人的智能的理论、方法、技术及应用系统的一门新的技术科学。

二、人工智能底层技术基础

人工智能的基础命题是“我们可以用计算机来模拟和实现人类智能”。这是因为人脑与电路非常相近。在人的大脑里分布着很多神经元，电信号在其中穿梭。在神经元的突触的部分，当电压积累到一定水平，它们会释放神经递质。这些神经递质被传递至下一个神经元，电信号也随之得到传递。大脑本身就是一种电路。大脑通过传递电流的方式进行工作，并且进行了一定的学习之后，这个电路会发生一定的变化。

很多人工智能专家希望通过研究能对智能做出“建构性”解释。他们期望人类的所有大脑活动，包括思维、识别、记忆、情感都可以通过计算机实现。与“建构性”相对应的是“分析性”。专门研究大脑的脑科学家通常倾向于描述和分析智能从何而来。发明飞机的例子常常被用来类比和探讨人工智能的研究方向，人们曾经无数次模仿鸟类的飞行，制造出了很多可以“扇动翅膀”的飞行器，但最终都以失败告终。直到莱特兄弟终于制作了一架搭载引擎、固定机翼的飞机。所以，研究并归纳出鸟类飞行时所需的“升力”，用工程学的方法找到如何获得升力，是解决飞行问题的关键。同样，找到智能的原理并通过计算机实现，是当今研究人工智能的出发点。

人工智能常见技术包括以下几个方面：

（一）机器学习

机器学习技术的产生和发展是建立在文字识别等模式识别领域的长年积累，以及互联网普及条件下生成的海量数据的基础上。处理网页文本的自然语言处理技术的基本思路是：不考虑语法结构和上下文意思，机械地找出对译概率较高的词语拼成句子即可。在搜索引擎盛行的20世纪90年代末和21世纪初，机器学习技术以已有的数据为前提条件，相关研究取得重大进展。

机器学习是一种能够从数据中学习的算法，核心原理是处理大量数据并对其进行“区分”。区分方法是要学习的，这里的学习可分为“有监督学习”和“无监督学习”。

有监督学习是指事先需要准备好输入和输出相配套的训练数据，让计算机进行学习，直到输入某个数据时它能够正确输出，也就是“教会”计算机正确的区分方法。这通常都需要人充当教师的角色，教给计算机正确的区分方法，也就是常说的分类。

无监督学习则是指仅提供输入数据，需要计算机自己找出数据内在结构的一种情况，也就是说，目的是让计算机在大量数据中抽取出关联规则。将整体数据分为包含某项共性指标的群组是一种典型的处理方法，即聚类分析。

现在，让计算机自己找出分类方法或聚类方法并不困难，这项技术已经在Web及大数据领域得到广泛应用，但机器学习的难点并不在于此。机器学习的难点在于“特征工程”（feature engineering），即特征量的设计，也就是机器学习在输入时用到的变量究竟是什么。选取什么数据作为对预测对象的定量表示将会对预测精度产生很大的影响。设计好的特征量是一项难度很大的工作，但目前这个环节只能靠人来完成。

机器学习可以完成很多类型的任务。一些很常见的机器学习任务包括：分类、输入缺失分类、回归、转录、机器翻译、结构化输出、异常检测、合成和采样、缺失值填补、去噪和密度估计等。

人是非常善于抓取特征量的。在看到某些相同的对象时，人能凭本能或经验察觉到其中的内在特征。专家在分析一件事情时能用极为简洁的语言将其梳理清楚。当我们用视觉分辨某只动物是大象还是斑马时会较快得到结论。但对计算机而言，如何理解斑马是一种“有斑纹的马”是一件极为困难的事情。

（二）深度学习

深度学习是机器学习的一个特定分支。深度学习以数据为基础，由计算机来自动生成特征量，而不需要人来设计特征量。计算机靠高性能计算来自动获取高层次特征量，并以此来对图像进行分类。在营销调研结果分析中，人们常常会用到“主成分分析”这个技巧，即在众多影响因素中排除不会产生实质性影响的因素。深度学习技术引入了这个思路，通过把具有相关性的东西聚合成组提取特征量，进而提取更高层次的特征量，经过四五次对特征量的抽象后，找到“典型”概念，再提取出用这些高层次特征量所表示的概念，即对概念进行绑定。

深度学习在各个领域已经有很多成功的应用案例，然而，深度学习的弊端也是显而易见的。每个领域的学习步骤是非常耗时的，在这个漫长的时间周期中计算量也是异常庞大的。比如，谷歌就机器对猫的识别学习动用了一千多台计算机并耗时长达三天。

（三）自然语言处理

自然语言处理是一种极具吸引力的人机交互方式，具体是用计算机来处理、理解以及运用人类语言。自然语言是人类区别于其他动物的根本标志。没有语言，人类的思维也就无从谈起，所以自然语言处理体现了人工智能的最高任务与境界，也就是说，只有当计算机具备了处理自然语言的能力，机器才算实现了真正的智能。从研究内容来看，自然语言处理包括语法分析、语义分析、篇章理解等。

常见的自然语言处理技术主要包括语言合成（speech synthesis）和语音识别（speech recognition）。

语音识别是实现人机交互比较关键的技术，所要解决的问题是让计算机能够“听到”人类的语音，之后结合自然语言处理技术通过语义理解才能“懂”人类语言的意思。语音识别技术主要通过语音特征提取、模式匹配、模型训练等技术方式将语音转化为计算机可读的输入。语音识别是一门交叉学科，所涉及的领域包括信号处理、模型识别、概率论、信息论、发声机理和听觉机理、人工智能等。

（四）物体识别

物体识别是计算机视觉领域的一项基础研究，它的任务是识别出图像中有什么物体，并报告该物体在图像所表示的场景中的位置和方向。目前，物体识别方法可归为两类：基于模型或者上下文的识别方法；二维或者三维物体识别方法。一般基于大数据和深度学习来实现，应用于图像或视频内容分析、拍照识图等场景。

（五）人脸识别

人脸识别是计算机视觉应用的主要领域之一，是通过分析比较人脸视觉特征信息进行身份识别的一种方式。可将人脸识别技术划分为检测定位、面部特征提取以及人脸确认三个过程。人脸识别技术的应用主要受到光线、拍摄角度、图像遮挡、年龄等多个因素的影响，在约束条件下人脸识别技术相对成熟，在自由条件下人脸识别技术还在不断改进。

（六）OCR 识别

OCR（optical character recognition）也称光学字符识别，是计算机视觉领域研究开展得最早也最成熟的一项成果。OCR 利用光学技术和计算机技术把印在或写在纸上的文字读取出来，并转换成计算机能够接受、人可以理解的格式。

（七）图像搜索

以图搜图，在指定图库中搜索出相同或相似的图片，适用于图片精确查找、相似素材搜索、拍照搜同款商品、相似商品推荐等场景。图像搜索以深度学习和大规模机器学习技术为核心，通过图像识别和搜索技术来实现。

（八）生物特征识别

生物特征识别技术涉及的内容十分广泛，包括计算机视觉、语音识别等多项技术，主要利用人体固有的生物特性，如指纹、面容、虹膜、掌纹、声纹，以及行为特征，如笔迹、声音、步态等来进行身份的识别。目前，生物特征识别作为重要的智能化身份认证技术，在金融、公共安全、教育、交通等领域得到广泛的应用。

课中任务单　讨论人工智能底层技术的未来发展趋势

4～6 名同学为一组，讨论人工智能底层技术（如机器学习、深度学习、自然语言处理、物体识别、人脸识别、OCR 识别、图像搜索和生物特征识别）的未来发展趋势。

表 1－11　课中任务单：讨论人工智能底层技术的未来发展趋势

组别		小组成员	
小组任务	讨论人工智能底层技术的未来发展趋势		
讨论记录			

课中任务

课后任务 1－4　知识点巩固测试

一、单选题

1. 1956 年夏，人们首次将像人类那样思考的机器称为（　　）。

A. 大数据　　B. 计算机　　C. 人工智能　　D. 深度学习

2. 机器学习的核心原理是处理大量数据并对其进行“区分”。区分方法是要学习的，这里的学习可以分为（　　）和无监督学习。

A. 自主学习　　B. 有监督学习　　C. 全监督学习　　D. 系统学习

3. 深度学习以（　　）为基础，由计算机来自动生成特征量。

A. 技术　　B. 数据　　C. 特征量　　D. 分析

4. 下列哪项是将整体数据分为包含某项共性指标群组的处理方法？（　　）

A. 聚类分析　　B. 信号分析　　C. 仿生分析　　D. 回归分析

5. 目前，在人工智能中，机器学习的难点在于（　　）。

A. 分类方法　　B. 数据获取　　C. 聚类方法　　D. 特征量设计

二、多选题

1. 很多人工智能专家希望通过研究能对智能做出“建构性”解释，他们期望人类的所有大脑活动，包括（　　）都可以通过计算机实现。

A. 思维　　B. 识别　　C. 记忆　　D. 情感

2. 常见的机器学习任务包含（　　）。

A. 分类　　B. 机器翻译　　C. 合成和采样　　D. 去噪和密度估计

三、判断题

1. 人工智能的基础命题是“我们只能用计算机来模拟人类智能”。（　　）

2. 很多人工智能专家希望通过研究能对智能做出“分析性”解释，与“分析性”相对应的是“建构性”。（　　）

3. 当今研究人工智能的出发点为找到智能的原理并通过计算机实现。（　　）

4. 处理网页文本的自然语言技术的基本思路是：不考虑语法结构和上下文意思，机械地找出对译概率较高的词语拼成句子即可。（　　）

项目二

金融科技在银行业的应用

学习目标

知识目标

1. 了解银行发展金融科技的模式；
2. 认识银行发展金融科技的优势；
3. 理解银行服务发展的四个阶段；
4. 掌握金融科技在银行业的主要应用。

能力目标

1. 能够自主利用实训平台完成大数据风控任务；
2. 能够掌握授信的业务流程；
3. 能够理解金融科技给银行业带来的挑战并积极应对。

素养目标

1. 培养学生敏锐的市场洞察力；
2. 培养学生不怕困难，勇于面对问题、分析问题、解决问题的精神；
3. 培养学生的团队合作意识；
4. 培养学生强烈的事业心、责任心和积极的工作态度。

知识架构

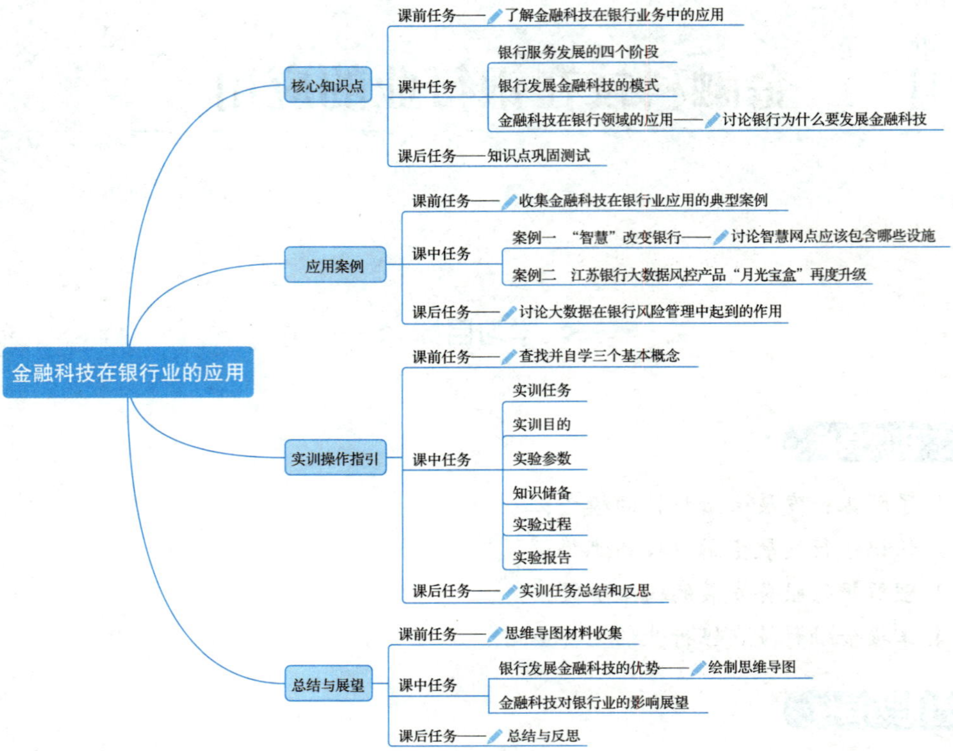
金融科技在银行业的应用
核心知识点
课前任务——了解金融科技在银行业务中的应用
课中任务
银行服务发展的四个阶段
银行发展金融科技的模式
金融科技在银行领域的应用——讨论银行为什么要发展金融科技
课后任务——知识点巩固测试
应用案例
课前任务——收集金融科技在银行业应用的典型案例
课中任务
案例一 “智慧”改变银行——讨论智慧网点应该包含哪些设施
案例二 江苏银行大数据风控产品“月光宝盒”再度升级
课后任务——讨论大数据在银行风险管理中起到的作用
实训操作指引
课前任务——查找并自学三个基本概念
课中任务
实训任务
实训目的
实验参数
知识储备
实验过程
实验报告
课后任务——实训任务总结和反思
总结与展望
课前任务——思维导图材料收集
课中任务
银行发展金融科技的优势——绘制思维导图
金融科技对银行业的影响展望
课后任务——总结与反思

任务一

核心知识点

课前任务　了解金融科技在银行业务中的应用

请同学们选取任意两家银行，上网查阅信息，查找金融科技在该银行业务中的五项应用，并填写表 2-1。

表 2-1　课前任务：了解金融科技在银行业务中的应用

银行名称	金融科技在银行业务中的五项应用				

课中任务

一、银行服务发展的四个阶段

按照银行服务提供方式，以及从网点服务转向电子化服务的过程，银行服务的发展可以分为四个阶段：银行 1.0，网点服务阶段；银行 2.0，自助银行阶段；银行 3.0，基于互联网服务阶段；银行 4.0，银行即服务阶段。

银行 1.0 时代从 1472 年延续到 1960 年。世界上最古老的银行起源于意大利，是历史上最传统的银行雏形。在银行 1.0 时代，银行仅靠物理化的网点提供服务。由于银行之间信息传递不顺畅，经营成本相对较高，银行网点往往设在人口密集、富人相对较多的城镇地区，因此银行服务的覆盖范围有限。银行 1.0 时代最大的特点在于：银行服务提供是受到限制的，必须在特定的时间、特定的地点进行，这一特点在数百年间都没有改变。

在 20 世纪 60 年代，出现了自助银行，有了 ATM，人们第一次在银行营业时间以外就可以享受到银行服务，这就是银行 2.0 时代。在这一阶段，银行服务随着商业模式的复杂而不断变化，更多人成为银行的客户。ATM 出现的重要意义在于，人们在银行营业时间以外享受银行服务成为可能。支付终端（POS 机）等同样使银行服务得以延伸。与此同时，电话银行也逐渐兴起。如果说 ATM 打破了时间的限制，那么电话银行就是打破了空间的限制，但显然，ATM 和电话银行两者都没有在真正意义上取代物理网点在银行提供服务中的地位。

在银行 3.0 时代，互联网的出现使得网上银行开始进入人们的视线，这对银行服务方式来说是突破性的进展。智能手机使我们第一次可以在移动中（如车上、路上）享受到银行服务，不需要到物理网点。新的技术，像互联网、智能手机、移动网络等，使银行的服务和营销渠道发生改变。在这一阶段，尽管许多业务可以通过互联网办理，但实际上出于安全考虑，有些业务依然需要到物理网点办理，比如企业开户、挂失凭证等。

随着金融科技的出现，银行 4.0 时代到来，银行服务演变为全渠道的数字化服务，未来银行的概念是“银行即服务”。在这一阶段，银行是一种无处不在的服务，不依赖物理设施，提供虚拟服务。

现有的银行服务从理论上说是无处不在的，人们可以在各种场景使用，查询账户信息、转账付款，以及通过互联网银行直接申请信用贷款等。但消费者很难直接知道自己不同银行账户以及其他支付账户的存款和负债情况。消费者希望得到的是完整的银行服务，而不是分散的银行服务。而开放银行正是破解这个问题的优选。

开放银行是一种开放 API 技术。开放银行更像一种平台合作模式，通过这个模式来实现银行与企业或者其他金融机构之间的数据共享，并以此提升客户体验。

开放银行的概念起源于 2015 年至 2016 年期间欧洲的相关监管指令，指令表示各银行应当通过开放银行端开放客户的账户、支付等数据，重申数据的所有权归客户而不是银行，打破原有的寡头垄断，增强银行之间的竞争，促进金融业的创新发展，有效提升客户体验。

移动互联技术出现之前，客户想要购买储蓄或理财产品需要去银行网点，但就实际情况而言，最成功的储蓄或理财产品并不来自银行网点。所以，在银行4.0时代，银行的目标不是适应技术，而是利用这些技术来更好地提供服务。

开放银行有很大的商业前景，与此同时也存在一些风险，比如客户数据的泄露和滥用等，因此只有在客户授权、监管合规的前提下，才能实现行业的成功转型。

二、银行发展金融科技的模式

商业银行视角下的金融科技可称为银行科技（bank-tech），为应对技术革新，各大银行纷纷采取不同的策略。

（一）与科技公司合作分享金融科技成果

银行与科技公司合作，借助科技公司的技术力量，加速金融科技的应用，分享金融科技成果。在科技公司选择方面，银行既可以选择金融科技公司，也可以选择拥有先进技术的互联网公司。与这些公司合作，银行可以通过提高收费或增加净收入，达到增加盈利的目的，或者通过低成本提供金融服务，减少科研投入，达到降低成本的目的。在这两种情况下，合作关系能够为银行增加收入或降低成本带来直接的正面影响。除此之外，与科技公司合作还可以通过降低风险或拓展增长前景来增加银行自身的价值。例如，银行可以与网络安全金融科技公司合作，以减少自身在这方面的潜在风险。同时，银行可以与提供大数据分析解决方案的金融科技公司合作，以更好地预警借款人的财务困难，从而加强风控，减少坏账风险。与互联网公司合作则可以为银行提升客户黏性找到新的切入点。

对于科技公司而言，与银行合作也是提升竞争力的一种选择。虽然金融科技的某些领域因消费者和企业对创新产品和技术的需求而得到增强，但传统银行仍然有强大的客户关系优势，并通过与更成熟的品牌合作来提升自身的品牌价值。越来越多的银行与科技公司联手，着力打造更有价值的金融产品和服务，提升核心竞争力。

（二）投资或者并购金融科技公司

除了与科技公司合作以外，银行等金融机构也可以通过投资或者并购金融科技公司来提升自身的金融科技力量，而这些公司一般来说在金融科技方面表现突出或者颇具潜力。通过投资或者并购，银行等金融机构就可以直接获得金融科技公司的人力资本和研究成果，从而达到数字化转型的目的。当然，这是需要满足一定前提条件的，那就是要保留金融科技公司组织和经营的相对独立性，为高科技金融人才培养以及产品创新和业务发展留出足够的空间。例如，花旗银行集团旗下的花旗风投就致力于投资金融科技股权，其最著名的投资标的是Square。Square是一家专注于提供支付过程中商户服务和综合解决方案的移动支付公司，消费者和商家在智能手机上利用移动读卡器，就可以在接入网络的状态下通过应用程序匹配刷卡消费，其功能和作用类似于国内的拉卡拉读卡器。这些便携读卡器可以让消费者和商家不受POS机消费地点的限制，可以在任何地方进行付款或收款，保存相应的消费信息，并按日结算，不受传统银行对账限制，从而大大降低了刷卡消费支付的技术门槛和硬件需求，受到了更多消费者和商家的青睐。投资这样的金融科技公司可以为银行带来更多的客户和收益。

（三）建立银行内部的技术解决方案

除了上述两种外部提升银行科技的途径以外，银行内部也有自己的途径——建立自己的技术解决方案。目前大部分银行已经开始高额投入金融科技建设，例如成立金融科技子公司、建立专门的部门或者加大信息技术建设力度。在对外寻求提升服务品质的同时，各大银行也都提高研发成本，引进技术高端人才，努力做好技术支撑。此外，深挖客户需求，不断更新产品设计。通过技术创新，将不同的金融资产重新组合，达到转移和规避风险等目的。总之，商业银行在经营过程中，越来越注重科技的力量，为成功实现数字化转型奠定基础。

三、金融科技在银行领域的应用

随着信息技术的不断发展，金融科技在金融业的应用范围逐步扩大、应用程度逐渐提高，尤其是在银行日常经营中广泛使用，给银行业带来了巨大的影响。

（一）移动互联在银行领域的应用

1. 移动互联的概念

移动互联即基于移动终端和通信网络的连接，进行信息的获取、发布和交互。简单来说，移动互联主要通过连接来获取和传递大数据。

2. 移动终端打破银行服务界限

移动互联在银行领域的应用范围较广，推行时间较其他金融科技早，例如我们所熟悉的电话银行、网上银行、手机银行终端设备等。有了这些终端，客户可以不受银行营业时间以及物理网点或ATM位置限制，全天候享受银行服务，随时登录账户进行交易。相较于传统的银行网点服务和基于电脑端的网上银行，手机银行操作起来更为便捷，因此越来越多的人选择使用手机银行服务。在数字化时代，人们更加倾向于选择定制化、个性化的服务，因此各家银行都意识到提升客户体验的重要性。客户通过移动端进行操作，银行还可以更广泛地收集客户行为、偏好数据，为提供个性化的服务提供参考，为客户创造独特的体验，提升客户满意度。智能化的手机银行可以实时帮助客户掌握自己账户的所有信息，提供更便捷的交易方式，例如存款查询、转账汇款、投资理财等。就银行而言，移动终端可以帮助银行实现无纸化经营，既环保又降低成本。

3. 移动支付丰富银行支付服务

随着移动互联网的广泛应用，移动支付逐渐替代了传统的现金支付，人们的消费习惯也悄然发生改变。银行的移动支付服务主要为手机银行转账、银行卡绑定消费、投资理财和公共事业缴费等。如招商银行推出“刷脸”转账功能，客户通过远程视频进行面部识别确定身份后，能够在线办理20万～100万元的大额转账业务。南京银行推出多功能、可穿戴智能支付设备“智e鑫”，客户可用闪付终端进行小额免密支付等。

（二）人工智能在银行领域的应用

1. 智能投顾定制资管方案

传统的投资顾问需要站在投资者的角度，结合所掌握的客户信息分析客户特征，配置符合该客户风险偏好并且适应特定时期市场表现的投资产品，之后还要持续跟进。完成这些工作的投资顾问必须具备非常高的专业素质，这也就使得资管服务的准入门槛相对较高，几乎只面向高净值人士。智能投顾的出现使银行能够以最少的人工干涉进行投资组合管理，用计算机代替专业的投资顾问来管理客户资产，同时也不再只面向高净值人士。运用人工智能技术，智能投顾能对大量客户进行财富画像，为每一位客户提供量身定制的、个性化的资管方案。

2. 智能客服便捷解决客户诉求

所谓智能客服，是指以语音识别、自然语言处理等人工智能技术为基础，协助企业在用户量巨大时处理业务的技术。对银行来说，传统的客户服务以电话交流、线下柜员面对面交流为主，面临着服务形式单一、效率低、专业水平参差不齐等问题。组建和保持一支规模庞大的客服团队不仅使银行的组织结构变得臃肿，而且运营成本很高。智能客服技术在银行业有广泛的应用场景。对于复杂的客服任务，智能客服可以对其进行分类、评估，再传递给相应的人工客服。对于简单的客服任务，智能客服可以直接解决，无须人工客服介入。随着技术的进步与基础数据的积累，智能客服的功能会更加强大，能独立解决的客服问题也会逐渐增多。这种趋势将会对银行现有的客服团队、客服系统产生巨大的冲击。传统银行的网点优势将日益遭到削弱，需要重新组建更加智能化、专业化的客服团队。

（三）大数据在银行领域的应用

1. 实现精准营销，助力产品创新

“了解你的客户”是银行开展业务的重要前提之一，基于对客户的了解，银行才能制定更精准的营销方案，开发相应的产品和服务。在大数据时代，仅对客户身份的真实性、合法性进行验证已无法满足银行的竞争需求。银行可以建立大数据平台，利用先进的大数据技术来获取客户的消费习惯、消费偏好、消费水平和兴趣爱好等多方面信息。

利用大数据进行用户画像实际上解决了精准营销的问题。用户在认知产品的过程中，会通过网络对产品信息、类别进行检索，留下行为轨迹，形成偏好数据。在用户画像的基础上，银行结合产品搜索数据，建立客户关系管理（CRM）系统，从而精准推送给消费者相应的金融产品，实现精准营销。

另外，还可以根据大多数客户的共同特征值，制定以客户为中心的产品设计和营销推广模式，使得产品更加具有针对性和有效性，提供更有价值的服务，从而提升客户的使用体验和忠诚度。例如，中信银行的“信e付”可以全程记录交易过程中的企

业用户信息，捕捉背后的价值信息。

2. 增强银行的风控能力

传统银行在对客户授信时，需要进行贷前审核、贷中审查和贷后检查，需要花费大量的时间和人力。银行使用大数据技术则可以构建贷款客户评分模型，根据客户的信用程度、消费信息、收入水平等自动对申请的贷款进行审批。银行可通过企业的生产、流通、销售、财务等相关信息结合大数据挖掘方法进行贷款风险分析，量化企业的信用额度，更有效地开展中小企业贷款业务。

大数据可以帮助银行降低信息不对称，增强风控能力。银行可以逐渐将以往过度依赖客户提供财务报表获取信息的风险管理方式，调整为对客户财务状况、资金流动性数据进行动态的、全过程的监控分析模式。目前，金融科技应用领先的银行，如花旗、富国、瑞银等，已经能够利用大数据技术对客户的资产负债、交易活动、流动性状况、纳税和信用记录等进行整合，进行360度的综合评价，动态计算客户的违约概率和自身的损失率，以此提高贷款决策的可靠性。

3. 提供新的反洗钱方法

大数据技术为反洗钱提供了新的方法。现有的反洗钱系统大多基于规则模式，这些规则在很大程度上是根据历史数据总结得到的，而且非常依赖人工经验，容易造成疏漏。而且，反洗钱系统的筛选规则通常是针对单个账户，而事实上金额巨大的洗钱活动往往是团伙作案。通过使用大数据技术，银行可以在短时间内搜索出客户身份、资产负债对比及收付交易等各方面信息，通过对这些数据进行专业的分析和挖掘，能够对洗钱行为进行甄别和分析。银行可以利用账户所有人的基本信息、历史行为模式、当前行为模式（如转账）等，通过智能引擎进行动态的交易分析。

（四）区块链在银行领域的应用

1. 降低运营成本

金融业发展的基础是信任，为了建立信任机制，金融业在发展过程中催生了大量的中心化机构，包括第三方支付平台、银行、交易所等。在现有的银行体系中，想要进行账目核对，基本都要通过总行的电子账本。从本质上而言，目前银行的数据存储结构是一个中心化的结构。运维这个电子档案中心需要付出大量的运营成本。区块链技术的出现使得电子数据存储有了新的发展方向，去中心化的特点决定了区块链技术在银行领域的应用可以节约大量的运维成本。同时，分布式的特点可为数据查询提供更便捷的方法。因此，越来越多的银行开始了对区块链技术的应用研究，成立专门的实验室以发展这项技术。

除了电子档案或者数据存储成本高以外，国际贸易结算成本也非常高。当前主要是通过环球同业银行金融电信协会（SWIFT）进行银行间清算和结算。这种跨境支付结算必须通过多家中介行、结算行等环节，多个中介角色的介入正是因为信任机制对跨境交易的完成至关重要。然而，这不但造成中间环节繁多，非常耗时，还需支付高昂的手续费。由于各个国家的程序不同，会导致一笔汇款2～3天才能到账，效率很低，在途资金额大也提升了交易成本。将区块链技术应用于跨境支付结算，通过分布式账本实现收付双方点到点的直接连接，可以彻底改变现有的资金转移方式，能够降低跨境支付交易成本。此外，通过区块链技术不但可以降低资金中转费用，提高资金周转效率，还可以大幅提升跨境汇款的安全性。

2. 防范欺诈风险

区块链分布式记账的开源、透明等特点，使经济活动参与者能够知晓交易规则和交易状态。在区块链技术应用背景下，所有账簿内容在每个节点都可以验证，构建历史真实性和完整性，这使得经济活动在一定程度上可追责，从而降低系统信任风险。在区块链形成的网络中，任何节点发生交易，所有的节点都会生成相应的记录。这也就意味着，一旦有人试图入侵和修改单本账簿，其他所有节点都会自动侦测到这种欺诈行为并记录。

课中任务单　讨论银行为什么要发展金融科技

4～6名同学为一组，讨论银行为什么要发展金融科技，并填写表2-2，填写完毕后，每组选派一名代表上台阐明本组观点。

表2-2　课中任务单：讨论银行为什么要发展金融科技

组别		小组成员	
小组任务	讨论银行为什么要发展金融科技		
讨论记录			

课后任务　知识点巩固测试

一、单选题

1. 金融科技的应用主要是从（　　）时代开始的。

A. 银行 1.0　　B. 银行 2.0　　C. 银行 3.0　　D. 银行 4.0

2. 以下关于智能客服的说法，不正确的是（　　）。

A. 智能客服可以对客户问题进行分类、评估

B. 智能客服可以取代所有的人工客服

C. 智能客服可以让银行服务丰富起来

D. 智能客服技术在银行有广泛的应用场景

3. 现有的国际结算具有交易时间长、（　　）的特点。

A. 操作简单　　B. 无交易风险　　C. 手续费高　　D. 点对点结算

二、多选题

1. 银行服务发展经历了哪些阶段？（　　）

A. 网点服务阶段　　B. 自助银行阶段

C. 基于互联网服务阶段　　D. 银行即服务阶段

2. 以下属于银行 2.0 阶段业务的是（　　）。

A. ATM　　B. 网上银行　　C. 电话银行　　D. 手机银行

3. 大数据在银行领域的应用优势有（　　）。

A. 实现精准营销　　B. 增强风控能力

C. 解决客户诉求　　D. 提供新的反洗钱方法

4. 区块链技术的应用可以帮助银行（　　）。

A. 实现定制化服务　　B. 打破时间界限

C. 降低运营成本　　D. 防范欺诈风险

5. 金融科技在银行领域的应用有（　　）。

A. 人工智能　　B. 移动互联　　C. 区块链　　D. 大数据

三、判断题

1. ATM 出现在银行 1.0 时代。（　　）

2. 网点银行或者说银行 2.0 时代最大的特点在于，银行服务提供是受到限制的，只能在特定的时间、特定的地点进行，数百年没有发生本质的改变。（　　）

3. 智能投顾可以为每一位客户提供定制化的资管方案。（　　）

4. 目前区块链技术在银行领域的应用还没有完全实现。（　　）

5. 商业银行经营的基础是客户，因此还会继续加大存款吸纳力度。（　　）

任务二 应用案例

课前任务　收集金融科技在银行业应用的典型案例

4～6名同学为一组，每组收集一个金融科技在银行业应用的典型案例，要求有案例介绍和案例点评，并制作PPT，完成后填写表2-3。

表2-3　课前任务：收集金融科技在银行业应用的典型案例

组别		小组成员	
小组任务	收集金融科技在银行业应用的典型案例		
讨论记录			

课中任务

案例一　“智慧”改变银行

案例介绍

随着金融科技在银行领域的应用，金融服务“智慧化”正席卷全球。这种金融生态环境的巨变，促使银行网点的产品服务和渠道建设开始战略转型，各大银行纷纷打造“智慧网点”来应对全新的市场环境和挑战。

为了适应网络化、数字化、智能化的发展趋势，传统商业银行也在积极探索物理网点的转型之路。

中国首家“无人银行”的开发者中国建设银行，运用金融科技打造智慧网点（见图 2－1），将自助服务与远程“一对一”专家服务相融合；引入智能信息采集、机器人流程自动化技术，实现业务办理的全流程数字化管控。

图 2－1　中国建设银行智慧网点

图 2－2 中类似于实验室的地方是爱尔兰联合银行的数字银行商店，其以数字自助服务技术为中心向顾客提供更多的服务。顾客在其间可以免费使用 iPad、iMac 和无线网络。

图 2－3、图 2－4 所示的巴西布拉德斯科银行（Bradesco）未来网点以先进的生物识别技术推动网点的智能化，智慧网点配备智能查询桌、生物识别 ATM、交互式的数字墙（即“触媒墙”）等。

图 2-2　爱尔兰联合银行的数字银行商店

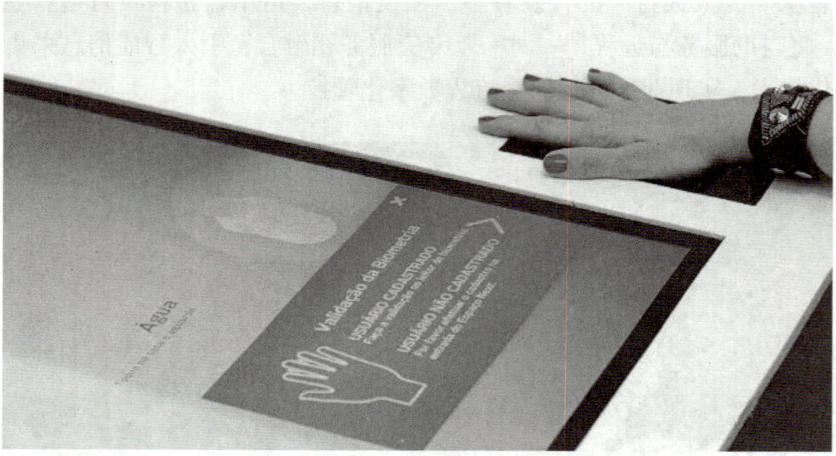

图 2-3　巴西 Bradesco 银行的智能查询桌

图 2-4　巴西 Bradesco 银行的“触媒墙”

图 2－5 展示了网上银行 ING Direct 的室内景象，这是由建筑设计事务所 Newtone 的设计师模仿零售商店的风格而设计的。

图 2－5　网上银行 ING Direct 的室内景象

图 2－6 所示为巴克莱旗舰分行的互动墙，可以提供本地信息，向人们展现伦敦的风土人情。

图 2－6　巴克莱旗舰分行的互动墙

案例点评

无论是国内还是国外的商业银行，都在加紧智慧网点的建设。不过，智慧网点不是简单的网点装修升级，也非智能设备的堆砌。极致的客户体验、有效的客户沟通、缩短银行与客户之间的距离、让客户真正融入银行的服务和文化中，是智慧网点建设在遵循“以客户为中心”的服务原则下追求的目标。

课中任务单　讨论智慧网点应该包含哪些设施

4～6名同学为一组，结合前面的案例分析，讨论智慧网点应该包含哪些设施，并分析理由。讨论结束后，填写表2-4。

表2-4　课中任务单：讨论智慧网点应该包含哪些设施

组别		小组成员	
小组任务	讨论智慧网点应该包含哪些设施		
讨论记录			
改进建议			

案例二　江苏银行大数据风控产品“月光宝盒”再度升级

案例介绍

在数字化的新形势下，数据正成为创造价值的一项重要资产。江苏银行作为国内较早进行金融科技实践的银行之一，在如何发挥数据价值提供更优质服务方面持续探索，将自主研发的大数据风控产品“月光宝盒”再度升级，通过深挖数据、技术迭代升级和强化人工智能应用，进一步提升了信贷全流程的风控能力，也使得金融服务更加精准高效。

江苏银行“月光宝盒”是一个开放式的金融风险服务平台，以大数据技术为各类金融信贷产品提供贷前、贷中、贷后的信息和风控支持，解决授信业务过程中的信息不对称问题，提升风险管理的前瞻性、及时性和有效性。该平台依托数据、技术、产品三大支柱，目前已形成包括基础层和应用层两大层，涵盖数据支撑类、技术支撑类、风险识别类、风险计量类、风险监测类、风险控制类六大类功能的风控框架体系，成为银行信贷风险管理的可靠“基石”。

“月光宝盒”的再度升级得益于江苏银行“以业务流程为中心”的风险管理理念。该行优化迭代存量系统，持续推进应用系统建设，借助“月光宝盒”的风险识别能力赋能各项信贷产品。该行对“月光宝盒”反欺诈体系进行了优化，由原先的贷前欺诈识别，向贷中、贷后延伸，贷中识别可疑交易，贷后监控资金流向，实现信贷全生命周期的风险监控。升级后的“月光宝盒”还可以通过建设关联图谱，挖掘各方显性和隐性关联关系，实现风险识别对象由个体向集体的延伸，提升对联合欺诈等风险的识别和防控能力。

“月光宝盒”的强大风控能力离不开数据支撑和技术支持。据了解，江苏银行经过多年数据治理的积淀，数据质量大幅提升。在此基础上，该行深挖行内“冷”数据价值，加强数据内部逻辑研究，拓展和深化数据应用场景，挖掘更多有效信息支持风险防控。例如该行的“黄金眼”项目，多层次整合行内数据，从五大维度对小微企业进行综合评分，更加精准地识别小微企业资质，为风险防控提供数据支撑，为授信提供精准判断。与此同时，江苏银行积极开展外部合作，丰富数据来源和种类，不断强化内外部数据关联分析，进一步打造行业领先的数据优势。

此外，为应对日趋严峻的互联网金融风险和信息安全风险，江苏银行“月光宝盒”加强人工智能等技术应用，将人脸识别、OCR、声纹识别、自然语言处理以及智能外呼等技术运用于风控场景，强化风控手段。该行还与腾讯等多家互联网公司以“联邦学习”的模式在保障信息安全的前提下开展技术合作，打破数据孤岛，实现联合信贷风控建模，持续提高在贷款领域的风险识别能力。后续该行将持续提升“月光宝盒”的服务能力，扩大品牌影响力，在欺诈风险识别、信用风险控制等领域探索新的合作方式。

案例点评

传统银行的信贷业务风控多以历史数据为主，贷前调查主要依托征信中心的信用报告，难以实现立体化的评价。因此，建立强大的数据库对银行而言非常重要，通过大数据技术实现客户信息多维度、动态采集，不仅要采集财务数据，还要收集行为数据，以便做出精准的分析。贷款审批系统通过数字化的精确算法，准确评估风险，完善风险测算评估模型，规避人为评估风险。将人工智能技术融入贷前、贷中、贷后全过程管理，同样也要依托数据库采集的客户行为数据，实行智能化的动态监测，客观地实施风险评级。

课后任务　讨论大数据在银行风险管理中起到的作用

4～6名同学为一组，结合上述案例，查阅资料，说明“月光宝盒”具体是怎样的产品。同时分析大数据在银行风险管理中起到的作用有哪些，大数据对银行经营有无负面影响，如果有请举例说明。每组提交一份PPT并填写表2-5。

表2-5　课后任务：讨论大数据在银行风险管理中起到的作用

组别		小组成员	
小组任务	讨论大数据在银行风险管理中起到的作用		
大数据在银行风险管理中起到的作用有哪些			
大数据对银行经营有无负面影响，如果有请举例说明			
是否完成PPT			

任务三

实训操作指引

课前任务　查找并自学三个基本概念

每位同学查找并自学以下三个基本概念：（1）信贷风险管理；（2）信贷审批规则；（3）小微企业。

微课

课中任务

一、实训任务

本次实训任务是大数据风控下商业银行互联网贷款业务虚拟仿真实验。

二、实训目的

本实验助力学生通过实验操作，感受在金融业具体业务中大数据风控功能的发挥与风险应对策略，学习大数据风控作为监督体系重要组成部分的客观必然性。具体来说分为如下三个层次：

（1）通过实验巩固学生对大数据风控理论的理解和应用。这包括大数据风控本质与职能、大数据风控理论、大数据风控程序、大数据风控方法等，深刻理解从大数据风控视角对金融业进行监督以不断完善金融机构内部治理、保障金融系统高效健康运行、保障信贷资金安全的重要性。

（2）通过实验使学生能够全面把握大数据风控的具体应用场景。本实验基于金融的广义范畴，实验过程充分展示银行业务的现实场景，据此模拟商业银行互联网贷款业务，使学生能够全局性地把握商业银行开展互联网贷款业务的具体环节，了解和掌握商业银行开展互联网贷款业务的基本流程。

（3）通过实验训练，撰写互联网贷款业务开展的实验报告，提升学生理解和把握金融监管政策，以及从政策、制度和管理层面提出有针对性的建议的能力。实验过程是发现问题并提出对策的过程，通过互联网贷款业务虚拟仿真实验训练不断提升学生在发现问题的基础上解决实际问题的能力，最终引导学生提升综合能力，培养创新思维。

三、实验参数

（一）预设相关背景企业资料

参数一：企业基本信息，包括企业名称、法人基本信息、成立时间、注册信息。

参数二：企业税务、工商信息，包括缴税信息、法院信息、借贷信息、经营信息。

参数三：贷款审核相关信息，包括是否有抵押、是否已有贷款、征信信息、欺诈行为信息。

参数四：信用贷相关参数，包括纳税信用等级、年均增值税、年均所得税、上一年度销售收入、最近6个月日均AUM值、各贷款信息、行业类型、代发工资、贷款期限。

（二）信贷审核大数据测算模型规则

参数一：客户信息，规则见表2-6。

表 2－6　客户信息规则

规则指标	规则内容	认定情况
年龄	年龄大于 25 岁且小于 55 岁	准入
关联企业信息	是企业法人、股东	准入

参数二：企业信息，规则见表 2－7。

表 2－7　企业信息规则

规则指标	规则内容	认定情况
行政处罚信息	不存在情节严重或构成犯罪的情形被税务部门处罚	准入
	近三年内行政处罚次数小于 4 次	准入
税款信息	无未缴清税款的情形	准入
缴税记录	近 24 个月逾期缴税记录不超过 3 条	准入
经营场所	存在实际经营场所	准入
银行负债情况	银行负债率 <30%	准入
成立时间	成立一年以上	准入
法院信息	近一年内无开庭公告、裁判文书	准入
	未被纳入失信被执行人、曝光台名单	准入
环保信息	近一年内无负面新闻	准入
民间借贷信息	近三年内无民间借贷记录	准入

参数三：贷款最高额度，计算公式如下。

贷款最高额度＝(年均增值税＋年均所得税)× 纳税等级系数

参数四：销售收入最高额度，计算公式如下。

销售收入最高额度＝企业最近 6 个月我行日均 AUM 值(日均金融资产)×1.5

销售收入最高额度＝上年销售收入 ×30%

销售收入最高额度取两种计算方法的最小值。

参数五：企业负债总额，计算公式如下。

企业负债总额＝企业贷款余额＋企业主个人经营性贷款余额

＋企业对外担保余额＋企业主个人对外担保余额

四、知识储备

(一) 信用风险的概念

信用风险又称违约风险，是指借款人、证券发行人或交易一方因种种原因，不愿或无力履行合同条件而构成违约，致使银行、投资者或交易另一方遭受损失的可能性。

随着金融全球化及金融市场波动性的加剧，各金融机构受到信用风险的挑战。在经济转型和结构调整阶段，金融风险的隐蔽性和复杂性有所增强，金融机构面临的风险管理压力提升。

（二）互联网贷款的概念、特征、模式

互联网贷款是指商业银行运用互联网和移动通信等技术，基于风险数据和风险模型进行交叉验证和风险管理，线上自动受理贷款申请及开展风险评估，并完成授信审批、合同签订、贷款支付、贷后管理等核心业务环节操作，为符合条件的借款人提供的用于消费、生产经营周转等的个人贷款和流动资金贷款。

特征：一是服务边界更广。适合满足中小企业的融资需求，互联网贷款的普惠性拓展了金融服务的深度和广度。二是成本相对低廉。互联网贷款交易通过线上实现，省去了借款人开立银行账户、等待评级和授信审批的漫长过程，带来了更快的贷款速度和更高的投资效率。三是信息相对对称。互联网凭借开放和共享的特性，具备创造信息的能力；互联网平台上信息公开方可完成交易的要求使客户对金融产品有更深入的了解，从而使交易双方更加清楚对方的情况，降低了信息的不对称性。四是信息融合能力强。五是风险相对较高。

模式：一是银行直销模式，指商业银行通过自身的技术开发，从互联网端的线上渠道获取有资金需求的客户，客户通过网上银行、手机银行及直销银行等渠道线上申请贷款并实现贷款发放的模式。二是联合放款模式，指商业银行与第三方平台机构合作，通过平台获取客户并发放贷款的模式。

（三）大数据技术的原理

基于大数据的信用风险管理，除金融机构内部积累的大量数据外，还可以充分利用外部数据作为拓展的信息源，将内部和外部的风险相关数据统一接入、深加工、存储，获取相关信息，生成风险报告并触发预警，形成“预警、通知、处置和关闭”的闭环处理流程。建设个人信用风险防控体系，数据来源涉及客户社交、生活、工作等各个方面，收集包括客户消费习惯、信用记录、网络社交等大量的数据信息。通过云计算技术对大数据进行提取、处理和排序，对客户的信用情况、投资偏好和消费需求做出定位，为互联网贷款产品的精准营销提供有力支撑。大数据征信利用互联网获取信用信息，收集信息的效率更高、成本更低，并且由于存储信息的方式具有更高的稳定性，所获信息的真实有效性也获得充分的保证，在范围上更是能覆盖到传统征信未能涉及的信用信息。

（四）商业银行控制信用风险要点

由于互联网贷款具有大数据风险建模能力强、全流程线上自动运作、审批放贷速度快等特点，容易形成过度授信、多头共债、资金用途不合规等问题。互联网贷款发放应遵循小额、短期、高效和风险可控的原则。从贷前的客户准入、贷中的贷款额度审批到贷后的贷款催收工作，整个贷款审批全过程监管。

五、实验过程

（一）登录实验

输入账号与密码，点击“登录”按钮进入实验，如图 2－7 所示。

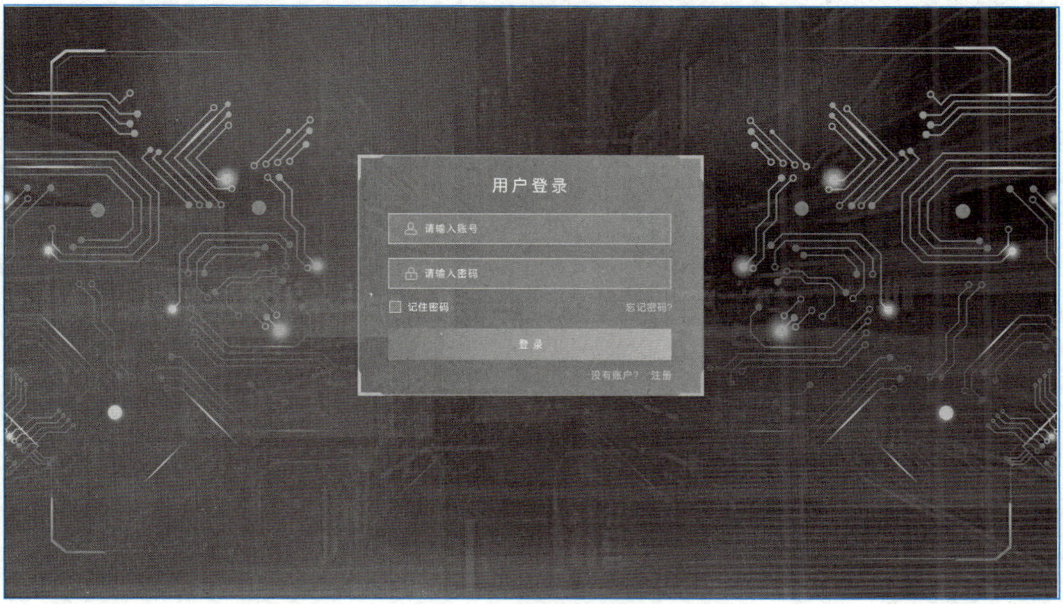

图 2－7　系统登录界面

（二）课前预习

（1）实验开始前，需要学生对实验相关理论知识进行测试。单击“课前预习”按钮，进入测试，如图 2－8 所示。

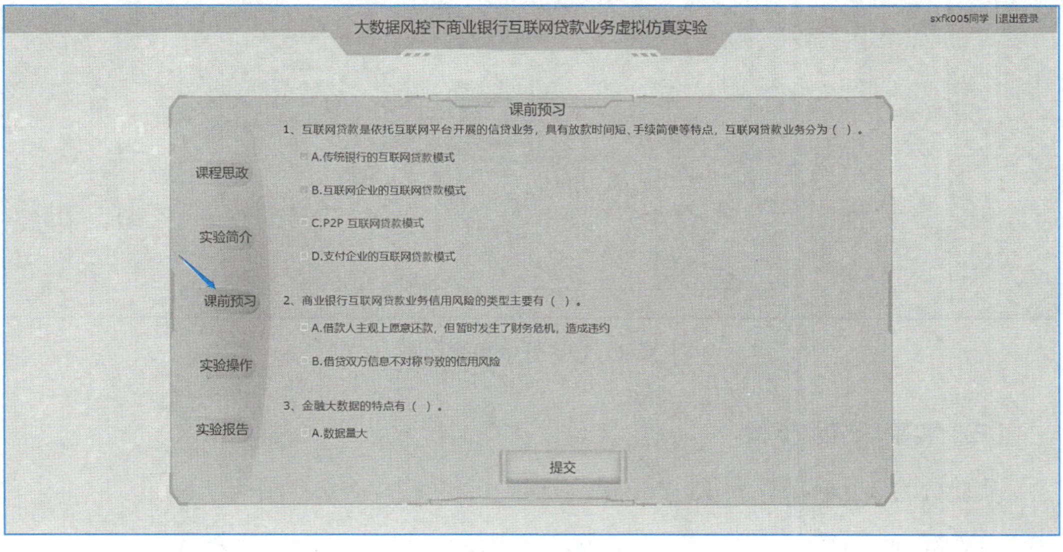

图 2－8　课前预习进入界面

（2）测试完成后，点击“提交”按钮，系统会自动对测试结果进行评判，如图 2－9 所示。

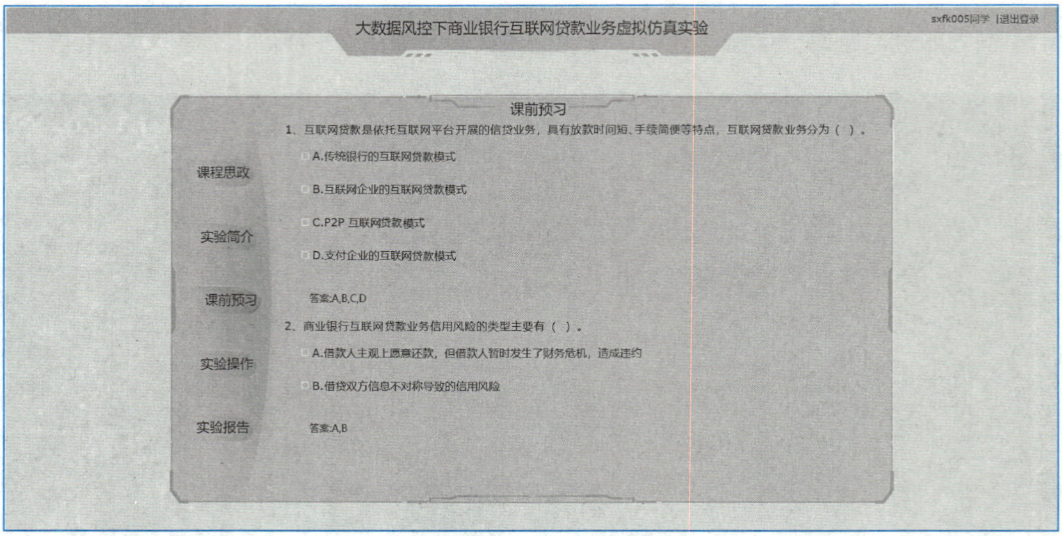

图 2－9　课前预习提交界面

（3）单击“实验操作”按钮，查看实验操作具体步骤，单击“开始实验”按钮，进入正式实验，如图 2－10 所示。

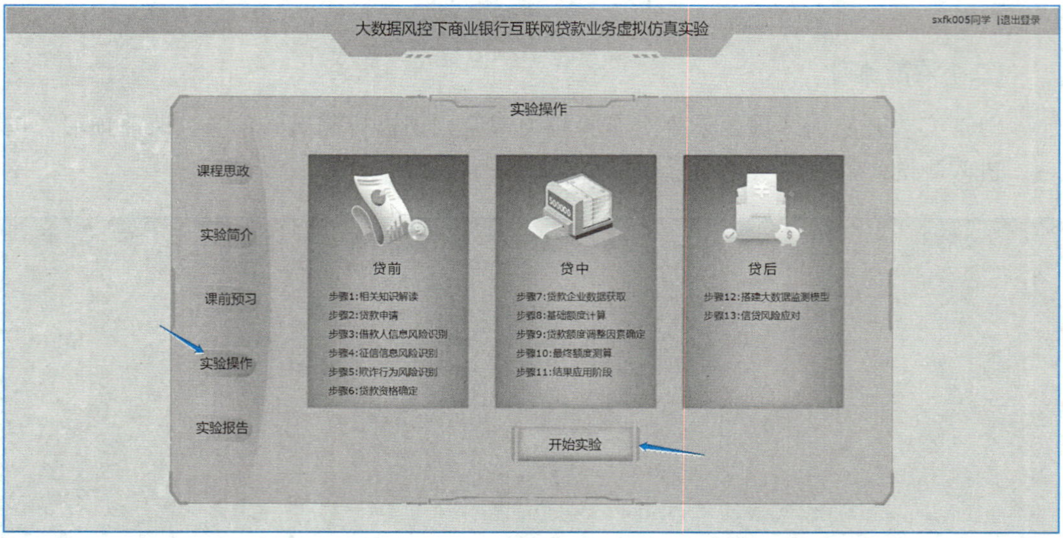

图 2－10　开始实验界面

（三）实验环节及步骤

实验分为 3 个环节，共 13 个步骤。

1. 环节一：贷前

步骤 1：相关知识解读

- **实验目的**：了解商业银行互联网贷款的业务背景、审核流程及审查要求。
- **操作过程**：

（1）学生查看实验背景。单击“下一步”按钮继续实验，如图 2 - 11 所示。

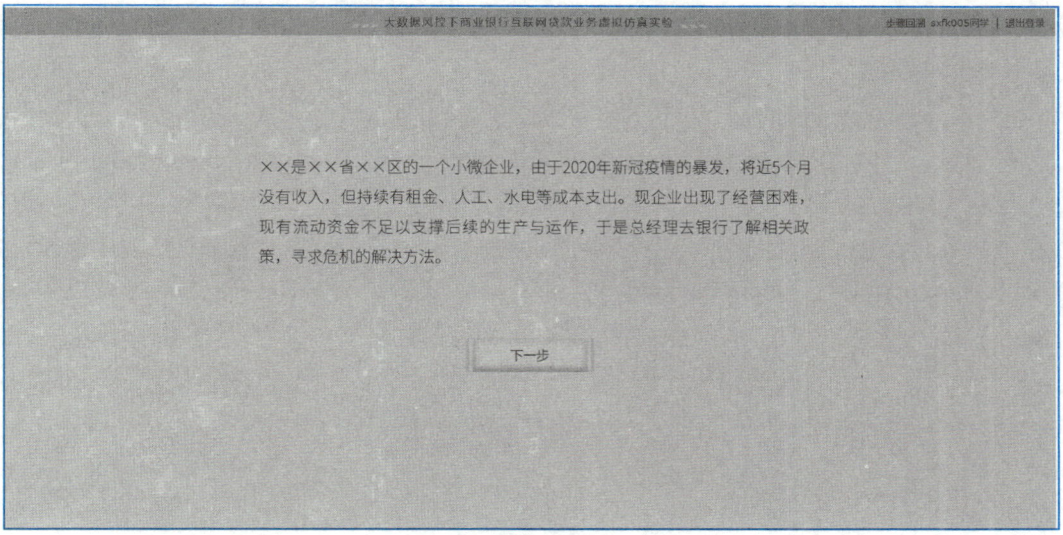

图 2 - 11　实验背景展示界面

（2）学生查阅人机对话引导的实验脚本，根据系统的引导进行实验，如图 2 - 12 所示。

图 2 - 12　实验引导界面

（3）完成脚本设置中的交互题，如图 2－13 所示。

● **考核方式：**自动考核，系统内置正确答案，提交后自动进行考核。

步骤 2：贷款申请

● **实验目的：**熟悉贷款申请的申请表格式、内容要求和操作要点，进行贷款申请的操作。

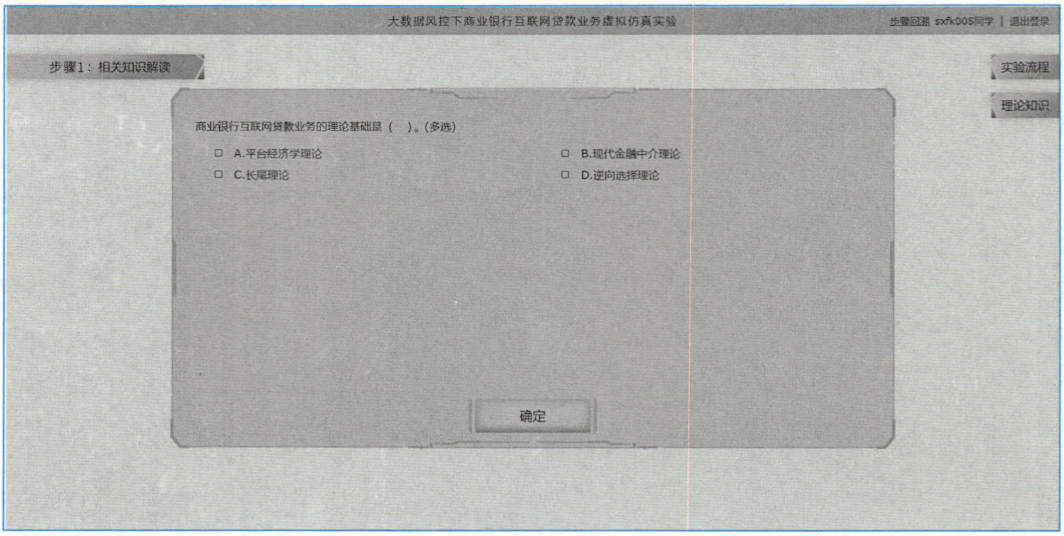

图 2－13　交互题界面

● **操作过程：**

（1）学生可以选择任意一个端口，进行贷款申请的操作，如图 2－14 所示。

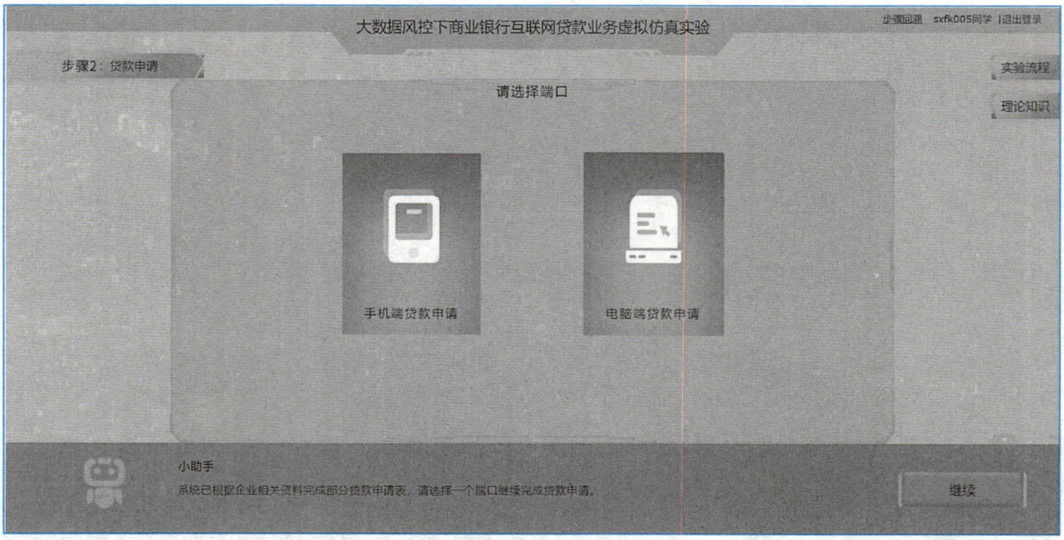

图 2－14　贷款端口选择界面

（2）手机端需要扫描二维码，在手机上打开相关页面，填写贷款申请书，点击“提交”后完成操作，如图 2－15 所示。

图 2－15　手机端扫码界面

（3）选择电脑端贷款申请时，系统会给出一个贷款申请模板，如图 2－16 所示。

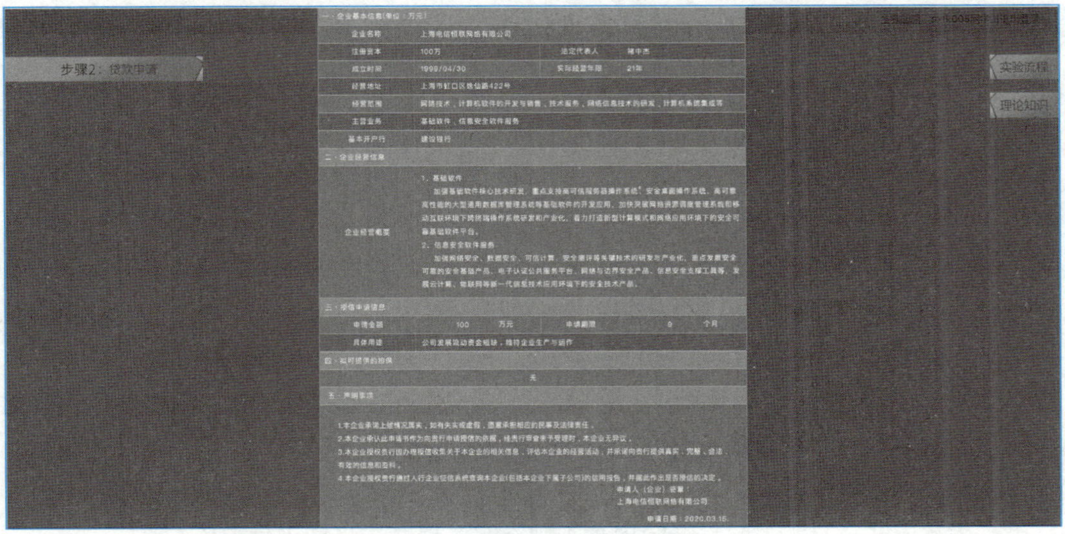

图 2－16　贷款申请模板展示界面

（4）在电脑端完成申请表的填写后，需要选择“请选择贷款申请需要提交的相关资料”下的项目，如图 2－17 所示。

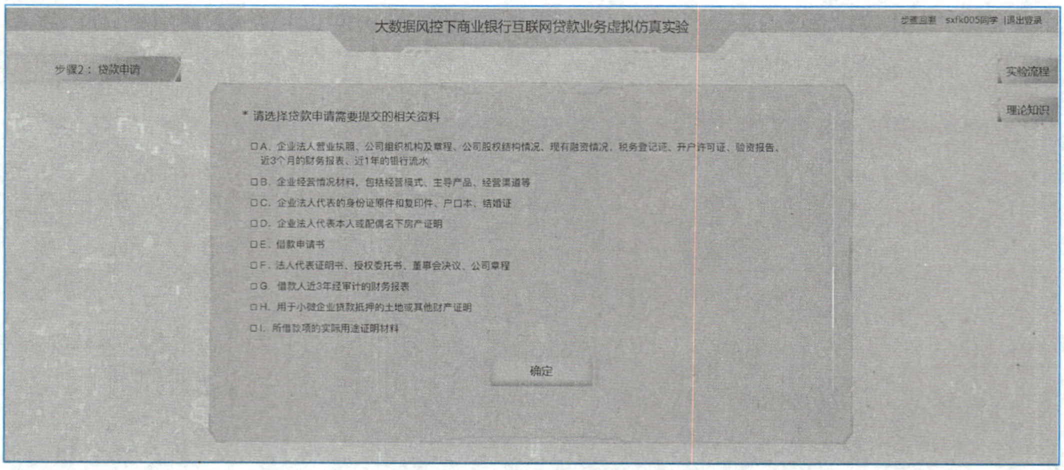

图 2-17　申请表填写与资料选择界面

（5）点击“下一步”继续实验，如图 2-18 所示。

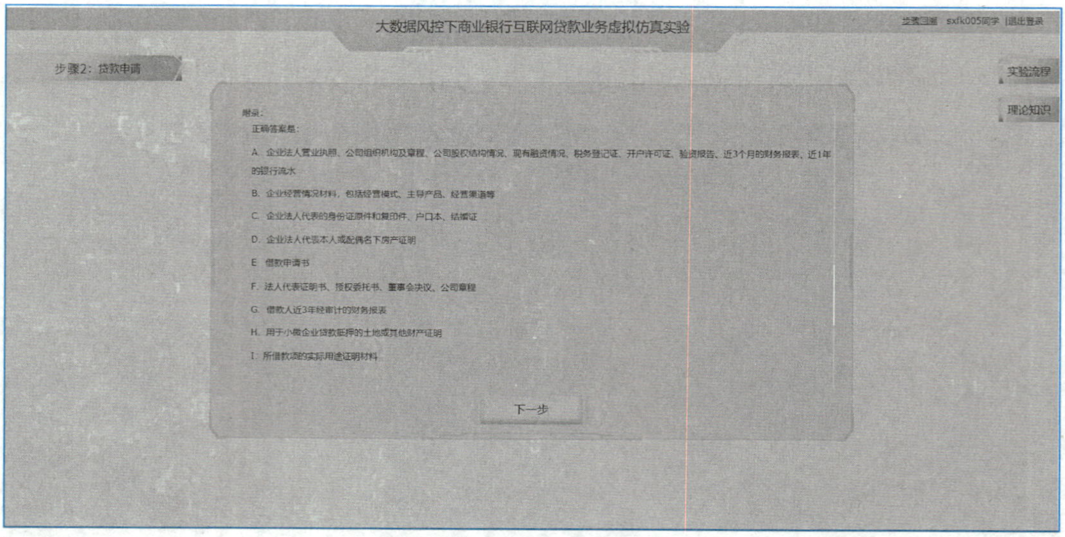

图 2-18　申请资料考核界面

● **考核方式**：自动考核，系统内置正确答案，提交后自动进行考核。

步骤 3：借款人信息风险识别

● **实验目的**：借助大数据技术，熟悉借款人信息规则流，对借款人的信息进行风险识别，找出潜在风险点。

● **操作过程**：

（1）学生阅读小助手引导语，点击“借款人信息规则流”进行借款人信息风险识别项的查看，如图 2-19 所示。

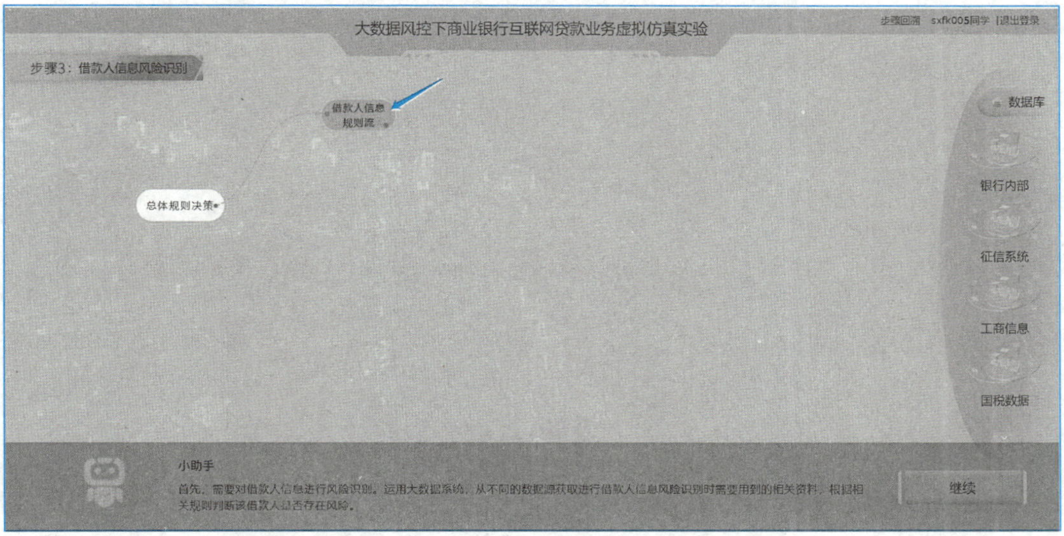

图 2-19 借款人信息规则流界面

（2）学生依次单击风险识别项，进行风险识别的相关操作（以“客户信息”为例），如图 2-20 所示。

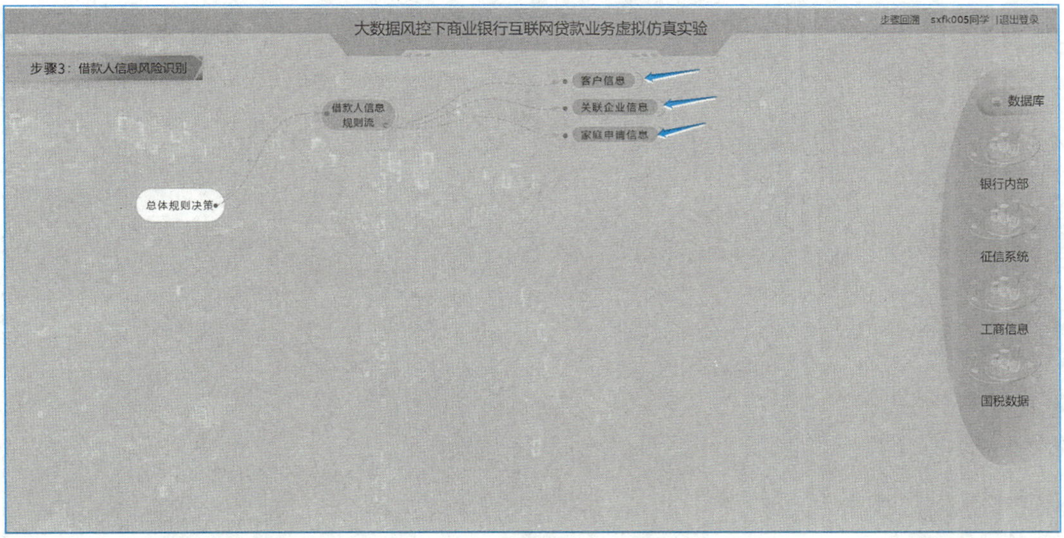

图 2-20 借款人信息准入项判断

（3）以“客户信息”为例，学生单击“客户信息”，查看规则指标与规则内容，从右侧数据库中选择正确的数据源，拖拽到左侧文本区，如图 2-21 所示。

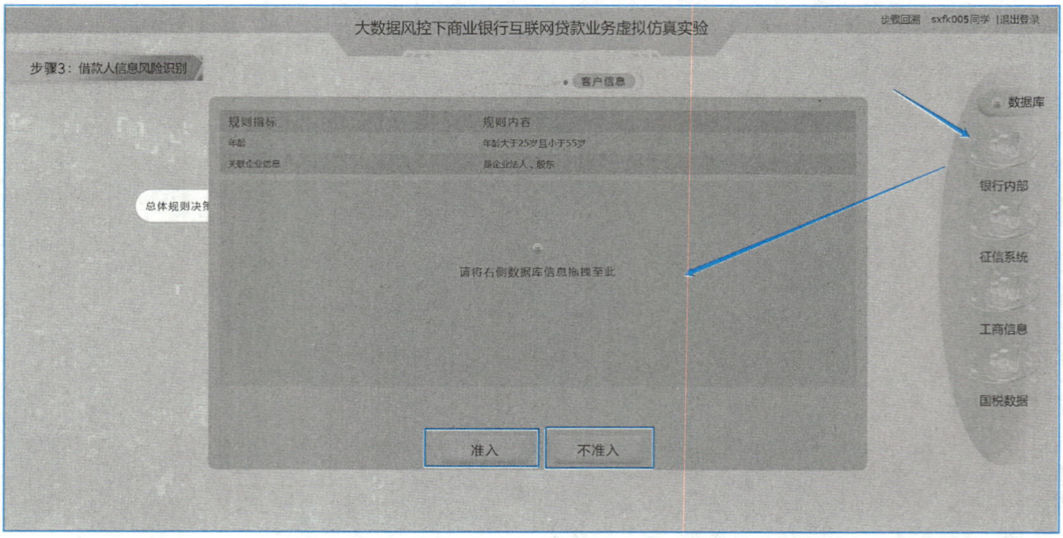

图 2-21　客户信息规则查看

数据源选择错误时，系统会弹出相应的提示（如图 2-22 所示）；数据源选择正确时，文本区会显示客户信息。

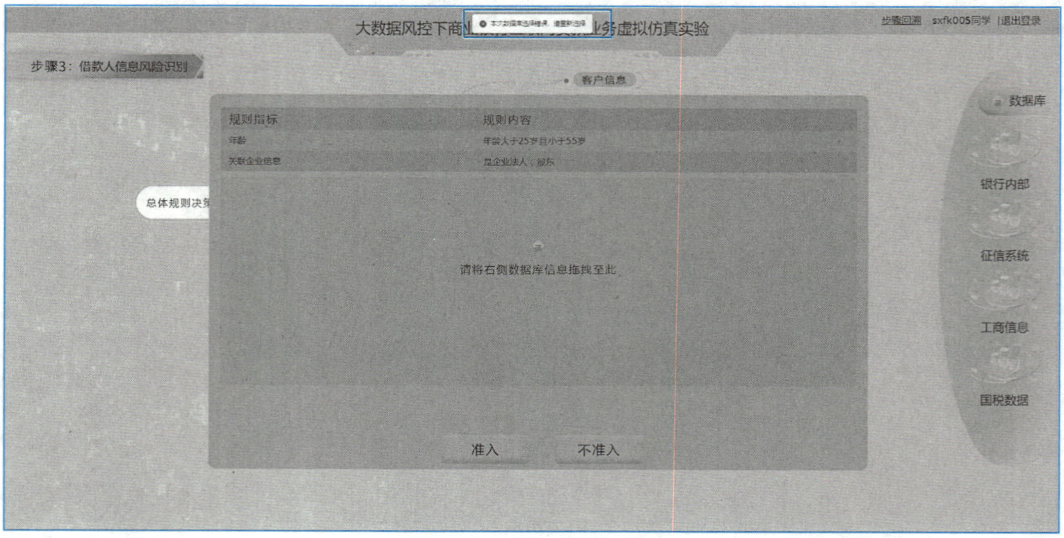

图 2-22　错误提示

（4）学生根据文本区显示的客户信息，对比分析规则指标与规则内容，判断在该模块中客户是否准入（准入即代表符合规则，有贷款资格），如图 2-23 所示。

（5）系统显示学生判断的准入结果，学生完成一个模块的准入判断后，可继续单击其他风险识别项进行实验。每一项完成后点击“下一步”继续实验，如图 2-24 所示。

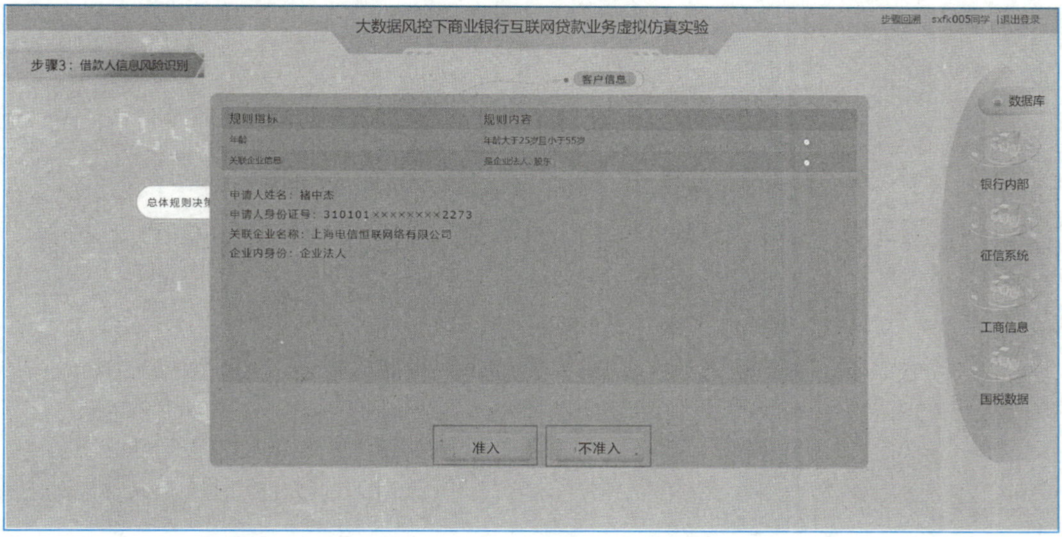

图 2-23　判断客户是否具备准入资格

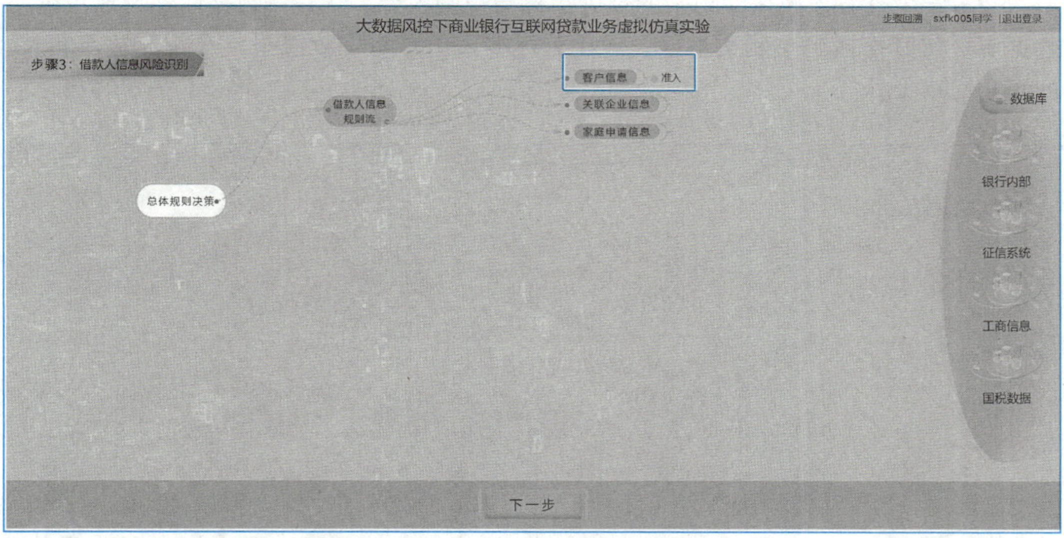

图 2-24　交互结果显示

● **考核方式：**自动考核，系统根据内置的客户信息与贷款审批规则，自动运行模型，得出审批结果。待学生提交后，自动进行考核。

步骤 4：征信信息风险识别

● **实验目的：**借助大数据技术，对征信信息的风险点进行识别，核查客户信息与贷款规则是否相符。

● **操作过程：**

（1）学生单击“征信信息规则流”，如图 2-25 所示。

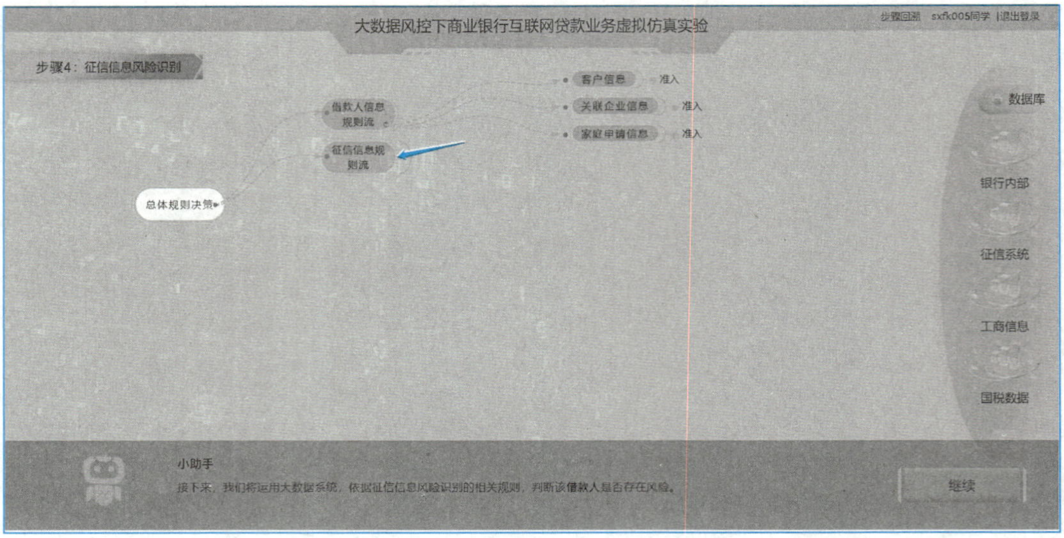

图 2－25　征信信息规则流查看

（2）学生查看该类风险识别的规则指标与规则内容，从右侧数据库中选取正确的数据源，将其拖拽到左侧文本区。对比分析客户信息与贷款规则，判断其是否准入，如图 2－26 所示。

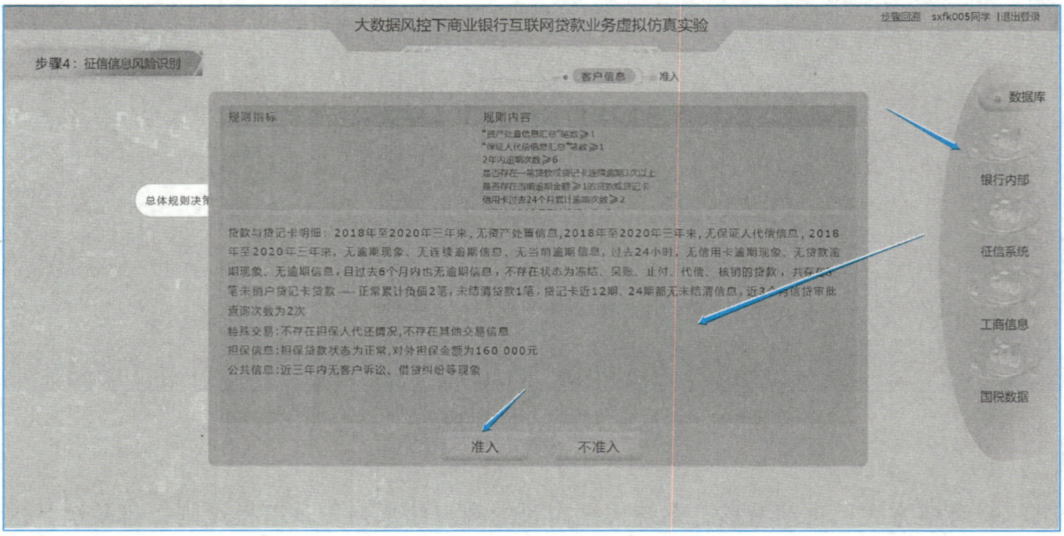

图 2－26　客户信息与规则指标的对比分析

● **考核方式：** 自动考核，系统根据内置的客户信息与贷款审批规则，自动运行模型，得出审批结果。待学生提交后，自动进行考核。

步骤 5：欺诈行为风险识别

● **实验目的：** 借助大数据技术，对客户骗取贷款的欺诈行为予以识别，防范骗贷风险。

● **操作过程：**

（1）学生单击“欺诈行为规则流”，如图 2－27 所示。

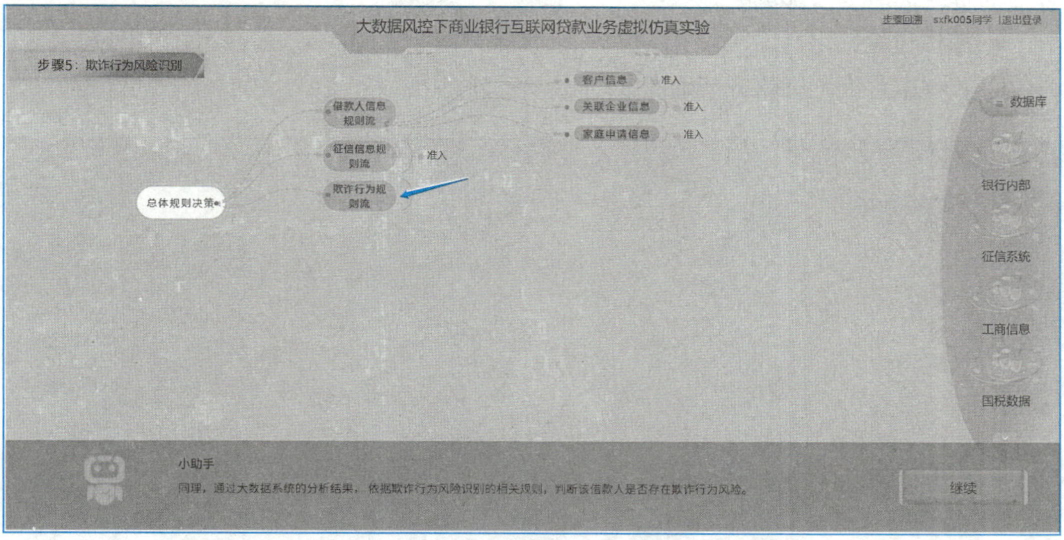

图 2－27　欺诈行为规则流查看

（2）学生查看该类风险识别的规则指标与规则内容，从右侧数据库中选取正确的数据源，将其拖拽到左侧文本区。对比分析客户信息与贷款规则，判断其是否准入，如图 2－28 所示。

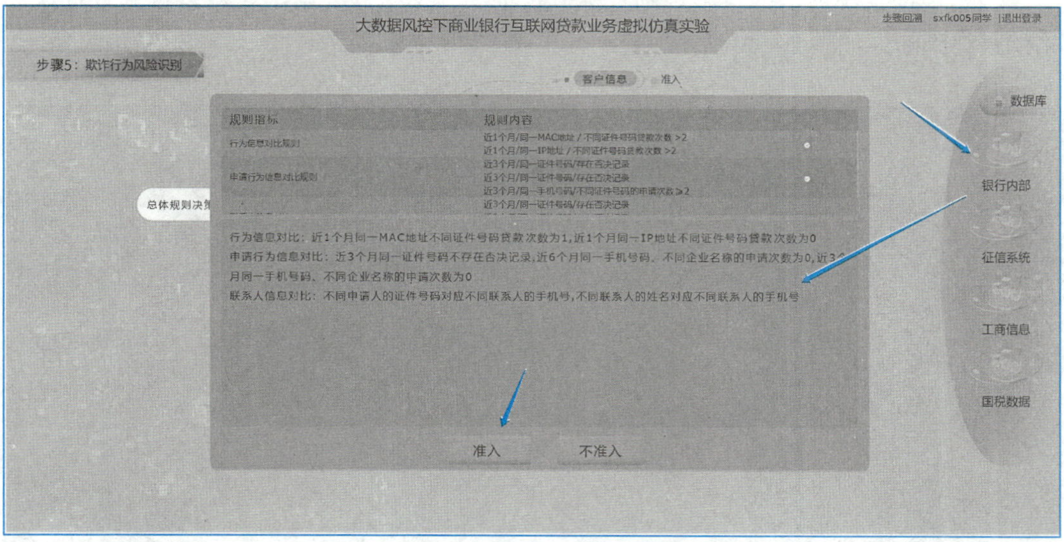

图 2－28　客户信息与规则指标的对比分析

● **考核方式：**自动考核，系统根据内置的客户信息与贷款审批规则，自动运行模型，得出审批结果。待学生提交后，自动进行考核。

步骤 6：贷款资格确定

● **实验目的：**借助大数据技术，通过前面几项措施对风险进行识别和筛查后，对客户的贷款资格予以认定。

● **操作过程：**

（1）学生点击“贷款资格确定”，如图 2－29 所示。

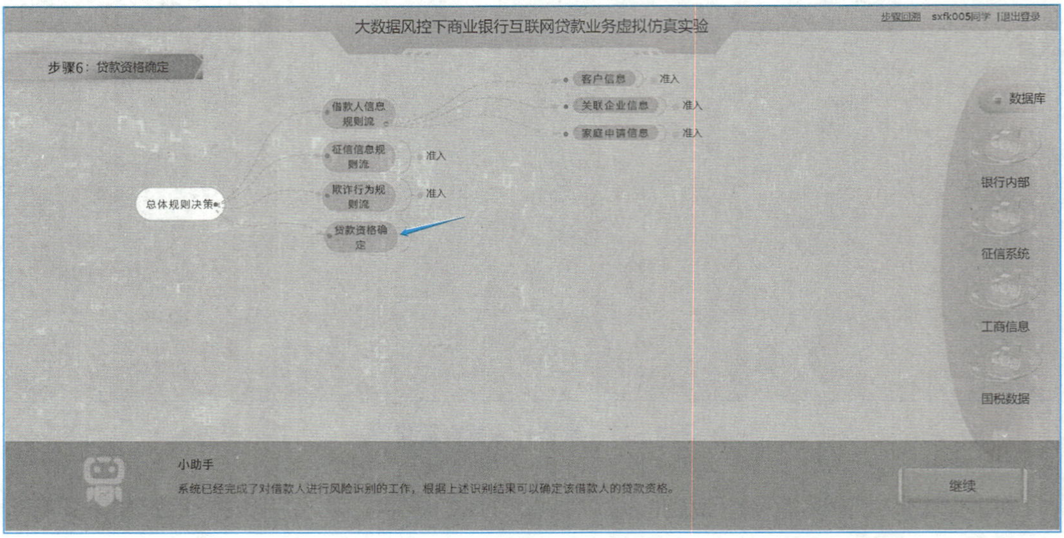

图 2－29 贷款资格确定查看

（2）根据系统展示的各项规则指标分析结果，学生需要给出客户是否具有贷款资格的最终判断，如图 2－30 所示。

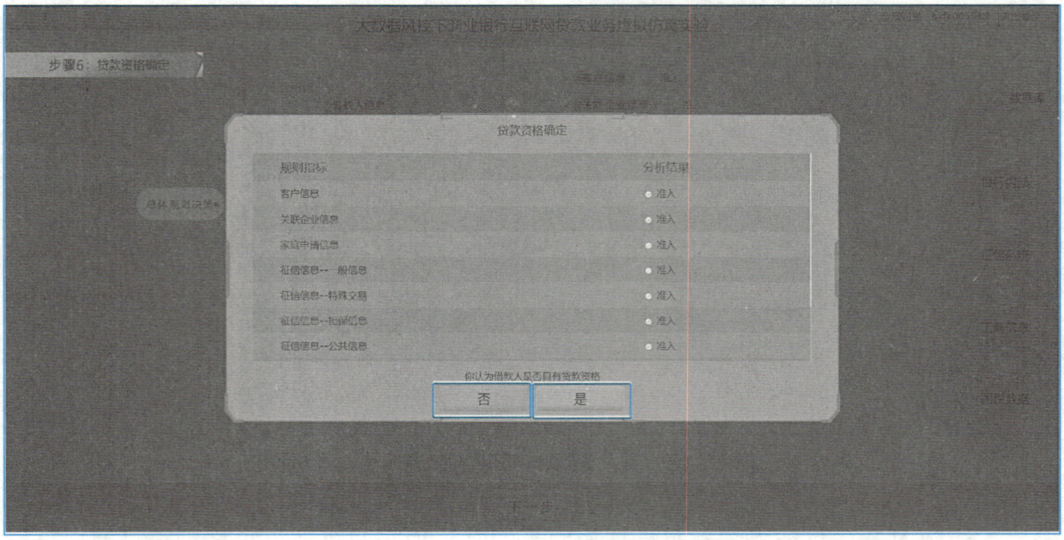

图 2－30 综合确定贷款资格

（3）查看相关结论，如图 2－31 所示。

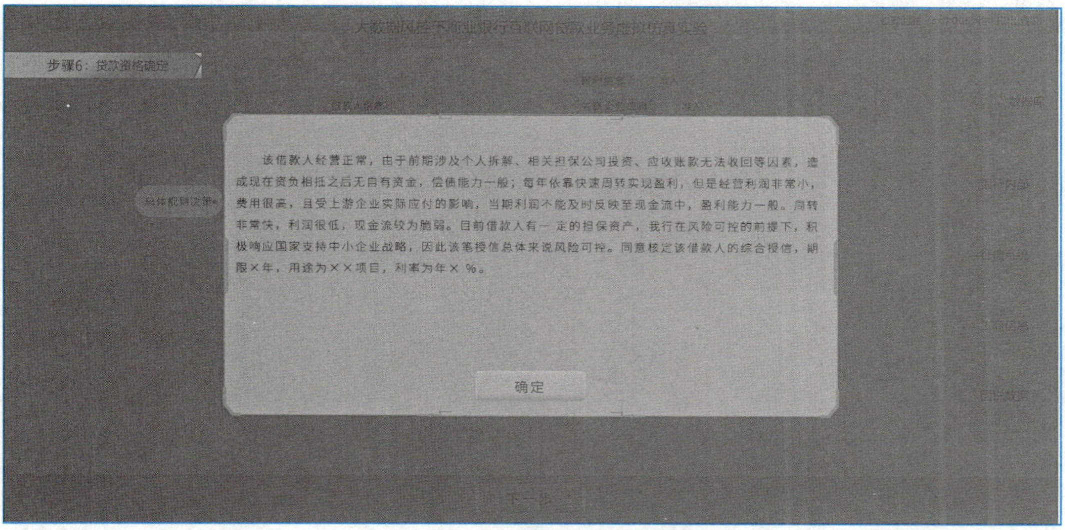

图 2－31　结论查看

● **考核方式：** 自动考核，系统根据内置的客户信息与贷款审批规则，自动运行模型，得出审批结果。待学生提交后，自动进行考核。

2. 环节二：贷中

步骤 7：贷款企业数据获取

● **实验目的：** 了解基础贷款额度计算规则，查看客户贷款资料，对比贷款审批规则，确定贷款基础额度。

● **操作过程：**

（1）学生点击“基础额度计算规则流”，如图 2－32 所示。

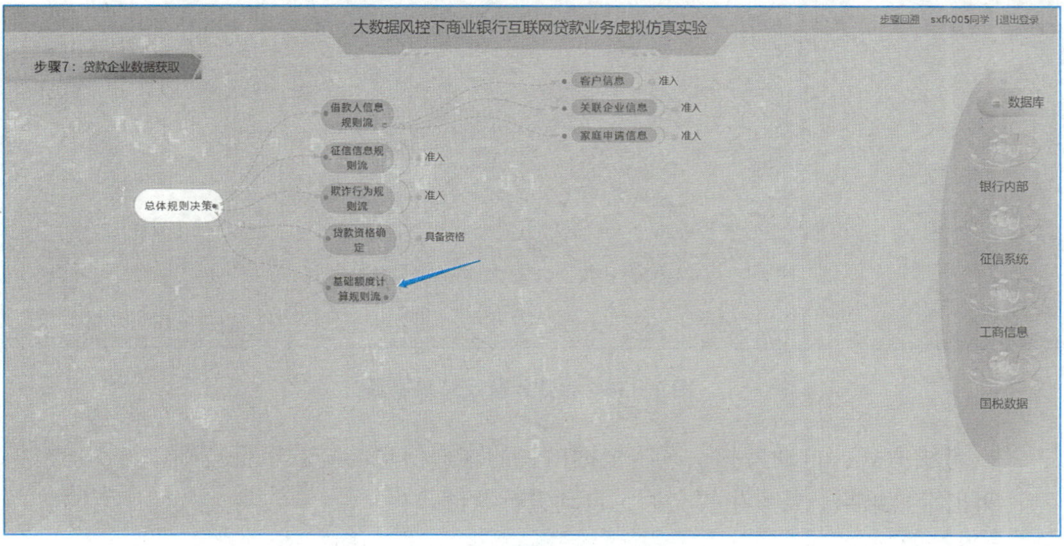

图 2－32　基础额度计算规则流查看

（2）学生查看相应规则指标与规则内容，从右侧数据库中选取正确的数据源，将其拖拽到左侧文本区，如图 2－33 所示。

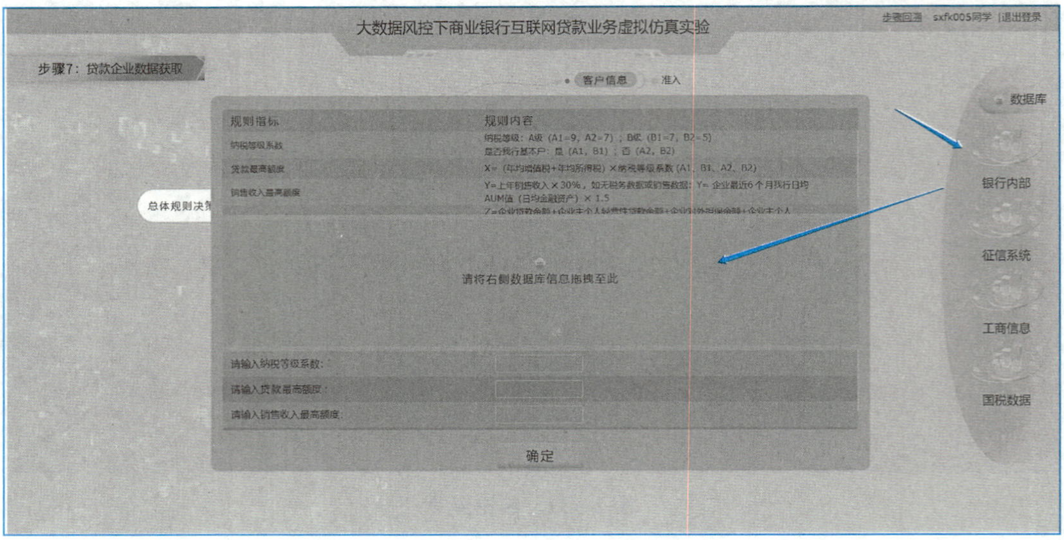

图 2－33　从右侧选择数据源拖拽到左侧

（3）学生查看客户信息，对比贷款审批规则，确定贷款基础额度计算的相关参数，并输入文本框中，点击“完成”提交，如图 2－34 所示。

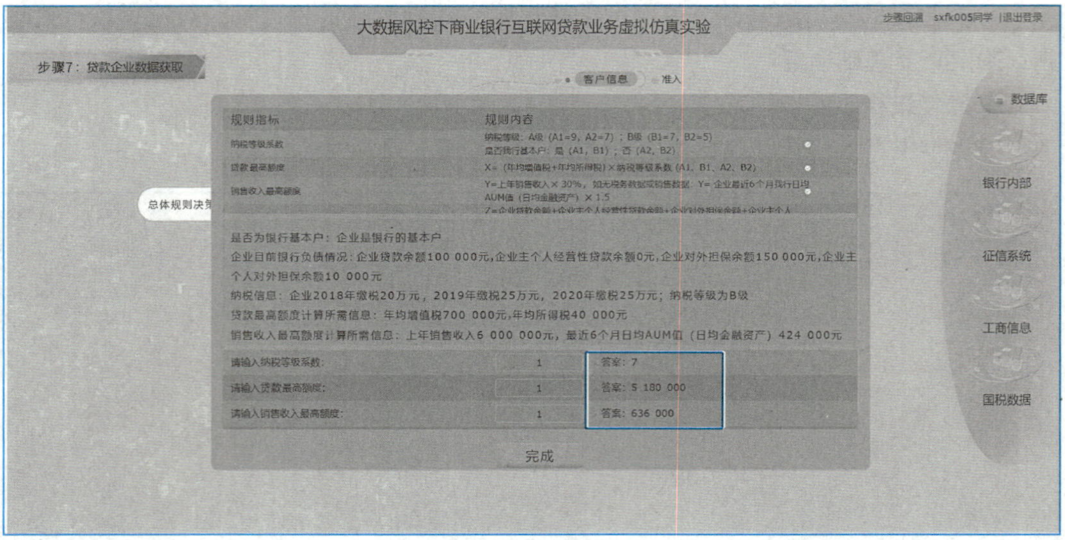

图 2－34　参数计算及结果展示

● **考核方式：**自动考核，系统根据内置的客户信息与贷款审批规则，自动运行模型，得出审批结果。待学生提交后，自动进行考核。

步骤 8：基础额度计算

- **实验目的：**根据大数据贷款模型，计算贷款额度。
- **操作过程：**

（1）学生点击“基础额度计算”，如图 2－35 所示。

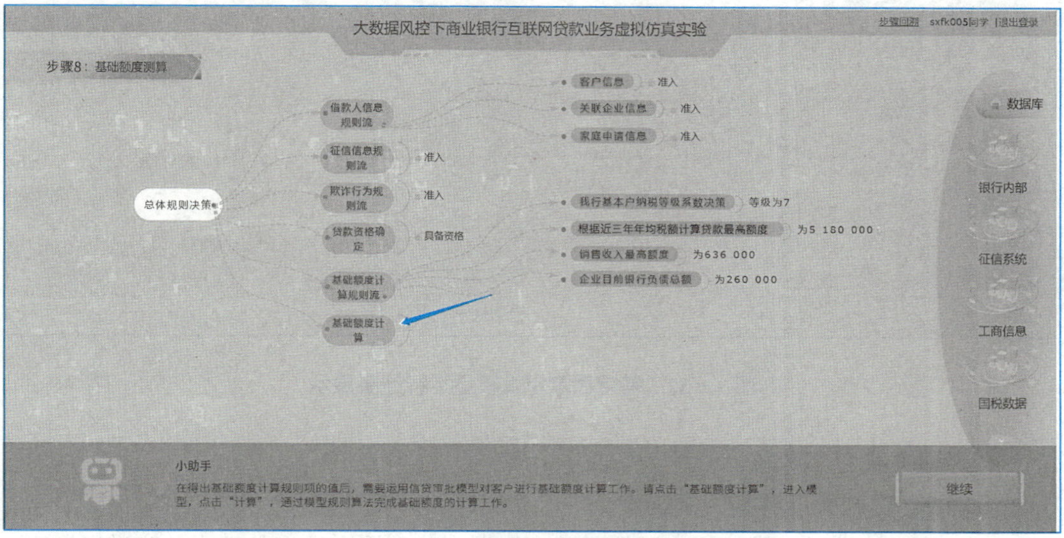

图 2－35　基础额度计算

（2）学生查看基础额度计算规则（如图 2－36 所示），点击“测试”按钮，进入大数据信贷审批模型。

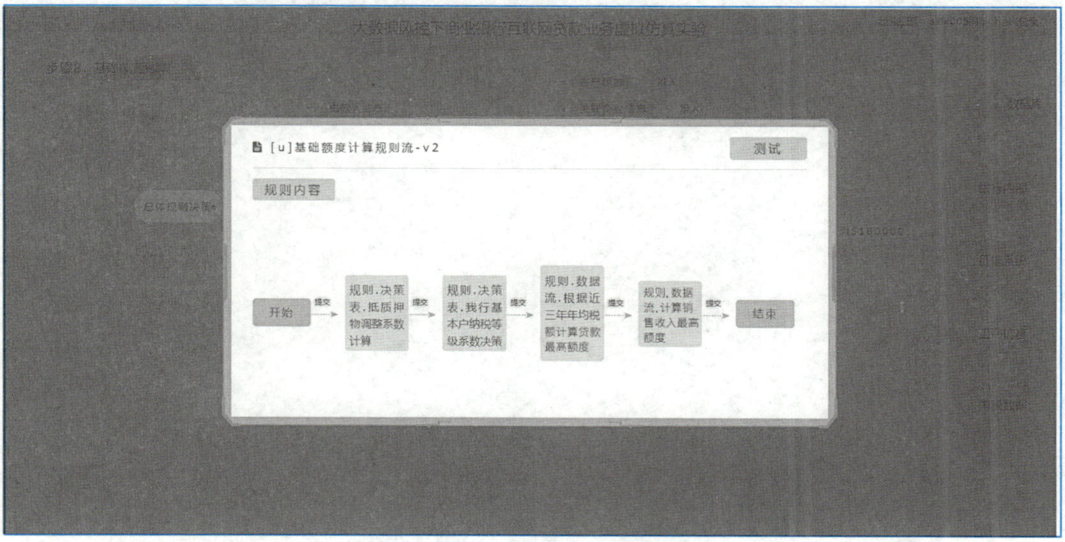

图 2－36　基础额度计算规则

（3）学生可在左侧查看企业信息，点击右上角的“点击测试”按钮，开始进行计算。完成后可查看计算结果（点击右上角的“确定”按钮，关闭页面），如图 2－37 所示。

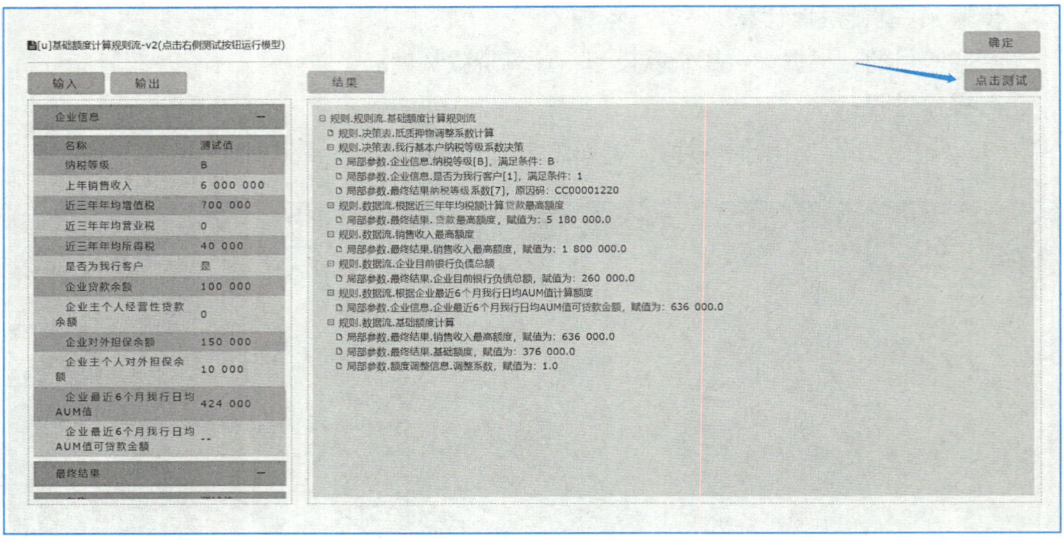

图 2-37　基础额度审批模型运行结果展示

- **考核方式：**不考核。

步骤 9：贷款额度调整因素确定

- **实验目的：**了解贷款额度调整因素，根据变化的因素对贷款额度及时进行调整。
- **操作过程：**

（1）学生点击“调整额度计算规则流”按钮，如图 2-38 所示。

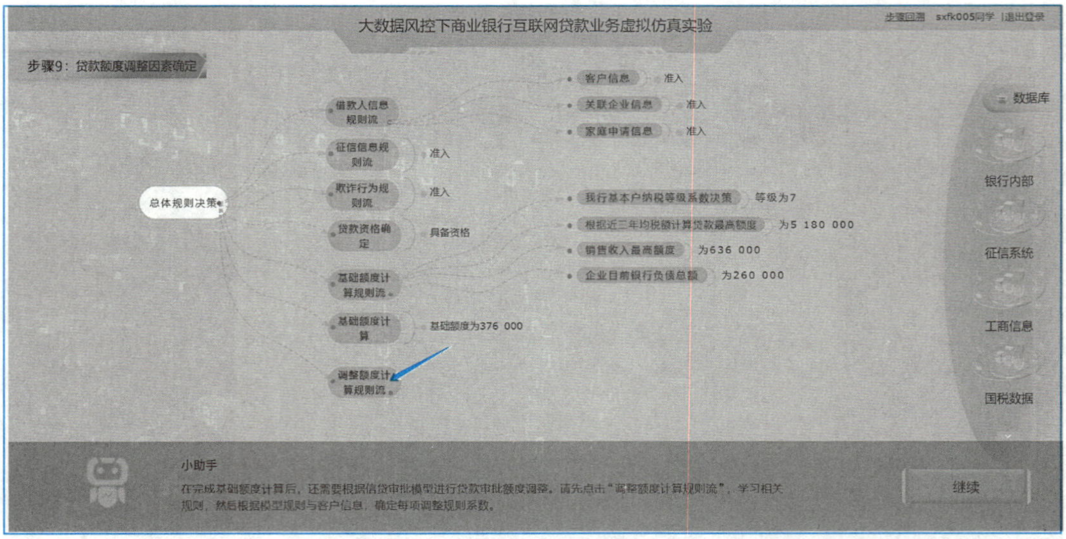

图 2-38　调整额度计算规则流查看

（2）学生查看行业系数表（如图 2－39 所示）、规则指标与规则内容，从右侧数据库中选取正确的数据源，将其拖拽到左侧文本区，见图 2－40。

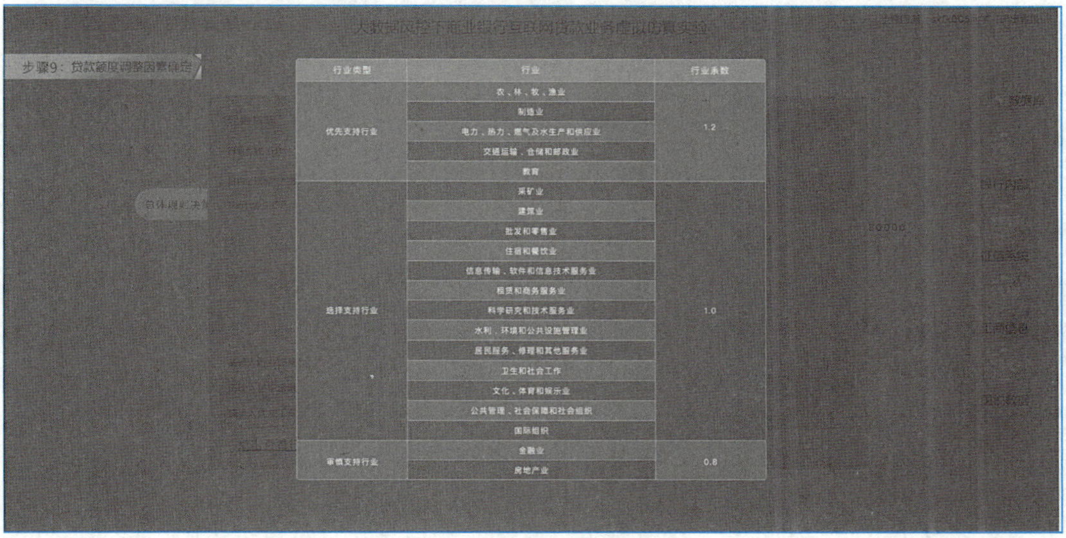

行业类型	行业	行业系数
优先支持行业	农、林、牧、渔业	1.2
	制造业	
	电力、热力、燃气及水生产和供应业	
	交通运输、仓储和邮政业	
	教育	
选择支持行业	采矿业	1.0
	建筑业	
	批发和零售业	
	住宿和餐饮业	
	信息传输、软件和信息技术服务业	
	租赁和商务服务业	
	科学研究和技术服务业	
	水利、环境和公共设施管理业	
	居民服务、修理和其他服务业	
	卫生和社会工作	
	文化、体育和娱乐业	
	公共管理、社会保障和社会组织	
	国际组织	
审慎支持行业	金融业	0.8
	房地产业	

图 2－39　行业系数表

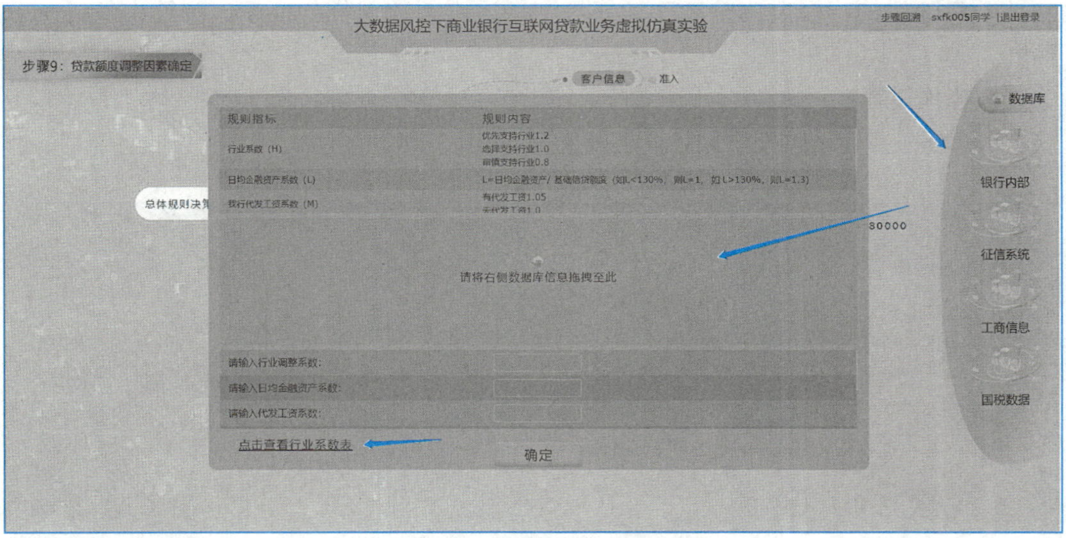

图 2－40　从右侧选择数据源拖拽到左侧

（3）学生根据企业信息，比对行业系数表以及规则指标与规则内容，完成贷款额度调整因素的系数确认，并输入相应文本框中，如图 2－41 所示。

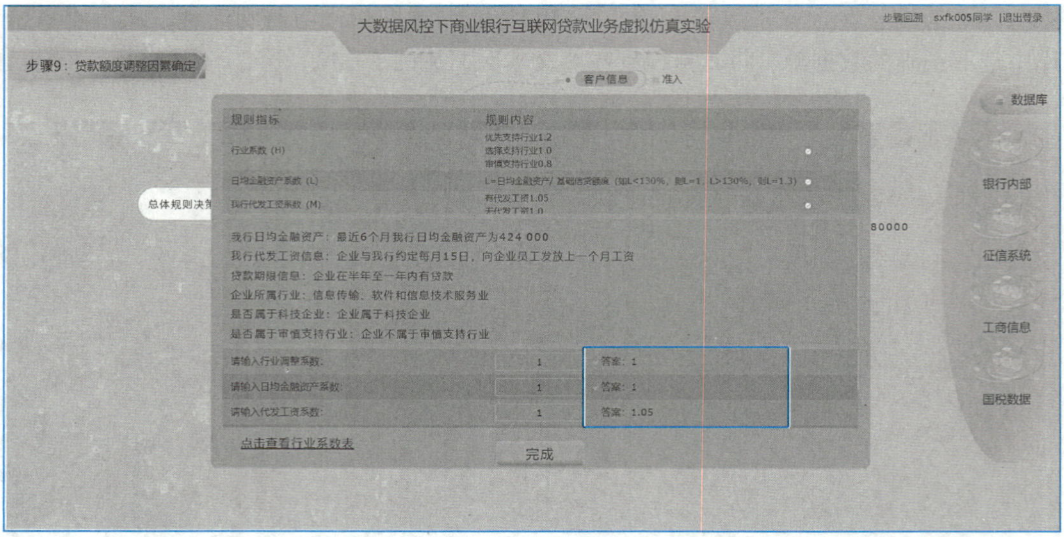

图 2-41　参数计算及结果展示

● **考核方式：**自动考核，系统根据内置的企业信息与贷款审批规则，自动运行模型，得出审批结果。待学生提交后，自动进行考核。

步骤 10：最终额度测算

● **实验目的：**根据调整额度计算规则，运用大数据贷款模型，测算出最终贷款额度。

● **操作过程：**

（1）学生点击“调整额度计算规则流”，如图 2-42 所示。

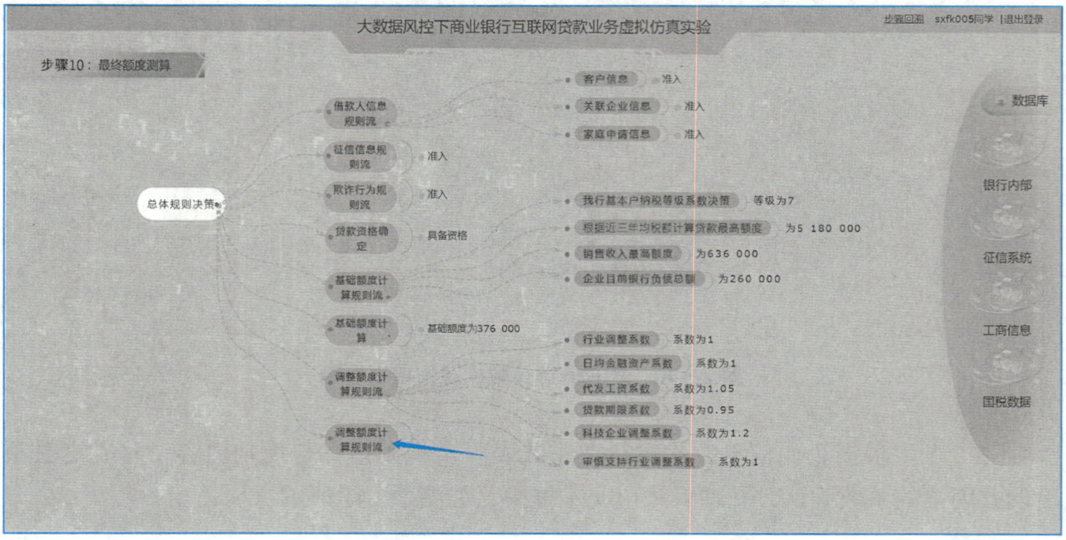

图 2-42　调整额度计算规则流查看

（2）学生查看信贷审批的总体规则决策，点击“测试”按钮，进入大数据信贷审批模型，如图 2－43 所示。

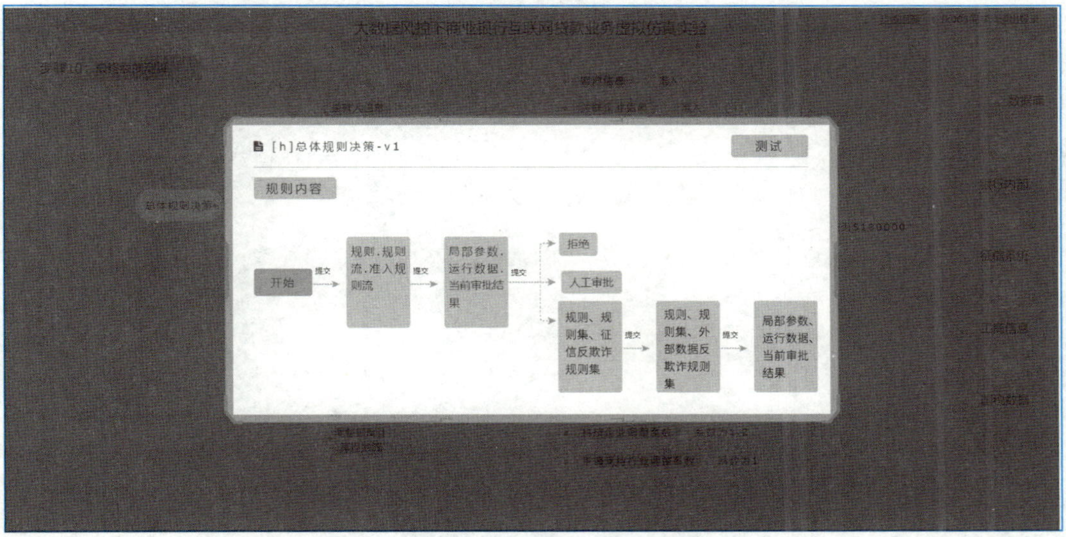

图 2－43　贷款审批总体规则决策

（3）学生可在左侧查看客户信息，点击“点击测试”按钮，系统会展示模型审批运行日志，学生可查看系统运行结果，然后点击“确定”按钮关闭页面，如图 2－44 所示。

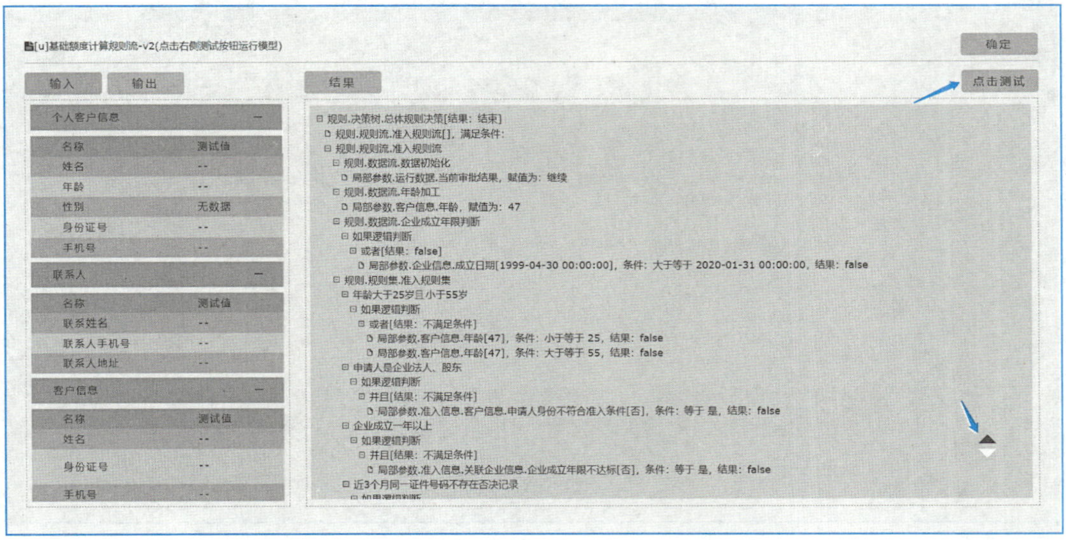

图 2－44　信贷审批模型运行效果展示

● **考核方式：**不考核。

步骤 11：结果应用阶段

● **实验目的：**进入情景模拟，应用贷款审查和贷款额度测算结果，准备签署贷款合同。

● **操作过程：**

（1）学生通过人机对话了解当前实验进展情况，如图 2－45 所示。

图 2－45　人机对话

（2）学生查看企业信贷合同模板，如图 2－46 所示。

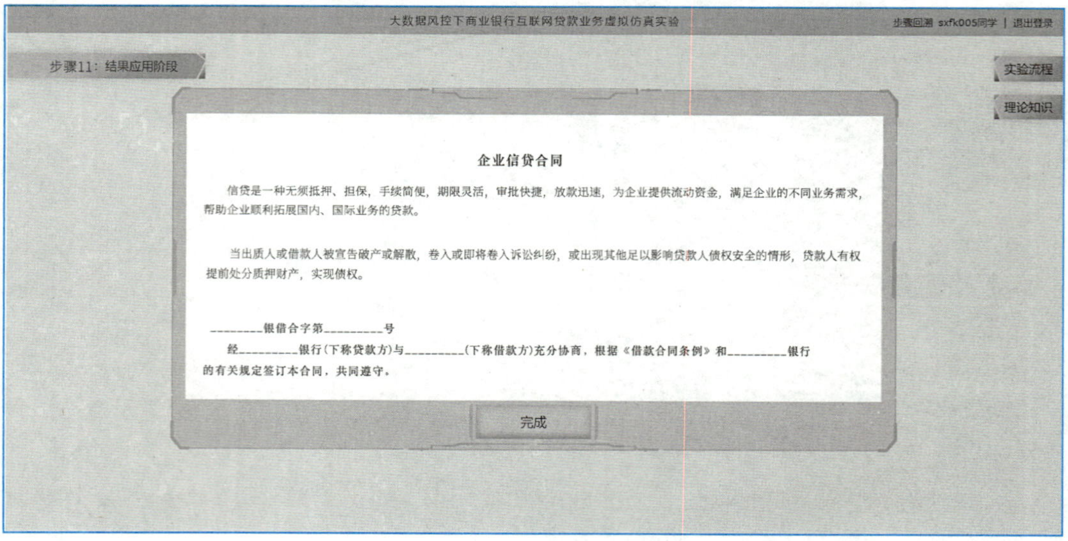

图 2－46　企业信贷合同模板

● **考核方式：**不考核。

3. 环节三：贷后

步骤 12：搭建大数据监测模型

● **实验目的：**搭建大数据贷后监测模型，对信贷风险进行检测。

- **操作过程：**

（1）学生了解信贷风控相关理论（如图 2－47、图 2－48 所示），完成相关交互题（如图 2－49 所示）。

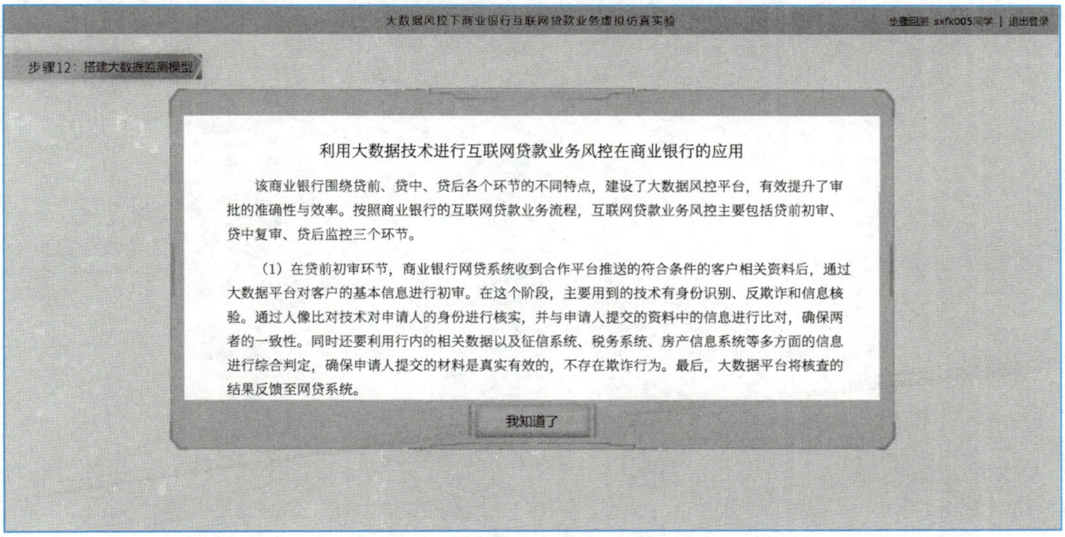

图 2－47　理论知识展示一

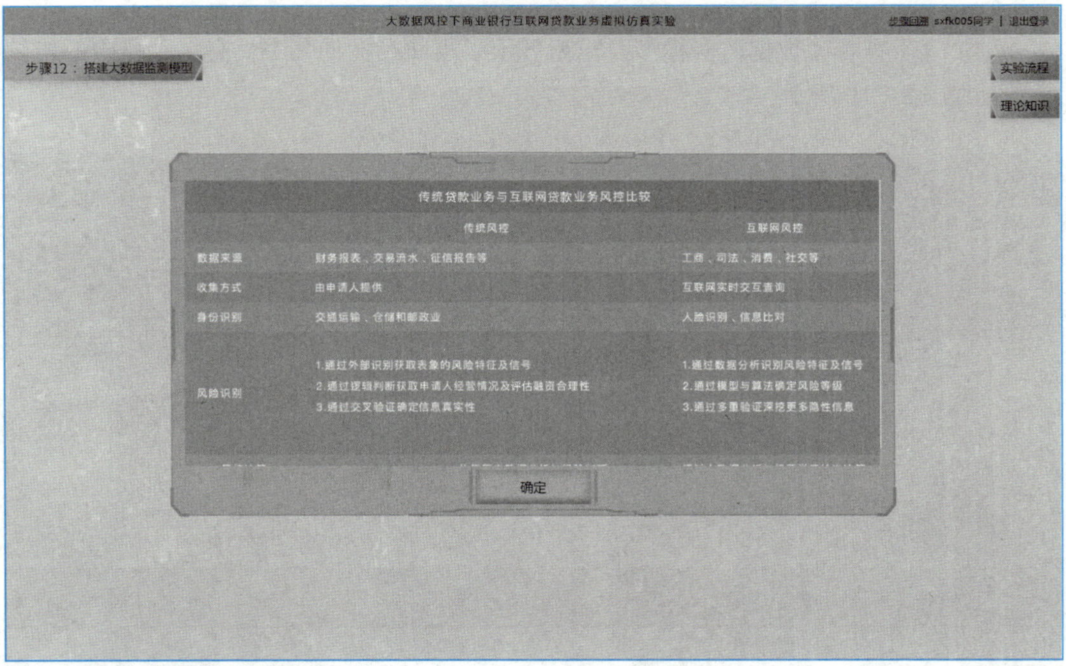

图 2－48　理论知识展示二

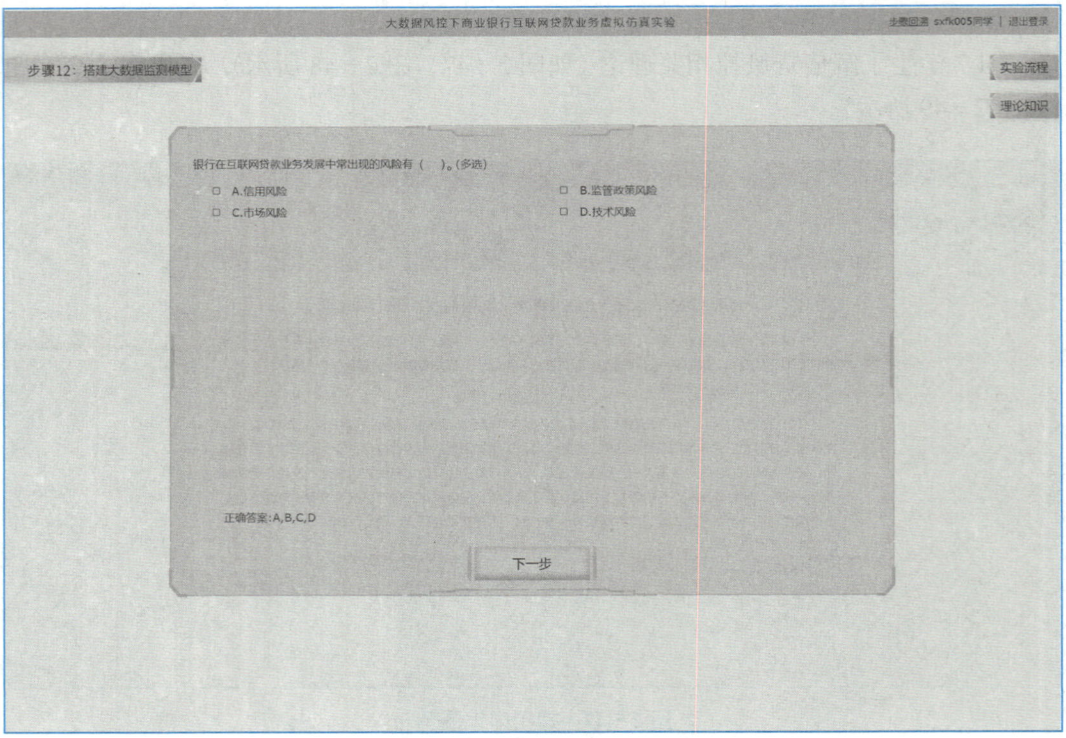

图 2－49　交互题示例

（2）学生查看大数据监测模型，模型展示了当前存在低、中、高三种风险的贷款信息，如图 2－50 所示。

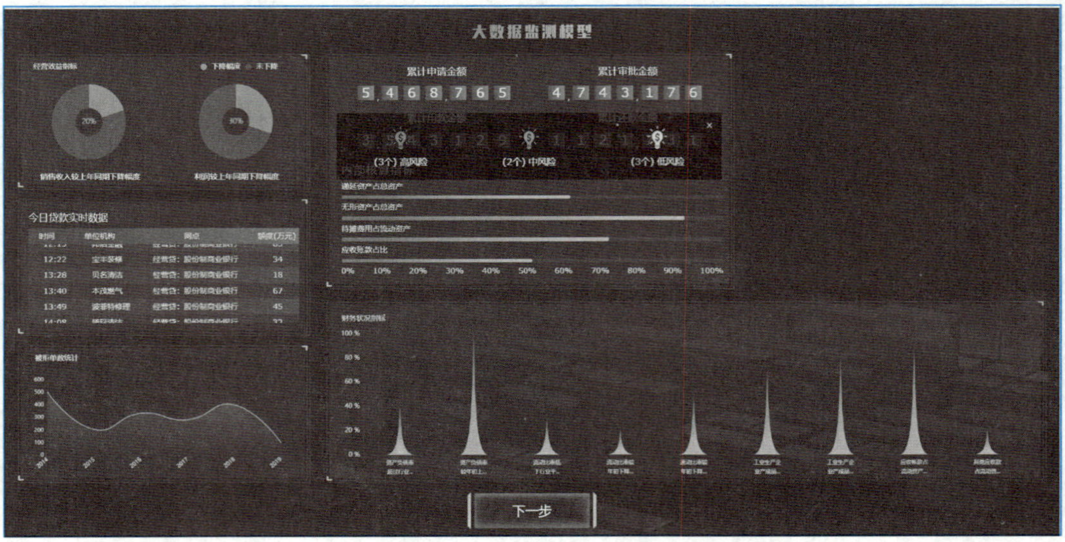

图 2－50　数据监测大屏

（3）点击不同的风险类型，可查看详细的贷款信息，如图 2－51 所示。

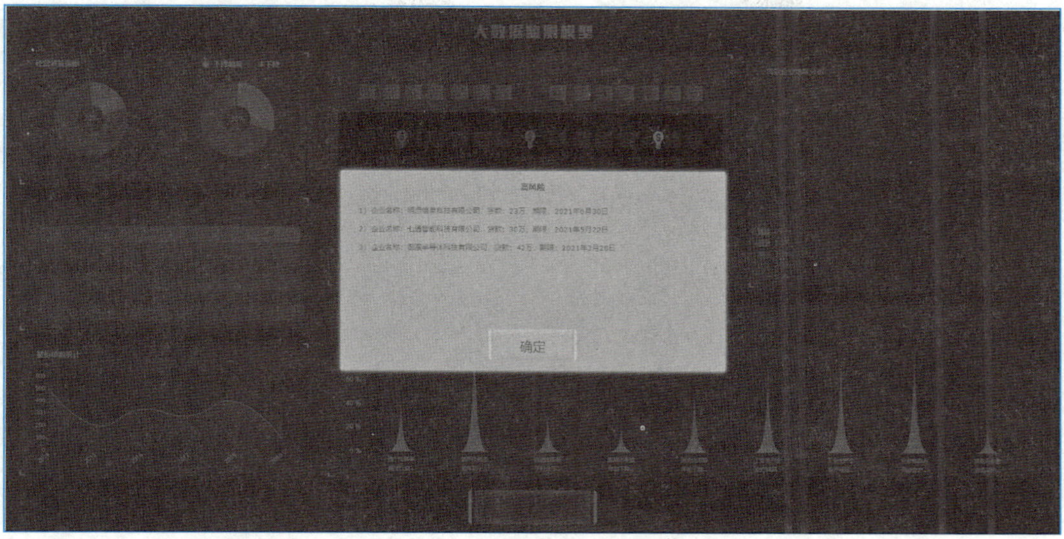

图 2－51　不同风险的贷款信息

（4）学生完成相关连线题，单击左侧的选项拖动到右侧想要连线的选项，然后放开鼠标即可，如图 2－52 所示。

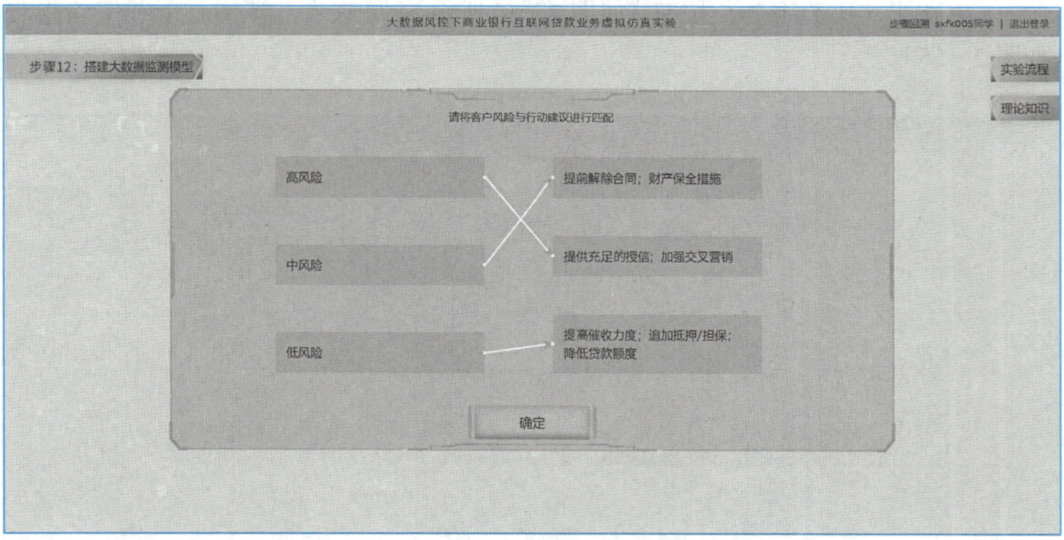

图 2－52　连线题示例

- **考核方式：**自动考核，系统内置正确答案，提交后自动进行考核。

步骤 13：信贷风险应对

- **实验目的：**了解信贷风险应对的理论、步骤和流程。
- **操作过程：**

学生完成风险应对相关题目，如图 2－53 所示。

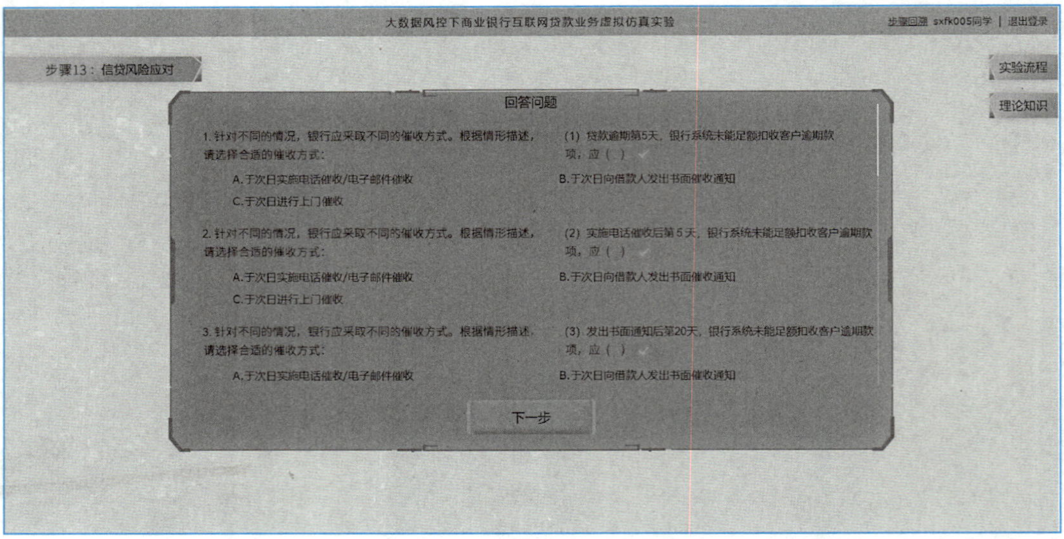

图 2-53 风险应对题示例

- **考核方式：** 自动考核，系统内置正确答案，提交后自动进行考核。

六、实验报告

学生点击“实验报告”按钮（如图 2-54 所示），可查看、填写、下载实验报告（如图 2-55 所示）。

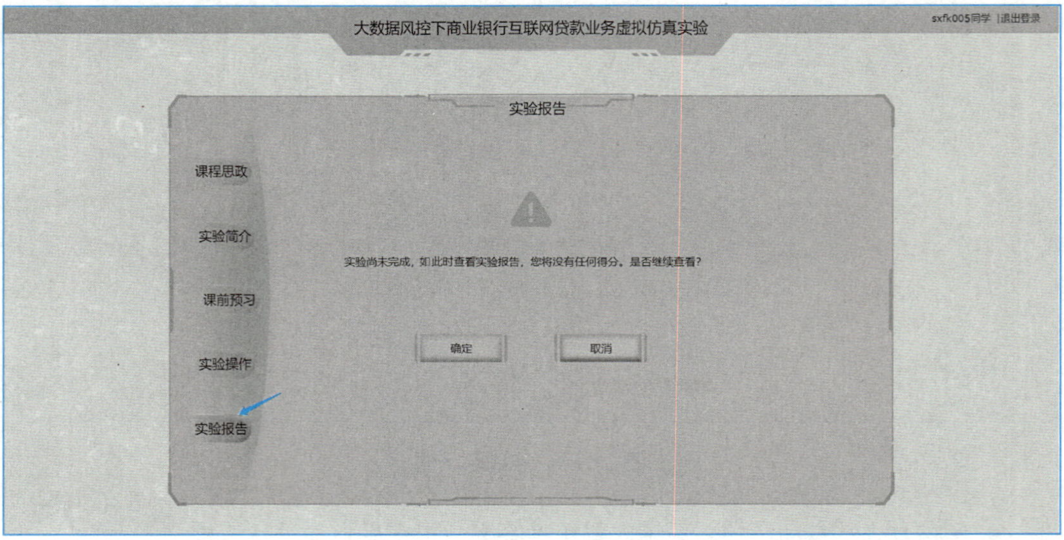

图 2-54 查看实验报告

大数据风控下商业银行互联网贷款业务虚拟仿真实验

实验报告

实验名称：大数据风控下商业银行互联网贷款业务虚拟仿真实验

学生姓名：sxfk005

学　　号：sxfk005

账　　号：sxfk005

专业班级：测试班级

所属学院：

上课模式：不分组

实验日期：

指导教师：

实验目的			
实验要求			
实验步骤			
实验结果及分析			
教师评语	教师签名： 年　　月　　日		
实验成绩	实验操作	考试测验	总成绩
	学生签名： 年　　月　　日		

步骤名称	开始时间	结束时间	实验用时	推荐用时	得分	总分	赋分模型
步骤 1：相关知识解读	2023/01/04 11:12:04	2023/01/04 11:13:41	97	0	0	10	默认
步骤 2：贷款申请	2023/01/04 11:13:42	2023/01/04 11:15:25	103	0	0	10	默认
步骤 3：借款人信息风险识别	2023/01/04 11:15:26	2023/01/04 11:17:27	121	0	0	10	默认
步骤 4：征信信息风险识别	2023/01/04 11:17:28	2023/01/04 11:17:37	9	0	0	5	默认
步骤 5：欺诈行为风险识别	2023/01/04 11:17:38	2023/01/04 11:17:50	12	0	0	5	默认
步骤 6：贷款资格确定	2023/01/04 11:17:51	2023/01/04 11:17:58	7	0	0	10	默认
步骤 7：贷款企业数据获取	2023/01/04 11:17:59	2023/01/04 11:18:34	35	0	0	15	默认
步骤 8：基础额度计算	2023/01/04 11:18:35	2023/01/04 11:18:42	7	0	0	0	默认
步骤 9：贷款额度调整因素确定	2023/01/04 11:18:43	2023/01/04 11:19:04	21	0	0	15	默认
步骤 10：最终额度测算	2023/01/04 11:19:05	2023/01/04 11:19:15	10	0	0	0	默认
步骤 11：结果应用阶段	2023/01/04 11:19:16	2023/01/04 11:19:25	9	0	0	0	默认
步骤 12：搭建大数据监测模型	2023/01/04 11:19:26	2023/01/04 11:20:02	36	0	2	10	默认
步骤 13：信贷风险应对	2023/01/04 11:20:03	2023/01/04 11:20:47	44	0	5	10	默认

图 2-55　实验报告示例

课后任务　实训任务总结和反思

每位同学对本次实训任务进行总结和反思，填写表2-8。

表2-8　课后任务：实训任务总结和反思

实训任务名称	
完成情况自评	
实训收获	
问题和建议	

任务四
总结与展望

课前任务　思维导图材料收集

根据所学知识，同时查阅资料，收集金融科技对银行的影响，包括机遇及挑战，为绘制思维导图做准备。

课中任务

一、银行发展金融科技的优势

无论是相对于新兴的金融科技公司还是互联网巨头，在金融领域，银行都具有很大的优势。

（一）具有牌照与品牌优势

想要发展互联网银行或者其他金融业务，需获取相应的牌照。相对于其他金融行业，受到吸收公众存款、资金沉淀量庞大以及影响广泛等原因影响，银行的牌照最难申请。因此，已经获得金融许可证等牌照的商业银行具有一定的先发优势。另外，传统银行风控能力强，经营管理相较于新兴的金融科技公司要稳定，所以在客户中拥有较高的信誉和品牌价值，是客户存放大额资金的首选，当然这也成为传统银行的核心竞争力之一。

（二）具备完善的金融服务体系

相较于金融行业的新兴企业，商业银行多年深耕金融领域，不仅在牌照方面和信誉方面具有优势，同时也建立了完善的金融服务体系和全方位的金融服务渠道，并且这些体系和渠道是在不断尝试与拓展中沉淀下来的，并非一朝一夕所成。而金融科技公司或互联网银行等，多由于资质的限制，往往只能通过输出技术的方式获得收益，很多服务依然是在银行的基础上提供的，变现渠道相对有限。此外，单靠提供解决方案很难形成规模较大而又稳定的营业收入。

（三）拥有规模庞大的客户和数据

传统银行在多年的经营管理中已经积累了一定规模的稳定客户群。在依托金融科技实现转型升级的过程中，这些规模庞大的客户是银行发展金融科技的有力支撑。通过应用金融科技，将线下海量客户转移到线上并拓展已有的金融需求，在保留了客户资源的同时，为传统银行发展线上业务提供了广阔的空间。

（四）具备强大的资金实力

金融科技包含的领域很广泛，包括区块链、移动互联、云计算、大数据、人工智能等，发展金融科技除了需要高新技术人才作为支撑以外，还需要用于配置硬软件设备的大量资金作为保障，不仅前期投入巨大，而且开发周期相对较长。此外，在开发过程中需要不断测试新系统、调试设备、优化模型以及积累数据等。以上特点决定了如果要发展金融科技，就需要长期而庞大的资金作为支持。金融科技行业逐渐变成资金密集型行业，而传统银行尤其是大型商业银行，凭借稳定的现金流和强大的资金实力，天然具有发展金融科技的优势。

课中任务单 绘制思维导图

全班分为两组，分别绘制金融科技给银行业发展带来的机遇及挑战的思维导图。绘制完成后，老师对同学们的表现进行点评，并提出自己的看法，与同学们一起探讨应对挑战的方法。

思政小园地

近年来，中国农业银行积极贯彻落实党中央决策部署，将金融服务农业农村基础设施建设作为全行经营工作的重要内容，积极运用金融科技，强化统筹部署，聚焦关键领域，大力推进智能绿色金融：累计推出72条差异化信贷政策和13款特色信贷产品，在大数据的支持下通过开展“名单制”管理精准提供服务，加大金融支持力度。截至2022年10月末，中国农业银行农村基础设施建设领域贷款余额达1.4万亿元，较年初增长27.3%。

二、金融科技对银行业的影响展望

（一）数字化转型向更深层次推进

银行业将继续依托金融科技，将数字化转型向更深层次推进，以提供更高效、更便捷、更安全的金融服务。这就意味着将提供更多的智能化、个性化、场景化的服务，主要有以下几方面的表现：第一，实现线上线下有机融合，促进服务智能化。依托技术，完善“智慧银行”与自助银行建设，并且提供多种线上服务，优化“非接触”服务渠道。第二，积极搭建远程银行及各类生态平台，推进业务平台化。利用“智慧运营 + 科技赋能”，加速远程银行建设。同时拥抱开放银行，积极构建生态平台。此外，化繁为简，促进服务平台整合。第三，降低成本、提升效率，实现办公集约化。与银行服务端口类似，很多商业银行内部的业务系统与办公系统较多。实行集约化控制可以有效提高经营效率，节约人力、物力成本。第四，融入创新机制，推进监管数字化，实行动态监测，推进数字风控。将大数据、人工智能等技术融入风险管理全过程，依托数据库采集的客户行为数据，实行动态监测，客观做出评价。

（二）加强产业链、供应链金融产品及服务建设

传统供应链金融很难完全解决中小微企业融资难题，通过金融科技赋能，随着区块链、大数据等技术的应用，银行供应链金融有望重新搭建平台，逐步打破信息孤岛。银行业将加强产业链、供应链金融产品及服务建设，更好地助力中小微企业融资。

随着技术的进步，客户对银行的金融服务需求也在迅速变化。面对这种变化，商业银行应该重塑传统思维，审视自身业务，积极拥抱科技，加速数字化转型以提升自身的竞争力。商业银行具有牌照优势，较为完善的金融服务体系，规模庞大的用户和

数据，以及强大的资金实力。这使银行发展金融科技具有一定的天然优势，也为银行推进数字化转型奠定了一定的基础。数字化转型的过程相当漫长，不是一蹴而就的。值得一提的是，在银行发展数字化的进程中，需要科技作为支撑，但不能一味追求“高大上”与炫酷，更重要的是着眼于为客户提供便捷高效的金融服务，科技力量的融入本质上是为了解决更多的实际问题，以客户为中心，解决客户服务中的痛点问题，助力客户进行财富管理始终是银行服务的基本宗旨。

课后任务　总结与反思

请每位同学思考以下问题：你认为未来的银行是什么样子的？在银行，什么样的岗位是无法被科技所取代的？理由是什么？想要从事这样的岗位需具备什么样的素质？之后请每位同学填写表2-9。

表2-9　课后任务：总结与反思

任务	总结与反思
未来银行的样子	
什么样的岗位无法被科技所取代	
从事这样的岗位需具备什么样的素质	

考核评价

<table>
<tr><td>姓名</td><td></td><td>学号</td><td></td><td>组别</td><td></td><td>总分</td><td></td></tr>
<tr><td>考核内容</td><td colspan="7">金融科技在银行业的应用</td></tr>
<tr><td colspan="8">考核评价标准（总分 = 自评分 ×30%+ 师评分 ×70%）</td></tr>
<tr><th>序号</th><th>评分项目</th><th>分值</th><th>得分点</th><th>自评</th><th>签字</th><th>师评</th><th>签字</th></tr>
<tr><td rowspan="3">1</td><td rowspan="3">学习态度</td><td rowspan="3">20</td><td>学习态度端正</td><td rowspan="3"></td><td rowspan="12"></td><td rowspan="3"></td><td rowspan="12"></td></tr>
<tr><td>勤于思考</td></tr>
<tr><td>小组讨论积极，团队合作良好</td></tr>
<tr><td rowspan="3">2</td><td rowspan="3">理解和分析能力</td><td rowspan="3">30</td><td>能够正确掌握知识点</td><td rowspan="3"></td><td rowspan="3"></td></tr>
<tr><td>能够正确理解任务要求</td></tr>
<tr><td>能够得出合理的分析结论</td></tr>
<tr><td rowspan="2">3</td><td rowspan="2">动手操作能力</td><td rowspan="2">30</td><td>实训任务完成速度</td><td rowspan="2"></td><td rowspan="2"></td></tr>
<tr><td>实训任务完成效果</td></tr>
<tr><td rowspan="2">4</td><td rowspan="2">表单完成情况</td><td rowspan="2">20</td><td>表单项目填写正确完整</td><td rowspan="2"></td><td rowspan="2"></td></tr>
<tr><td>表单项目填写整洁无涂改</td></tr>
<tr><td colspan="2">合计</td><td>100</td><td></td><td></td><td></td></tr>
<tr><th colspan="8">总结和反思</th></tr>
<tr><td colspan="8">1. 从本项目的学习和操作中，你学到了哪些知识和技能？</td></tr>
<tr><td colspan="8">2. 在本项目的学习和操作中，你对自己最满意的地方有哪些？你认为自己在哪些方面还有待提升？</td></tr>
<tr><td colspan="8">3. 对于本项目的学习和操作，你有哪些建议？</td></tr>
</table>

项目三

金融科技在证券业的应用

学习目标

知识目标

1. 了解证券市场基础知识；
2. 认识智能理财服务的基本原理；
3. 理解程序化交易的原理和应用；
4. 掌握金融科技在证券业的主要应用场景。

能力目标

1. 能够自主利用智能理财平台进行投资决策和风险防范；
2. 能够利用智能理财技术为客户提供服务；
3. 能够理解金融科技给证券业带来的挑战并积极应对。

素养目标

1. 培养学生勇于探索、突破成见的创新思维；
2. 培养学生开放、公正、平等、共享的互联网精神；
3. 培养学生全面思考、谨慎操作、追求完美的工匠精神；
4. 培养学生以客户为中心、全心全意为客户服务的服务精神。

知识架构

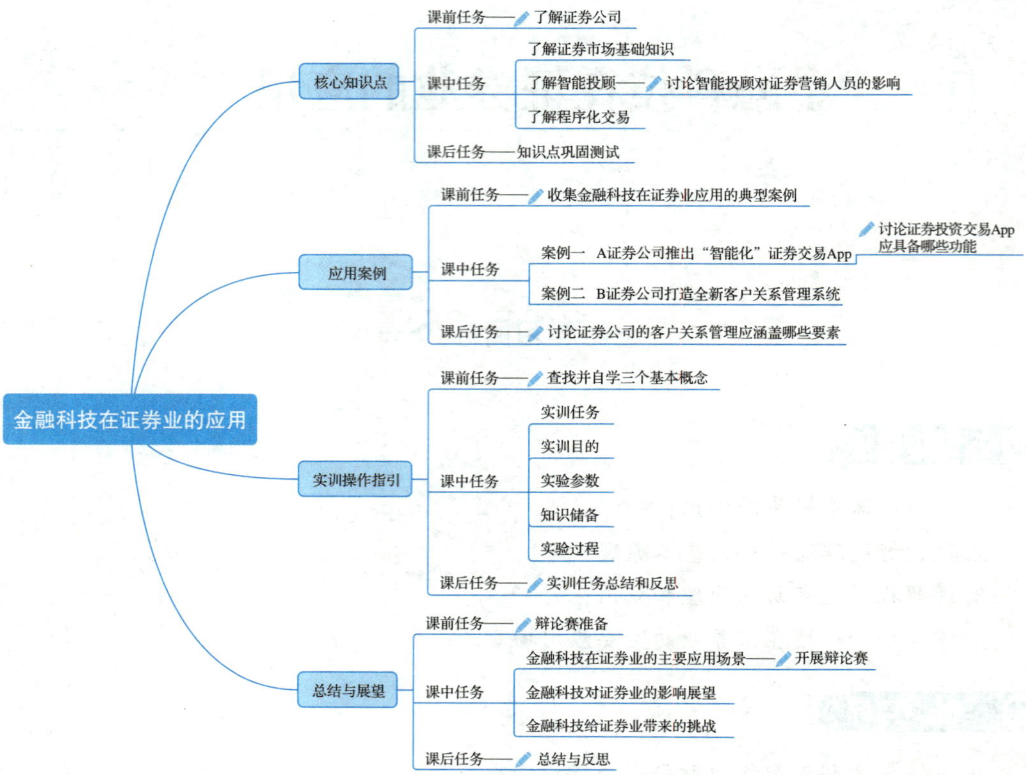
金融科技在证券业的应用
核心知识点
课前任务——了解证券公司
课中任务
了解证券市场基础知识
了解智能投顾——讨论智能投顾对证券营销人员的影响
了解程序化交易
课后任务——知识点巩固测试
应用案例
课前任务——收集金融科技在证券业应用的典型案例
课中任务
案例一 A证券公司推出“智能化”证券交易App
讨论证券投资交易App应具备哪些功能
案例二 B证券公司打造全新客户关系管理系统
课后任务——讨论证券公司的客户关系管理应涵盖哪些要素
实训操作指引
课前任务——查找并自学三个基本概念
课中任务
实训任务
实训目的
实验参数
知识储备
实验过程
课后任务——实训任务总结和反思
总结与展望
课前任务——辩论赛准备
课中任务
金融科技在证券业的主要应用场景——开展辩论赛
金融科技对证券业的影响展望
金融科技给证券业带来的挑战
课后任务——总结与反思

任务一
核心知识点

课前任务　了解证券公司

请同学们登录中国证券业协会官网，分别查找证券公司总资产十强、证券公司净利润十强以及证券业最近一年的 IT 建设投入，填写表 3-1。

表 3-1　课前任务：了解证券公司

证券公司总资产十强										
证券公司净利润十强										
证券业最近一年的 IT 建设投入										

课中任务

一、了解证券市场基础知识

（一）证券的定义及分类

证券是有价证券的简称，是一种表示财产权的有价凭证，持有者可以据此凭证，证明其所有权或债权。在我国证券市场交易的证券主要有以下几类：

1. 股票

股票是股份公司在筹集资本时向出资人发放的股份凭证，代表持有者（即股东）对股份公司的所有权。这种所有权是一种综合权利，如参加股东大会、投票表决、参与公司的重大决策、收取股息或分享红利等，但也要共同承担公司运作所带来的风险。

2. 债券

债券是指政府、金融机构、工商企业等直接向债权人发行的，承诺按一定利率支付利息并按约定条件偿还本金的债权债务凭证。

债券是明确债权人和债务人权利与义务的主要凭证，发行的债券上必须载明的基本信息包括票面价值、本金偿还期限、付息安排、票面利率、发行人名称等。

3. 基金

基金是指通过发售基金份额，将众多不特定投资者的资金汇集起来，形成独立财产，委托基金管理人进行投资管理、基金托管人进行财产托管，由基金投资者共享投资收益、共担投资风险的集合投资方式。

知识充电站

基金投资者、基金管理人与基金托管人是基金投资的三大核心当事人，各类中介或代理机构通过自身的专业服务参与基金市场，监管机构则对各参与主体实施监管。我国证券投资基金的运作关系如图 3－1 所示。

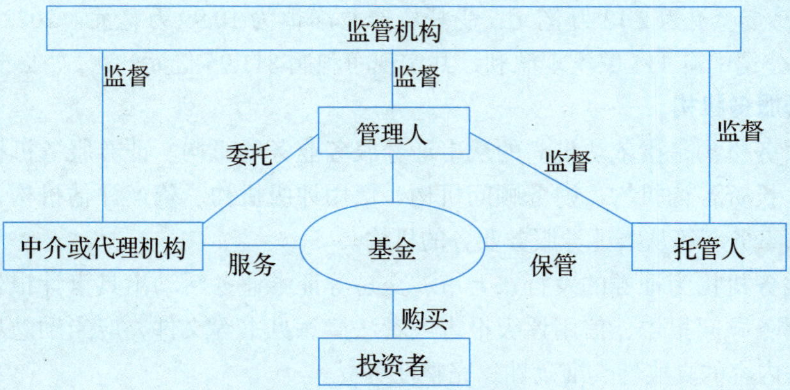

图 3－1　我国证券投资基金运作关系

资料来源：中国证券投资基金业协会．证券投资基金．2 版．北京：高等教育出版社，2017.

课中任务

4. 金融衍生品

金融衍生品指价值依赖于基础资产价值变动或指数变动的金融合约，其价值取决于一种或多种基础资产或指数，合约的基本种类包括远期、期货、掉期（互换）和期权，还包括具有远期、期货、掉期（互换）和期权中一种或多种特征的混合金融工具。金融衍生品通常具有双向交易、跨期性、杠杆性、高风险性等特征。

（二）证券市场的参与主体

1. 证券发行人

证券发行人是资金的需求者，同时也是证券的供应者。资金需求者筹集外部资金主要通过两条途径：向银行借款和发行证券，即间接融资和直接融资。随着市场经济的发展，发行证券已成为资金需求者最常用的筹资手段。

2. 证券投资者

证券投资者是资金的供应者，同时也是证券的需求者。证券投资者是指以获取利息、股息或资本增值收益为目的而投资证券的机构或个人。证券市场上的投资者包括个人投资者和机构投资者。

3. 证券公司

证券公司是指依照公司法和证券法设立的经营证券业务的有限责任公司或股份有限公司。按照《中华人民共和国证券法》，我国证券公司的业务范围包括：证券经纪，证券投资咨询，与证券交易、证券投资活动有关的财务顾问，证券承销与保荐，证券自营，证券资产管理及其他证券业务。

证券公司是证券市场重要的中介机构，在证券市场的运作中发挥着重要的作用。一方面，证券公司是证券市场投融资服务的提供者，为证券发行人和证券投资者提供专业的中介服务，如证券发行和上市保荐、证券承销、代理证券买卖等；另一方面，证券公司也是证券市场重要的机构投资者。

截至 2022 年 6 月 30 日，我国共有 140 家证券公司，140 家证券公司的总资产为 11.20 万亿元，净资产为 2.68 万亿元，净资本为 2.06 万亿元，客户交易结算资金余额（含信用交易资金）为 2.13 万亿元，受托资产总净值为 10.99 万亿元。2022 年上半年，140 家证券公司中有 115 家实现盈利，共实现净利润 811.95 亿元。

4. 证券服务机构

证券服务机构是指依法设立的从事证券服务业务的机构。证券服务机构包括登记结算公司、投资咨询机构、财务顾问机构、信用评级机构、资产评估机构、会计师事务所、律师事务所等从事证券服务业务的机构。

证券服务机构为证券的发行、上市、交易等证券业务活动出具审计报告、资产评估报告、财务顾问报告、信用评级报告或者法律意见书等文件，应当勤勉尽责，对所出具的文件内容的真实性、准确性、完整性负责。

5. 证券自律组织

（1）证券交易所。证券交易所是为证券集中交易提供场所和设施，组织和监督证券交易，实行自律管理的法人。

（2）证券业协会。证券业协会是证券业的自律性组织，是社会团体法人。中国证券业协会成立于1991年8月28日，是依法注册的具有独立法人地位、由经营证券业务的金融机构自愿组成的行业自律性组织。

6. 证券监管机构

我国的证券监管机构由中国证券监督管理委员会（简称“证监会”）及其派出机构组成。证券监管机构依法对证券市场实行监督管理，维护证券市场秩序，保障证券市场合法运行，保护投资者合法权益。

二、了解智能投顾

（一）智能投顾的定义

智能投顾是近年来证券业与移动互联、人工智能和大数据技术相结合衍生出的创新产品，它通过采集、分析投资者的个人信息、资产状况、风险偏好、风险承受能力等数据，凭借智能化算法，采用构建金融模型的方式，为投资者提供优化的投资建议和资产配置服务。智能投顾的价值定位是以客户需求为导向；主要目的是将理财服务扩展到未被人工投顾覆盖的群体，带给客户更好的体验，并使金融服务成本降低、效率提高；主要驱动力来自大数据、云计算、机器学习、语音识别、语言处理、知识图谱与传统金融产品和服务的结合。

与传统的人工投顾不同，智能投顾将过去的“个人经验判断”模式升级为“数据算法判断”模式，根据投资者的风险偏好、资产状况、收益目标等，提供差异化的服务。智能投顾发挥大数据、算法、机器学习、自动交易等优势，可规避人工投顾的认知水平、信息容量、情绪影响等不足，形成效率更高、速度更快、效果更佳的投资决策。

（二）智能投顾与人工投顾的比较

智能投顾具有数字性、普惠性、便捷性和低成本性等特点，客户主要通过互联网获取服务，而应用智能化手段改造的智能投顾服务系统能更好地了解客户的风险偏好，并提供个性化的服务。

机器主导的服务方式突破了人工服务在时间、精力、能力等方面的限制，从而能够覆盖更多的投资者。总的来说，智能投顾服务在一定程度上攻克了传统理财服务供需失衡、服务差异、利益冲突及过度依赖客户认知的痛点。表3－2对智能投顾与人工投顾进行了比较，列出了两种理财模式各自的特点。

表3－2　智能投顾与人工投顾的比较

	智能投顾	人工投顾
供需关系	通过互联网提供服务，门槛极低，能够触达大众投资者，解决传统理财服务覆盖不足的问题	大众投资需求日益增长，传统服务模式可覆盖的客户数量有限，无法针对单一客户提供充足且优质的服务

续表

	智能投顾	人工投顾
服务差异	通过智能化手段打造高水准专家级理财服务，解决传统理财服务专业性参差不齐的问题	高度依赖专员经验，不同专员的经验和业务水平差异大，服务质量参差不齐
利益冲突	以客户需求为核心，避免了传统理财服务因业绩导向而产生的利益冲突问题	以业绩为导向的价值定位使得理财经理不一定完全根据客户需求给出理财建议，可能产生较严重的风险错配问题
客户依赖	通过技术手段能够实时、多维度地分析客户需求，比人工投顾更懂客户	通过与客户沟通获取信息，依赖客户的描述进行判断，可能产生自我描述与实际需求不匹配等问题

（三）智能投顾的类型

智能投顾服务流程可以分为客户分析、资产配置、投资分析、策略生成、交易执行、分析反馈、调整优化等阶段。金融科技在不同服务阶段的应用对应不同类型的智能投顾模式。

按照所服务阶段的不同，智能投顾可分为以下类型：

1. 应用于销售和服务环节

这主要是指通过对客户的年龄、偏好、资金、风险承受能力等基本信息进行分析，为客户解决资产配置问题的大类资产配置型智能服务，如 Wealthfront 就是应用于销售和服务环节的投资分析类智能投顾。

2. 应用于投资环节

这主要是指通过海量数据挖掘和逻辑链条解决投资研究问题的智能投顾服务，如 Kensho 就是应用于投资分析的智能投顾服务系统。

3. 应用于交易环节

这主要是指通过金融科技取代交易员，应用于投资交易的智能服务，如桥水基金的全天候人工智能交易系统。

（四）智能投顾的核心要素

1. 精准的用户画像

智能投顾能够在传统用户画像的基础上，利用多元化的平台数据和外部数据进行综合分析，在用户授权的前提下，能够获取大量的人群化用户数据，在提高风险评估精准度的同时，深度挖掘用户的理财需求和风险承受能力。

根据监管要求，传统理财平台一般每两年进行一次风险测评，而智能投顾平台可通过智能化技术，实时了解用户，捕捉用户投资需求与风险偏好，不断完善用户画像，实现对用户的动态画像，为用户提供适配性更强的理财服务。

2. 金融专业服务能力

在产品层面，智能投顾服务机构通过应用金融科技，大范围、快速、穿透性地了解市场和产品，借助金融科技手段为团队赋能，提高团队的投研分析和产品筛选能力，对市场动向、大类资产走势有更加精准的判断，从而建立完善的产品筛选体系，帮助用户更理性地做出理财决策。

在风险管理层面，智能投顾能够对不同类型的金融产品进行风险评估，并结合用户风险测评完成适当性管理工作。另外，当用户试图购买风险错配的产品，智能投顾服务系统能够及时发现并进行风险提示，从而更好地保护投资者利益。

3. 客户需求与产品供给的匹配

高度智能化的投顾系统能够运用深度学习算法对用户的长期行为数据、短期行为数据、外部市场情况等多元因素进行综合分析，实时预测用户的访问需求及投资意愿，并有针对性地进行智能客服对话并提供理财服务。

例如，在用户有赎回意向时，智能投顾服务系统能够探寻到用户流失是由于主观上的风险偏好变化还是外部市场变动导致投资偏好改变，同时基于算法对用户的深度了解，及时更新并推荐更加符合用户当前需求的理财产品，满足用户的理财需求。

4. 智能交互能力

对于服务大量C端用户的智能投顾服务系统来说，提高交互体验显得至关重要。目前国内的智能投顾服务机构在交互方式上大多实行“人工+机器”的混合模式，随着机器深度学习技术的成熟，智能交互系统实现人机间的无障碍沟通将不再是天方夜谭，而智能交互系统要达到“听得懂”和“说得清”的效果，还需要先进的算法模型作为支撑以及大量的历史语料数据积累。

5. 信息服务能力

智能投顾能够提升信息服务能力，弥补传统理财服务中双方信息不对称的缺陷。以陆金所为例，通过所开发的大规模金融知识图谱，能够实现对金融产品全方位、动态化的信息捕捉，包括与产品紧密相关的上市公司信息、行业信息、宏观市场信息等外围数据，从而为投资者提供信息可视化平台及智能投资分析服务。

另外，智能投顾服务系统已经从被动响应用户需求转变为主动提供资讯信息，基于对用户投资需求及风险偏好的洞察，实时提供用户感兴趣的信息，如市场动态信息、行业资讯、持仓收益情况、产品深度分析等，帮助用户实时掌控投资组合相关信息。

课中任务单 讨论智能投顾对证券营销人员的影响

4～6名同学为一组，讨论智能投顾对证券营销人员的影响，并填写表3-3，填完后，每组选派一名代表上台阐明本组观点。

表3-3 课中任务单：讨论智能投顾对证券营销人员的影响

组别		小组成员	
小组任务	讨论智能投顾对证券营销人员的影响		
讨论记录			

课中任务

三、了解程序化交易

（一）程序化交易的定义和类型

程序化交易是通过既定程序或特定软件，自动生成或执行交易指令的证券交易行为。程序化交易起源于 20 世纪 70 年代的美国，目前已成为美国、欧洲和亚洲部分金融市场上的主要力量。据不完全统计，美国 40 家左右以程序化交易为主的金融机构产生的交易量已占到整个市场股票交易量的 75%，对冲基金有大约 10% 的资产是用于程序化交易。在我国，程序化交易主要用于交易执行，应用占比最大的为基金公司、券商资管和自营等。

根据交易方式的不同，程序化交易可分为久期平均、组合保险、指数套利、量化交易、算法交易和智能交易等类型。

1. 久期平均

久期平均（duration averaging）指在股票组合价格较低时买入，在股票组合价格较高时卖出，从而获得价差收益的交易方式。

2. 组合保险

组合保险（portfolio insurance）指当市场处于下跌行情时，能够最大限度保全股票组合价值，而当市场上涨时股票组合不失去盈利机会的交易方式。

3. 指数套利

指数套利（index arbitrage）指套利者利用程序化交易在指数现货市场与指数衍生品市场之间，利用两类产品在不同市场上的瞬时定价差异迅速实现低买高卖，从而实现盈利的交易方式。

4. 量化交易

量化交易（quantitative trading）指依据一个混合的数量模型来进行一揽子股票的买卖，该数量模型既遵从市场的内在规律，又顾及股票的历史性和理论逻辑的相关关系。

5. 算法交易

算法交易（algorithmic trading）指运用较为复杂的数学模型来确定订单的最佳执行路径、执行时间、执行价格及执行数量的交易方式。

6. 智能交易

智能交易（intelligent trading）指将人工智能技术引入程序化交易，通过机器学习，自动总结、归纳和学习金融交易规律，不断完善交易策略的一种交易方式，是程序化交易发展的高级阶段。

（二）程序化交易的特点及优缺点

程序化交易不仅可以提高下单速度，还可以帮助投资者在交易过程中避免受到人性弱点、外界干扰等因素的影响，从而实现理性投资。程序化交易具有以下特点：

第一，以数量模型分析决策为基础。

第二，由计算机系统实时接收信息、处理信息、做出交易决策并自动下单。

第三，智能化的程序化交易系统具有自主学习、自我总结和自动完善的交易策略，可不断适应新的市场情况。

程序化交易具有以下优点：

第一，根据规则自动交易，有利于克服人性的弱点。

第二，可以突破人的生理极限，大幅提高投资效率，降低人的体力和脑力消耗。

第三，智能化的交易、资金管理和仓位管理，有利于投资组合的优化管理和风险控制。

第四，程序化交易与大数据、互联网和人工智能技术的结合，有利于从海量的金融数据中挖掘出投资机会、总结交易规律、制定最优交易决策并快速执行，从而实现系统化、智能化的金融交易和资产管理。

第五，程序化交易的报单有效提高了交易成功率，使每一笔交易的成交时间缩短和买卖价差缩小，提高了市场流动性和效率，大幅提高成交量，使市场中隐藏的流动性得到释放。

程序化交易具有以下缺点：

第一，程序化交易是由人根据历史经验开发出来的，人的认知局限和小概率事件可能导致程序中存在不可预知的风险。

第二，程序化交易的批量快速反应可能在市场剧烈波动时引发羊群效应，助涨助跌，从而导致系统性崩溃。

（三）程序化交易的基本原理

程序化交易并非一个简单的由计算机自动实施交易的过程，包括从接收信息、分析信息、制定决策、下达指令到交易信息反馈、账户管理、风险控制等的全过程，需要在计算机实时联网的条件下完成。程序化交易是一个由交易策略构思、计算机程序实现、历史数据回测、参数优化、模拟应用检验、实盘交易、跟踪监测、改进完善等众多环节构成的系统性的动态交易过程。

在程序化交易中，我们需要制定清晰的交易策略，并且通过计算机程序将其完整、准确地表达出来，而且还必须通过历史数据进行回测、优化和模拟检验，以判断交易策略是否得当。然而，经济形势和金融市场瞬息万变，根据历史经验总结的交易策略并不能完全地反映现实变化，一方面是由于人的认知能力和历史经验的有限性，另一方面是由于历史绝不会简单重演。在运用程序化策略后，还必须密切跟踪其运行情况，当发现有较大问题和漏洞时，应及时对投资策略进行调整和优化，以达到最佳的投资效果。

课后任务 知识点巩固测试

一、单选题

1. 程序化交易起源于（　　）。

A. 美国　B. 中国　C. 德国　D. 英国

2. 基金投资者、（　　）与基金托管人是基金的三大核心当事人。

A. 基金监管者　B. 基金管理人　C. 基金销售机构　D. 基金服务机构

3. 以下不属于证券服务机构的是（　　）。

A. 登记结算公司　B. 投资咨询机构　C. 会计师事务所　D. 证券交易所

4. 智能投顾能够对不同类型的金融产品进行风险评估，并结合用户风险测评完成（　　）管理工作。

A. 智能性　B. 盈利性　C. 效率性　D. 适当性

5. 根据监管要求，传统理财平台一般每（　　）年进行一次风险测评。

A. 1　B. 2　C. 3　D. 4

6. 桥水基金的全天候人工智能交易系统属于应用于（　　）环节的智能投顾。

A. 销售　B. 服务　C. 咨询　D. 交易

7. 高度智能化的投顾系统能够运用（　　）对用户的长期行为数据、短期行为数据、外部市场情况等多元因素进行综合分析。

A. 大数据技术　B. 深度学习算法　C. 云计算技术　D. 历史模拟法

8. 智能交易是程序化交易发展的（　　）阶段。

A. 初级　B. 中级　C. 中高级　D. 高级

9. 程序化交易的批量快速反应可能在市场剧烈波动时引发（　　），助涨助跌，从而导致系统性崩溃。

A. 隧道效应　B. 羊群效应　C. 挤出效应　D. 马太效应

10. 程序化交易必须通过（　　）数据进行回测、优化和模拟检验，以判断交易策略是否得当。

A. 历史　B. 未来　C. 实时　D. 文本

二、多选题

1. 智能投顾服务在一定程度上攻克了传统理财服务的哪些痛点？（　　）

A. 供需失衡　B. 服务差异

C. 利益冲突　D. 过度依赖客户认知

2. 根据交易方式的不同，程序化交易可分为（　　）等类型。

A. 久期平均　B. 组合保险　C. 指数套利　D. 量化交易

3. 智能投顾具有（　　）等特点。

A. 数字性　B. 普惠性　C. 便捷性　D. 盈利性

4. 以下哪些属于智能投顾的核心要素？（　　）

A. 精准的用户画像　　B. 专业的风控能力
C. 客户需求与产品供给的匹配　　D. 智能交互能力

5. 按照所服务阶段的不同，智能投顾可分为哪些类型？(　　)

A. 应用于销售和服务环节　　B. 应用于投资环节
C. 应用于交易环节　　D. 应用于风控环节

三、判断题

1. 金融衍生品指价值依赖于基础资产价值变动或指数变动的金融合约，其价值取决于一种或多种基础资产或指数。(　　)

2. 智能投顾的价值定位是以证券公司需求为导向。(　　)

3. 证券公司是证券市场投融资服务的提供者，为证券发行人和证券投资者提供专业的中介服务，同时，证券公司也是证券市场重要的个人投资者。(　　)

4. 智能投顾服务流程可以分为客户分析、资产配置、投资分析、策略生成、交易执行、分析反馈、调整优化等阶段。(　　)

5. 智能投顾能够对不同类型的金融产品进行风险评估，并结合用户风险测评完成适当性管理工作。另外，当用户试图购买风险错配的产品，智能投顾服务系统能够及时发现并进行风险提示，从而更好地保护投资者利益。(　　)

6. 指数套利指套利者利用智能投顾程序在指数现货市场与指数衍生品市场之间，利用两类产品在不同市场上的瞬时定价差异迅速实现低买高卖，从而实现盈利的交易方式。(　　)

7. 量化交易指依据一个固定不变的数量模型来进行一揽子股票的买卖，该数量模型既遵从市场的内在规律，又顾及股票的历史性和理论逻辑的相关关系。(　　)

8. 证券交易所是为证券集中交易提供场所和设施，组织和监督证券交易，实行自律管理的公益组织。(　　)

9. 程序化交易可以突破人的生理极限，大幅提高投资收益，降低人的体力和脑力消耗。(　　)

10. 程序化交易是一个由交易策略构思、计算机程序实现、历史数据回测、参数优化、模拟应用检验、实盘交易、跟踪监测、改进完善等众多环节构成的系统性的动态交易过程。(　　)

任务二
应用案例

课前任务　收集金融科技在证券业应用的典型案例

4 ～ 6 名同学为一组，每组收集一个金融科技在证券业应用的典型案例，要求有案例介绍和案例点评，并制作 PPT，完成后，填写表 3 - 4。

表 3 - 4　课前任务：收集金融科技在证券业应用的典型案例

组别		小组成员	
案例介绍			
案例点评			
是否制作 PPT			

课中任务

案例一 A 证券公司推出“智能化”证券交易 App

案例介绍

A 证券公司最新版证券交易移动终端采用了大数据、云计算、人工智能等新技术，主打“智能投资”是新版本的最大特点。新版本集远程开户、极速行情、证券交易、基金理财、财经资讯、业务办理、投资顾问等功能于一体，提供智能、专业、便捷的新一代移动财富管理服务，助力客户轻松投资。

在开户方面，新版 App 通过 OCR 自动身份证识别，支持远程开户；在交易方面，推出语音助手“小联”，“小联”类似于智能音箱，支持语音唤醒和全语音交流，根据客户的需要可以随时随地查询个股行情、资金流向、股权变更、财务报告、财经新闻等一系列资讯，“小联”目前已经实现“24 × 7”的全天候秒级应答能力；在投资咨询服务方面，通过智能诊股、智能选股、智能 K 线、智能筹码这些新功能，为客户提供智能投顾服务。

智能诊股是指客户根据自己的需要，输入想诊断的股票代码，通过大数据分析，App 自动从多维度、全方位诊断该股票的强弱。智能诊股从市场热度、技术趋势形态、主力资金流向、题材透视、财务估值等多个维度，直观评价股票的成长能力、市场投资热度以及机构关注度，并给出中短期投资建议。智能诊股功能可以帮助客户更加客观、专业地评价所关注的股票，大大降低了客户在股票分析上的操作难度，全面提升了客户的投资体验。

智能选股是指 App 根据客户事先设定好的条件，利用大数据分析与云计算技术进行处理，为客户提供投资组合建议。智能选股功能分为经典选股方法和其他指标选股。其中，经典选股方法包括稳定增长、稳健大市值、潜力成长、现金流增长、底部 MACD、低位扫货等六种预置的选股策略；其他指标选股则为客户提供个性化的投资机会，客户可根据自己的要求，自定义选股指标来执行个性化选股。可设置的指标包括技术指标、K 线形态、行情量价、主力行为、公告、研究报告、财务数据等，它们既可单独使用，也可组合使用。客户不用一只只选股，智能选股会根据设定好的条件，自动给出相应的投资组合。

智能 K 线是根据股票市场上几千只股票的历史 K 线数据与成交量数据，进行智能化的识别与匹配，对成交量、不同参数的均线、历史走势、交易阻力等因子进行智能对比分析，找出成交量与价格走势特征相似的股票，对股票的未来价格走势做出预判，提出目标价格上限和下限，为投资者买卖股票提供参考。

智能筹码指通过筹码分布，对股票主力成交情况进行分析，计算主力持仓成本和盈利比例，还会给出具体的支撑位与压力位，通过对比现价和主力成本，帮助投资者跟随主力步伐，顺势而为。

新版 App 除了上述功能，还新增了理财购买、投资者教育、业务办理、最火直播等多个智能应用菜单，全面提升了客户的投资体验，得到了客户的认可。

案例点评

证券经纪业务一直是证券公司的主要利润来源，但随着佣金率在竞争中持续下滑，证券公司经纪业务的利润空间日渐收窄，生存压力不断增大。为此，证券公司在市场竞争压力的催逼下，纷纷加大对金融科技的投入，改进对客户的投资交易服务，提升客户体验，增强客户黏性，防止客户流失。

A 证券公司依托大数据、云计算、人工智能等新兴金融科技，以“科技+服务”为驱动，推动金融与科技的深度融合，进一步完善证券交易 App 的服务功能。通过智能数据、智能客服等方面的应用，为客户提供更加专业化、个性化、智能化的投资顾问服务，提升了客户的投资体验，丰富了证券经纪业务的内涵，使得证券交易 App 成为重要的获客渠道，为经纪业务转型为综合财富管理、实现利润多元化提供了良好的基础和更多的可能性。

课中任务单　讨论证券投资交易 App 应具备哪些功能

4～6 名同学为一组，结合前面的案例分析，讨论证券投资交易 App 应具备哪些功能。打开手机“同花顺”炒股 App，对其现有的各项功能进行了解，提出对该款 App 的改进建议，列出新增功能菜单，并加以说明。讨论结束后，填写表 3-5。

表 3-5　课中任务单：讨论证券投资交易 App 应具备哪些功能

组别		小组成员	
小组任务	讨论证券投资交易 App 应具备哪些功能		
“同花顺”炒股 App 现有功能			
改进建议			

案例二　B 证券公司打造全新客户关系管理系统

案例介绍

金融科技在证券公司的广泛应用，推动了证券公司业务和服务质量不断提升。B 证券公司在十几年前就开始应用客户关系管理（CRM）系统，目前已从第一代更新至第四代。CRM 系统功能根据 B 证券公司的业务发展不断升级，第四代 CRM 系统有 4 个子菜单、14 个业务功能模块，如图 3－2 所示。

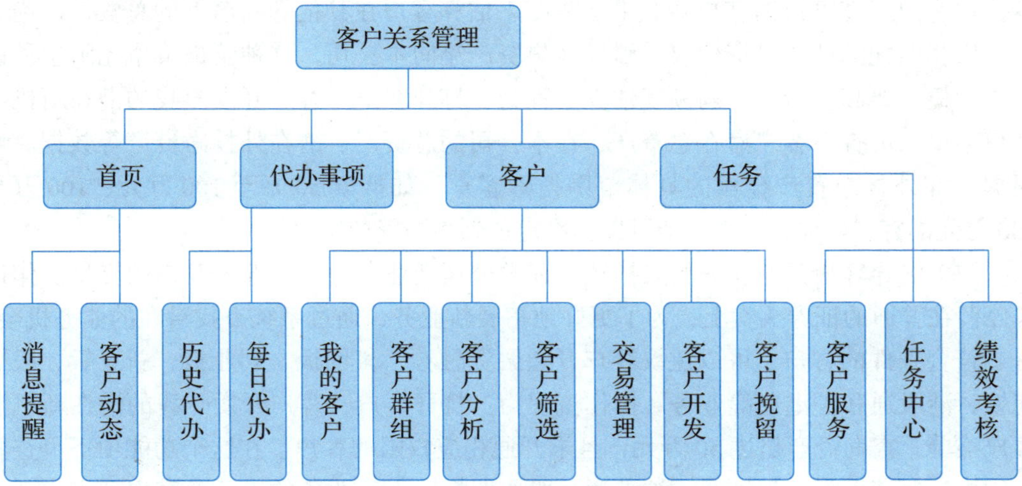

图 3－2　B 证券公司客户关系管理系统功能示意

B 证券公司的 CRM 系统以客户数据为中心，利用大数据与云计算技术，对客户各类数据进行分析，把市场营销的思想通过金融科技集成于软件，从而实现产品与客户的精准匹配，为客户提供个性化的服务，提升客户的满意度。CRM 系统的功能模块与工作人员的实际工作相对应，以下介绍系统常用菜单及其应用场景。

（1）每日待办任务场景描述：每日待办任务是客户经理每日工作内容的一部分，提醒客户经理当日应该向哪类客户提供服务，待办内容包括新股中签、国债逆回购操作、大额交易、大额转账、身份证过期、生日祝福等。客户经理对客户进行服务，任务处理结束后，填写任务处理情况，还可查看历史任务及待完成任务。处理每日待办任务的流程为："我的待办任务"展示了全部待处理的任务，可查看待完成任务列表，按客户对任务归类展示，也可根据日期进行筛选，展示所选日期和之前推送的全部待完成任务，完成待办任务并填写处理内容后提交，即可完成该任务。

（2）潜在客户开户和确认场景描述：登记有开户意向的潜在客户，对其进行跟踪、评价和服务。引导客户预约开户，跟进客户开户进度，指导客户完成开户操作。客户开户成功后，可认领到客户经理名下，方便为客户提供后续服务。操作流程为：打开客户开发—潜在客户—登记潜在客户菜单，填写潜在客户信息；打开客户开发—客户预约开户菜单，填写相关信息，可随时查看开户进度，客户完成开户后，系统自动将该名客户认领到客户经理名下。

（3）公共休眠客户激活和认领场景描述：挖掘公司已存在的公共户，通过沟通了解到客户已在我司开户，但未引入资金，经过持续跟进服务后得到客户认可，客户愿意激活休眠账户，则打开激活公共户菜单进行相应操作，并认领到客户经理名下。客户激活流程为：打开客户—客户开发—我的公共户激活—新增激活单客户菜单，输入客户姓名或手机号可以搜索到该客户在公司的开户信息，确认添加此客户。在引入客户资产后，登录客户认领申请的页面进行认领，即可完成激活认领流程。

（4）深挖潜在业务机会场景描述：在证券交易领域，一人多户现象较为普遍，证券公司客户经理可根据客户新股申购额度来估算客户在其他券商名下的总资产，为客户提供相匹配的证券投资建议，引导客户资产流向本公司，这种营销策略比陌生拜访的成功概率要高。新股申购额度估算流程为：打开客户—客户开发—我的潜在新机会客户菜单，可查看客户潜在总资产、在本公司的总资产、潜在外投净资产等数据。可根据潜在外投净资产金额的具体范围搜索客户，如搜索 50 万至 100 万元、100 万至 500 万元的客户群体，这个功能可以精准定位到不同资产实力的客户。

（5）引导客户开通业务场景描述：证券公司新业务很多，部分客户的交易操作还只停留在普通的证券买卖上，为了更好地拓展新业务，通过系统查找潜在的业务机会，对于符合条件的客户，可以建议客户开通融资融券、科创板、创业板、新三板、股票期权、港股通和沪港通等业务。操作流程为：打开客户—客户开发—我的潜在新机会客户菜单，查询资产超过 50 万元，且未开通相应权限的客户。在这个功能项下可查看科创板、融资融券、深港通、沪港通、股票期权这五项业务的未开通客户列表。开通这几项业务的标准是客户资产连续 20 日均在 50 万元以上，系统会根据客户资产的实时变动，自动更新计算结果，直观显示符合条件的客户列表及相关信息。

（6）客户 360 度全景图场景描述：通过该功能可以全面了解客户的个人资产信息、历史交易信息、股票持仓状态、历史盈亏信息等各维度信息，方便客户经理全面了解客户。同时，结合该系统的理财规划功能，通过大数据分析及智能投顾技术，为客户提供个性化的理财服务。

案例点评

证券公司的客户关系管理至关重要，客户是证券公司开展业务的基础，所有产品和服务的提供都应基于客户需求，满足客户需求，使客户满意。证券公司可为客户提供证券经纪、资产管理、上市融资等多种服务，但无论是开展哪类业务，都需要了解客户，对客户的资产实力、投资偏好、交易习惯、投资融需求等有客观、全面的了解。客户关系管理系统通过大数据技术将客户信息集成到统一的平台，并借助自动化、智能化的流程管理，方便客户经理服务客户，有针对性地开展个性化的营销展业活动，改善了客户体验，大大提升了营销的有效性和客户服务的品质，有助于增强客户黏性，防止客户流失。

课后任务　讨论证券公司的客户关系管理应涵盖哪些要素

4～6名同学为一组，结合上述案例，分析证券公司的客户关系管理应涵盖哪些要素。结合最新的金融科技发展动态，分析B证券公司的第四代客户关系管理系统还有哪些待改进的地方，并提出相关建议。每组提交一份PPT，并填写表3-6。

表3-6　课后任务：讨论证券公司的客户关系管理应涵盖哪些要素

组别		小组成员	
小组任务	讨论证券公司的客户关系管理应涵盖哪些要素		
B证券公司第四代客户关系管理系统的待改进之处			
改进建议			
是否完成PPT			

任务三

实训操作指引

课前任务　查找并自学三个基本概念

每位同学查找并自学以下三个基本概念：（1）投资组合优化；（2）夏普比率；（3）马科维茨模型。

微课

课中任务

一、实训任务

本次实训任务系基于民间借贷利率指数的互联网理财产品竞投虚拟仿真实验。

二、实训目的

本项目使用“温州指数”作为理财产品的收益参照指标、风险决策基准、建模决策标准和大数据分析支撑，引导学生全面分析投资组合预期收益与投资风险的关联性，在系统的智能投资辅助下通过自主决策实现最大化投资收益和最小化投资风险之间的平衡，完成智能理财动态投资决策的全过程。具体实训目的包括以下三点：

（1）知识目标：学生能够理解并掌握智能理财的运行机理。

（2）能力目标：学生能够自主利用智能理财平台进行投资决策和风险防范。

（3）素质目标：培养学生的诚信融资精神、价值投资理念和风险防范意识。

三、实验参数

虚拟仿真实验条件主要取决于系统的各类参数设置，包括实验基本参数、理财平台参数、理财产品参数和组合投资参数。例如，以“温州指数”为例，5 年前温州指数能够达到 20% 左右，而目前只有 10% 左右；当投资者进行理财产品选择时，5 年前如果期望利率达到 15%，则意味着投资风险较低，但是在目前的利率环境下，则具有较高的投资风险。实验参数说明如表 3－7 所示。

表 3－7　实验参数说明

参数类别	参数名称	参数含义
实验基本参数	温州指数	真实反映民间借贷的价格趋势、活跃程度和风险测度，是非常有意义的利率指标
	每轮投资额度	4 轮投资中每轮的投资者投资额度
	每轮执行时间	4 轮投资中每轮的实验时间
理财平台参数	理财平台的数量和类别	系统生成 6 个理财平台，系统后台可根据现实环境的变化进行修改
	理财平台期望收益率区间	根据理财平台的类别设置期望收益率区间
	理财平台标准差区间	根据理财平台的类别设置标准差区间，代表投资风险
理财产品参数	理财产品期望收益率基数	某一理财产品的具体收益率基数值
	理财产品标准差	某一理财产品的收益率波动范围，代表投资风险

续表

参数类别	参数名称	参数含义
理财产品参数	理财产品期限	参数有 3 个月、6 个月和 12 个月三种到期期限，对应温州指数的三个监测利率期限值
	理财产品期限利率补偿值	系统设置 3 个月、6 个月和 12 个月三种理财产品的期限利率补偿值分别为系数 1、1.1、1.2
	期望收益率	收益率基数 × 期限利率补偿值
	实际收益率	平台按正态分布重新计算理财产品的实际收益率
组合投资参数	理财产品相关系数矩阵	理财产品之间的相关性
	理财产品协方差矩阵	理财产品之间的协方差
	投资组合期望收益率	投资者分配投资资金，以不同权重买入多种产品进行组合后，这个组合的期望收益率
	投资组合实际收益率	投资者的投资组合的实际收益率
	投资组合波动率	整个投资组合的标准差，意味着整个投资组合的风险高低
	投资组合夏普比率	在剔除无风险收益后的超额期望收益与可能风险的比值，这是一个考察投资组合时极为重要的指标。夏普比率越大，说明这个投资组合越优秀

四、知识储备

（一）投资组合优化

根据既定收益目标和风险容许程度，通过将不同风险资产进行有效的组合，分散风险的过程，它体现了投资者的意愿和投资者受到的约束，即在一定风险水平下收益最大化或一定收益水平下风险最小化。鉴于两个提供相同预期收益的投资组合，投资者倾向于风险较小的那一个，因此，投资者只有在获得更高预期回报的情况下才会承担更大的风险。所以，想要实现更高预期收益的投资者必须承担更大的风险。投资组合优化通常分为两个阶段：优化要持有的资产类别的权重；优化同一资产类别中的具体资产权重。前者的一个示例是投资基金、股票或债券的比例，后者的一个示例是投资股票 X、Y 和 Z 的比例。

（二）夏普比率

夏普比率是一种描述金融资产的绩效指标。夏普比率 =（平均报酬率 − 无风险报酬率）/ 标准差。夏普比率反映了单位风险的资产收益率超过无风险利率的程度。夏普比率若为正值，代表资产收益率波动风险有正的回馈；在以同期银行存款利率为无风险利率的情况下，说明投资金融资产比银行存款要好。夏普比率越大，说明金融资产的单位风险所获得的风险回报越高。若为负值，说明投资金融资产比银行存款要差。

（三）马科维茨模型

马科维茨模型又称均值－方差模型，投资者需要在期初从所有可能的理财产品组合中选择一个最优的组合。其决策目标有两个：尽可能高的收益率和尽可能低的风险。最好是使这两个相互制约的目标达到平衡，由此建立起来的投资模型即为均值－方差模型。投资组合理论用均值和方差来刻画收益和风险这两个关键因素。均值指投资组合的期望收益率，它是单项金融资产的期望收益率的加权平均，权重为相应的投资比例。方差指投资组合收益率的方差，它衡量了实际收益率和均值之间的背离，刻画了投资组合的风险。

五、实验过程

（一）登录实验

输入账号与密码，点击“登录”按钮进入实验，如图 3－3 所示。

图 3－3　系统登录界面

（二）理论测试

（1）实验开始前，需要学生对实验可能会用到的理论知识进行测试。如图 3－4 所示，点击“理论测试”按钮进入测试，系统会随机给出 10 道题对实验者进行测试，测试结果不影响最终实验成绩。

图 3-4　理论测试进入界面

（2）测试完成后，点击“提交”按钮，系统会自动对测试结果进行考核，如图 3-5 所示。

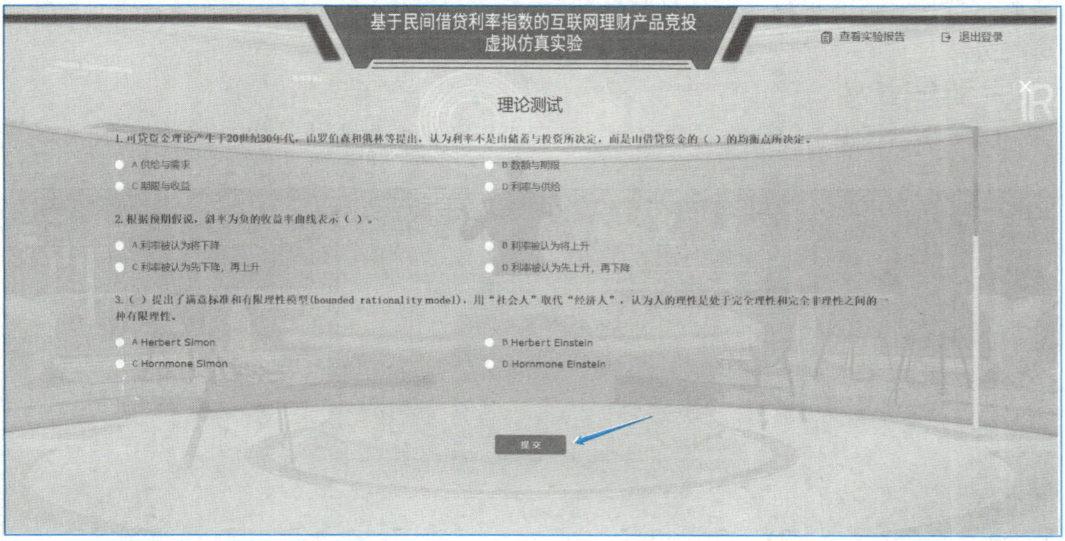

图 3-5　理论测试提交页面

若分数达到考核标准则回到实验流程页面，点击“开始实验”按钮进入正式实验，如图 3-6 所示。

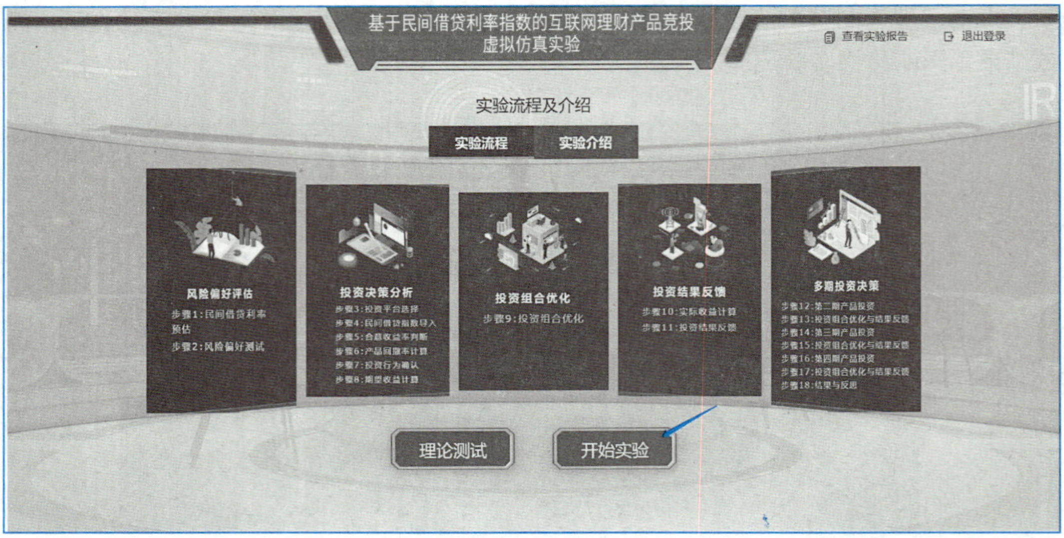

图 3-6　开始实验界面

（三）实验环节及步骤

实验分为 5 个环节，共 18 个步骤。

1. 环节一：风险偏好估计

步骤 1：民间借贷利率预估

● **实验目的：** 让学生掌握基准利率的预测方法，即基于温州指数的历史数据，由实验者选择合适的定量模型计算基准利率，结合宏观经济背景定性预测宏观的基准利率趋势。

● **操作过程：**

（1）学生根据引导语查看“温州指数”近一年的数据走势，如图 3-7 所示。

图 3-7　查看温州指数的走势

（2）学生从微观预测方面根据过去12个月温州指数的曲线图，选择合适的预测算法（最小二乘法、移动平均法、趋势外推法、指数平滑法）来预估投资3个月、6个月、12个月情形下温州指数的趋势，如图3－8所示。

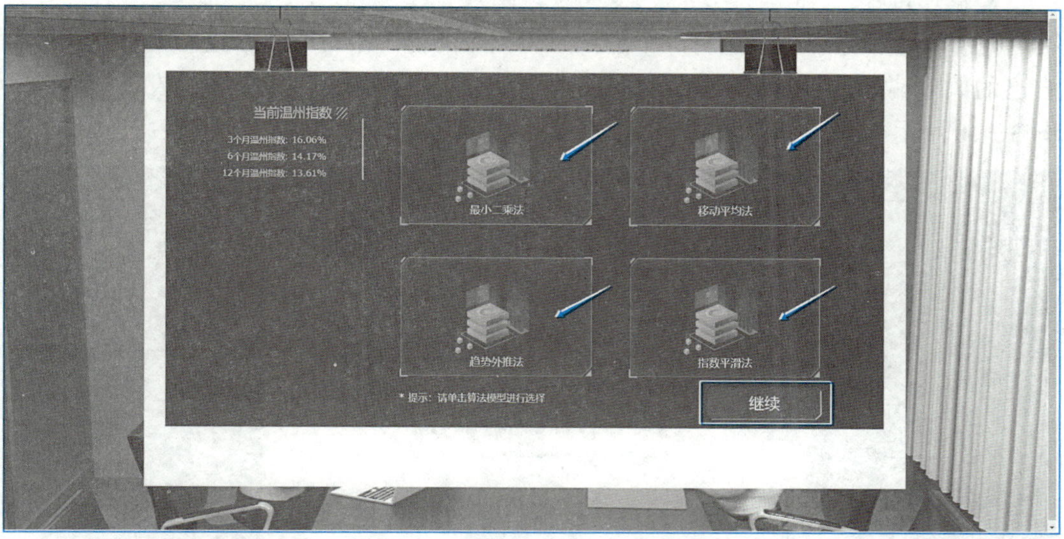

图3－8 基于微观数据预估温州指数趋势

（3）在微观预测结果的基础上，学生基于对宏观金融的判断，即从当前的宏观经济状况、货币政策取向、市场资金充裕度、社会平均信用水平、预期通货膨胀率走势五个方面预估温州指数的趋势，如图3－9所示。

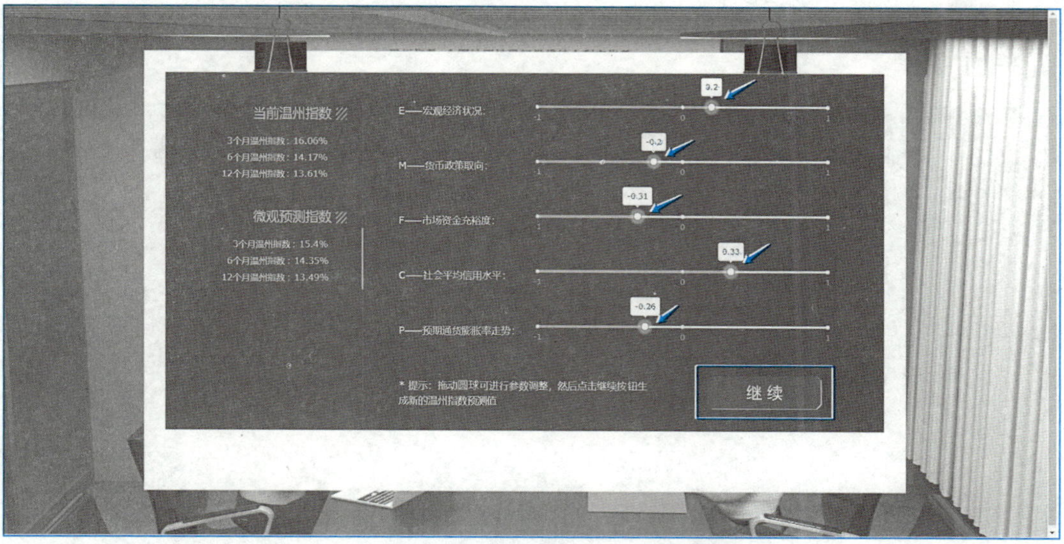

图3－9 基于宏观数据预估温州指数的趋势

● **考核方式：** 自动考核，系统根据学生的预估值与班级的预估平均值进行对比，越接近预设值得分越高，共10分。

步骤 2：风险偏好测试

● **实验目的：**通过风险偏好测试小游戏来理解风险追求、风险中性、风险厌恶三种风险偏好的内涵，理解在不同的情况下选择不同风险的意义和重要性。

● **操作过程：**

（1）学生根据引导语进行一个测试风险偏好的掷币小游戏，通过完成小游戏得出自己的风险偏好，并理解风险偏好类型对后期投资的影响，决定后期的投资组合，如图 3 - 10 所示。

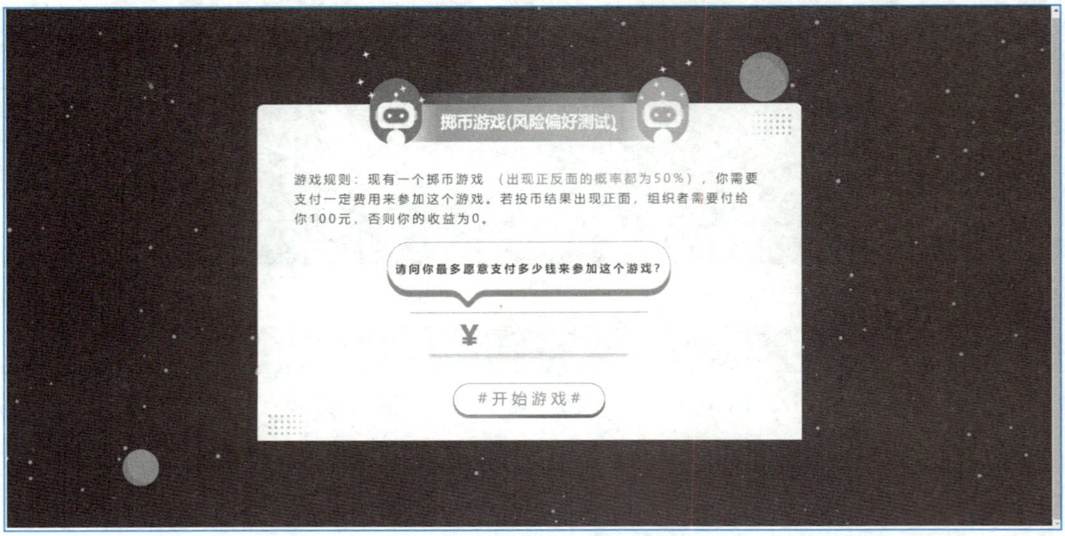

图 3 - 10　风险偏好测试游戏

（2）游戏结束后，系统会根据游戏结果帮助学生初步识别其风险偏好，如图 3 - 11 所示。

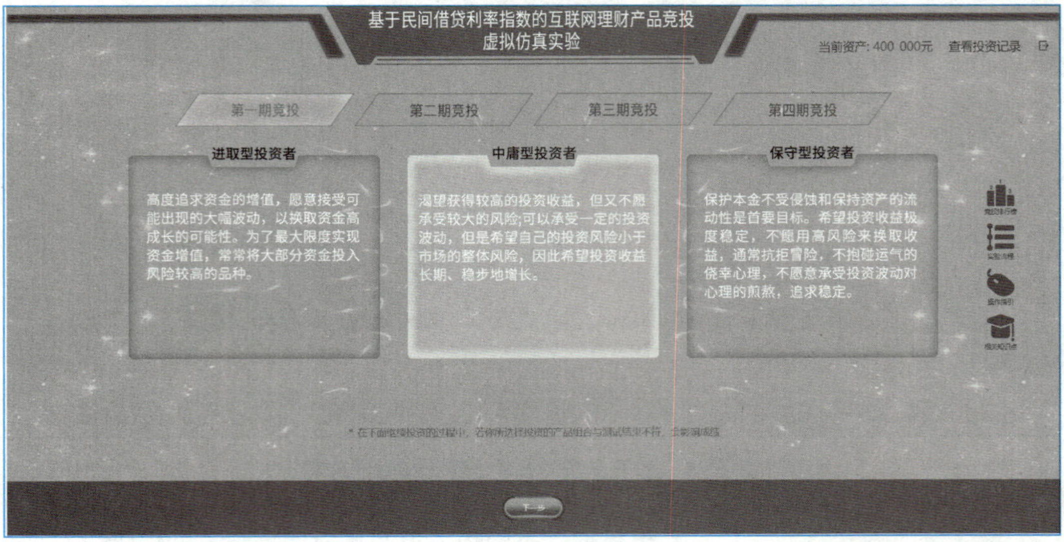

图 3 - 11　识别风险偏好

- **考核方式：** 自动考核，考核学生的风险偏好与最终选择的理财平台和产品是否相符，共 10 分。

2. 环节二：投资决策分析

步骤 3：投资平台选择

- **实验目的：** 理解各个平台对应的期望收益率区间和标准差区间的内涵和作用，据此掌握不同理财平台的投资风险。
- **操作过程：**

（1）学生可以查看理财平台的期望收益率区间和标准差区间，分析各个理财平台的特点，如图 3－12 所示。

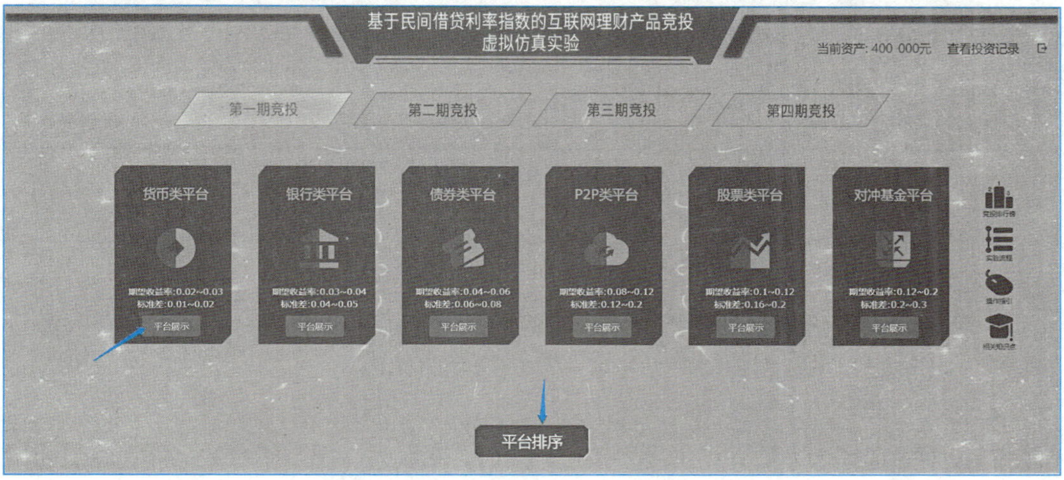

图 3－12　分析各个理财平台的特点

（2）学生在分析各个理财平台特点的基础上对六类理财平台进行投资意向的排序。点击“平台排序”按钮，根据主观判断将序号拖到偏好排序列与各平台对应，点击“确定”按钮，如图 3－13 所示。

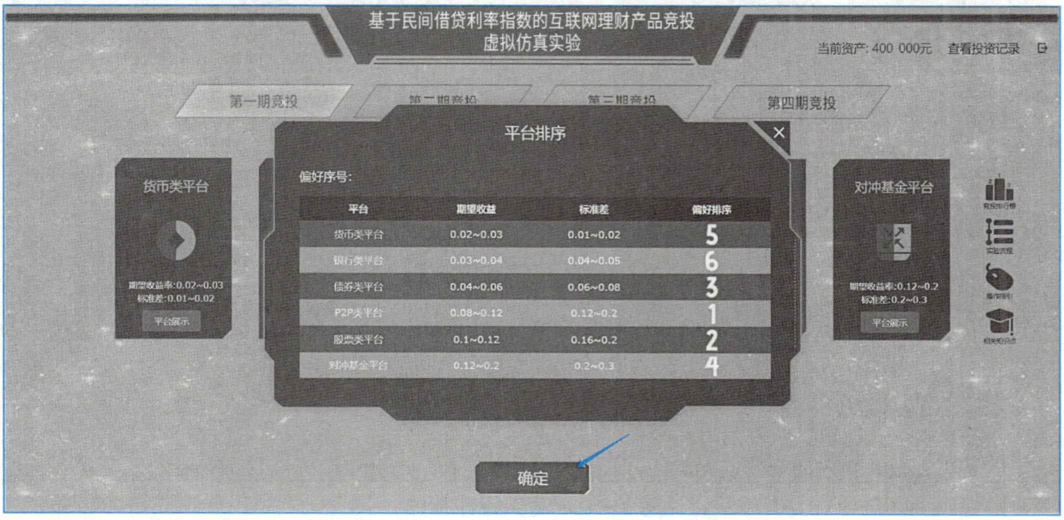

图 3－13　对不同理财平台进行排序

（3）学生可以根据自己的需要选择 1 ～ 6 个理财平台进行投资。点击想要投资的理财平台进行选择，如图 3 - 14 所示。

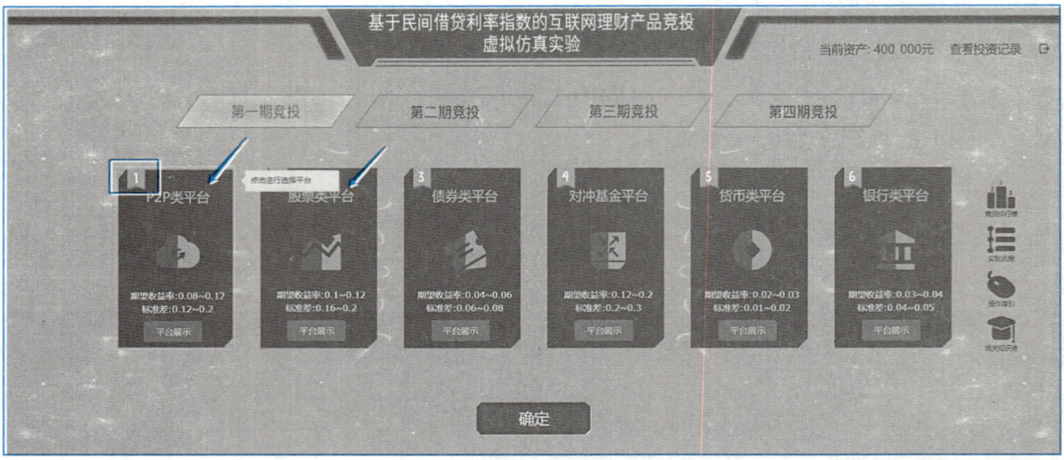

图 3 - 14　理财平台筛选

● **考核方式：**不考核。

步骤 4：温州指数导入

● **实验目的：**通过将温州指数导入对应的理财产品，并与理财产品的相关参数进行对比，理解温州指数在理财产品投资中的风险参照作用。

● **操作过程：**

（1）学生选择产品后，点击导入按钮。此时，系统连接温州指数数据库，将温州指数对应的参数导入各个理财产品。单击导入按钮，系统自动导入当前不同期限的温州指数值，点击“确定”按钮，查看各个产品期望收益率与温州指数的对比，了解产品风险，如图 3 - 15 所示。

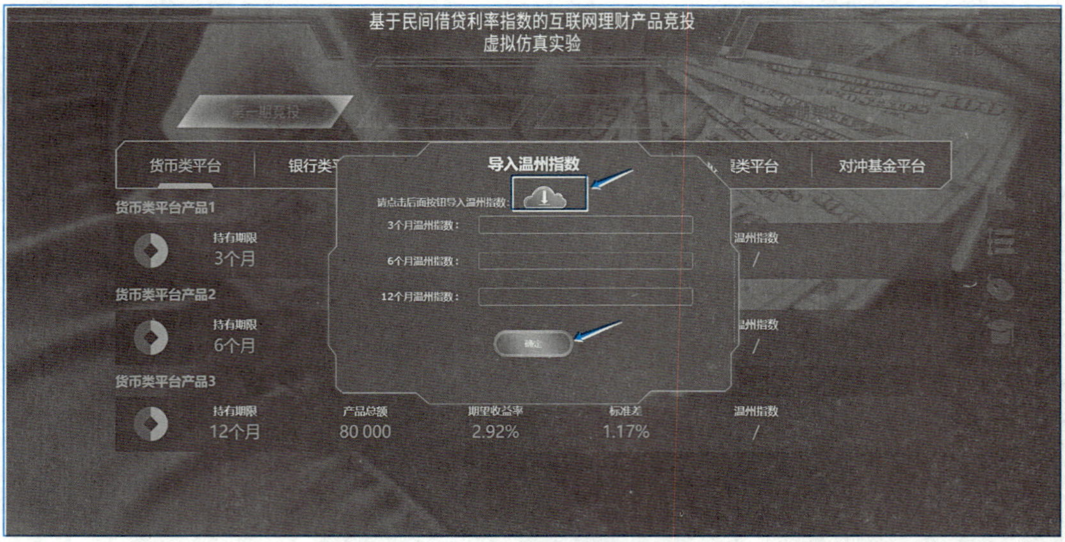

图 3 - 15　导入温州指数

（2）学生通过比较温州指数与理财产品的期望收益率，考量该理财产品的投资风险，如图 3－16 所示。当产品期望收益率小于温州指数时，显示绿色，提醒学生投资该产品具有的风险较小。

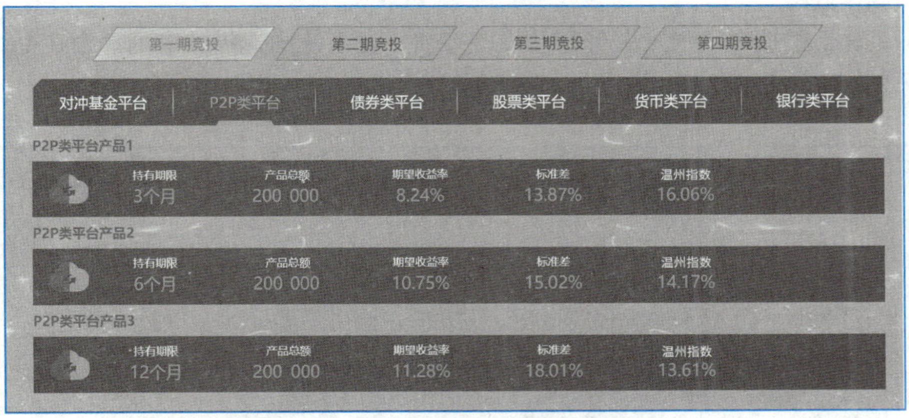

图 3－16　比较理财产品的期望收益率与温州指数

- **考核方式：**不考核。

步骤 5：合意收益率判断

- **实验目的：**掌握合意收益率的内涵，并能根据理财平台和理财产品的期望收益率、标准差和投资期限等参数确定预期收益率。
- **操作过程：**

学生根据前面的风险判断，填写自己的合意收益率，点击“确定”按钮提交，如图 3－17 所示。系统会取所有学生提交的合意收益率的中间值，然后将每个学生的最终实际收益率与合意收益率进行比较。

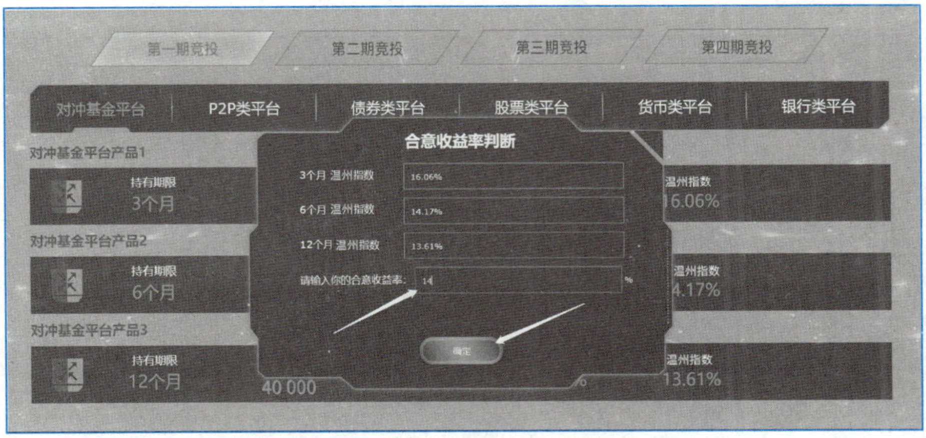

图 3－17　合意收益率判断

- **考核方式：**自动考核，系统会根据学生输入的合意收益率与最后的投资收益率进行比较，共 10 分。

步骤 6：产品回撤率计算

● **实验目的：**理解理财产品最大回撤率的内涵和作用，并掌握理财产品最大回撤率的预估方法，据此判断理财产品的风险。

● **操作过程：**

（1）学生根据自己的投资偏好及投资意向，在系统中选择相应的理财产品，并计算理财产品的最大回撤率，如图 3－18 所示。

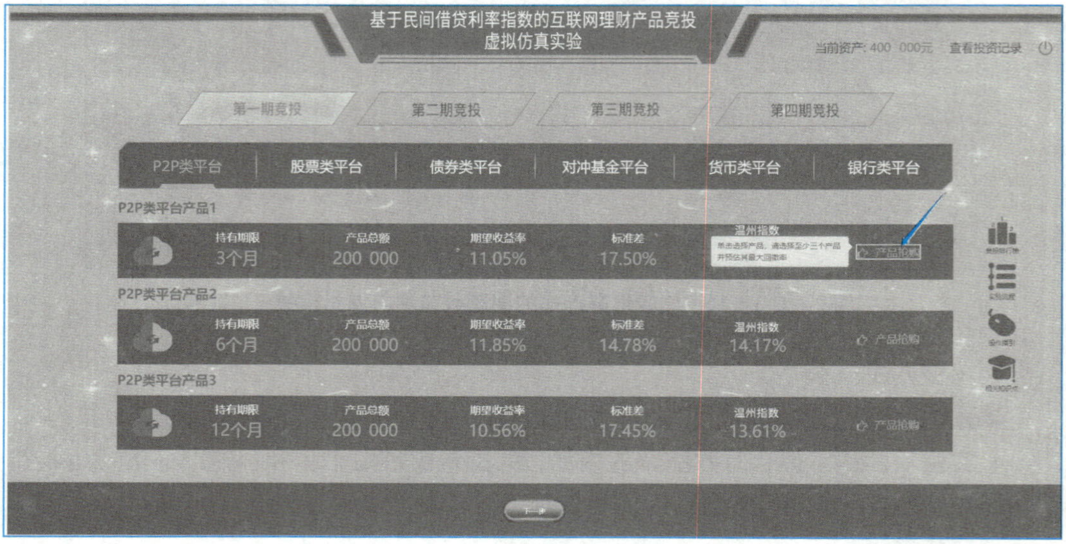

图 3－18　计算产品最大回撤率

（2）根据系统展示的产品信息，选择想要投资的理财产品，点击“产品抢购”按钮，进行产品回撤率预估，如图 3－19 所示。

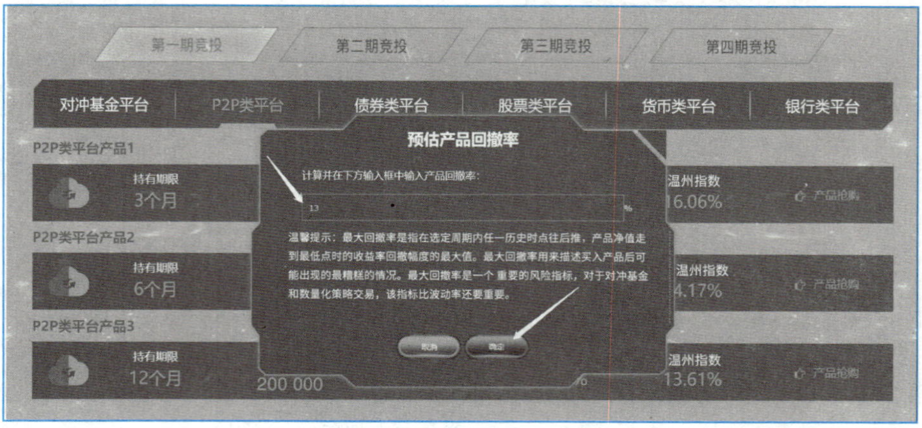

图 3－19　预估产品回撤率

（3）通过该步骤也确定了拟投资的理财产品，如图 3－20 所示。

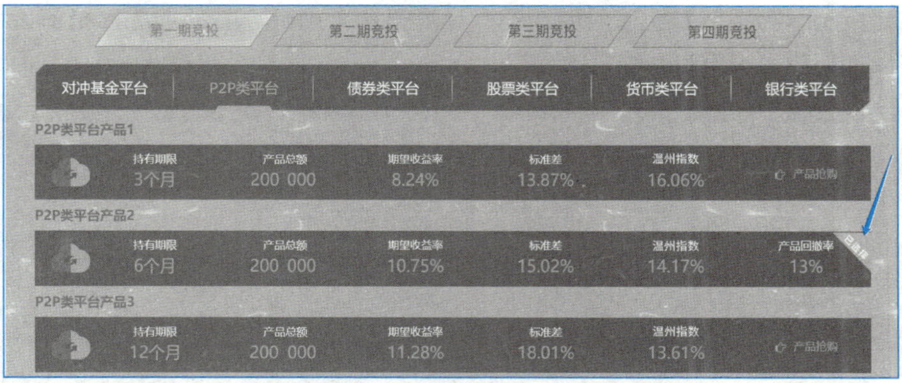

图 3-20 确定拟投资的理财产品

● **考核方式：**自动考核，系统会根据学生输入的每个产品的回撤率进行考核，共 10 分。

步骤 7：投资行为确认

● **实验目的：**能够根据合意收益率和最大回撤率等，结合理财产品的期望收益率、标准差和投资期限等参数，确定最终投资的理财产品及投资金额，培养学生的投资决策能力。

● **操作过程：**

学生通过查看各个理财产品的可投资余额和自身的投资资金，输入投资金额，并确认投资，如图 3-21 所示。系统会显示所有预估过回撤率的产品，根据每个产品的参数，输入想要投资的金额（需注意本轮总投资金额不得小于当前资产的 90%）。

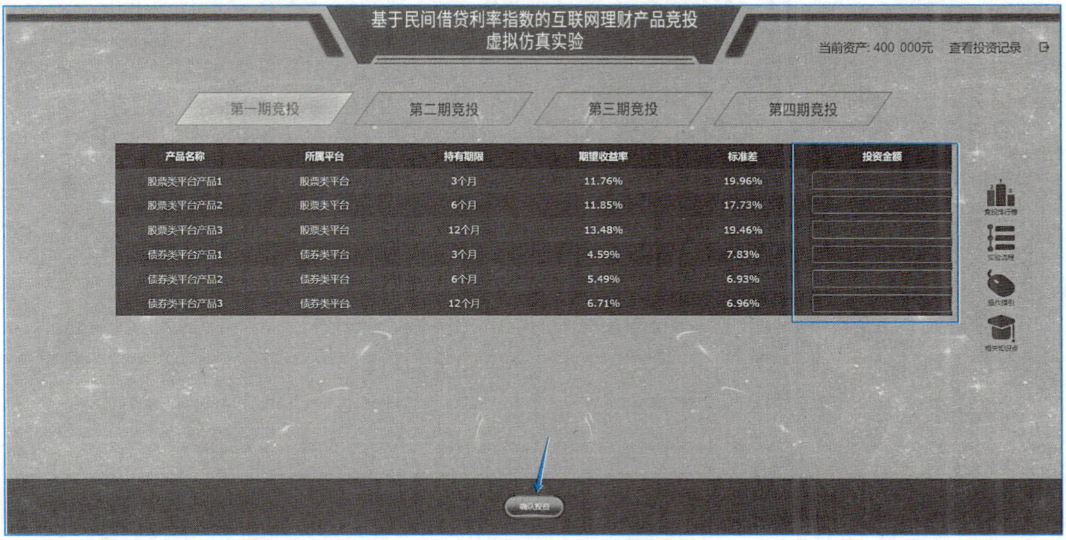

图 3-21 输入投资金额，确认投资

● **考核方式：**不考核。

步骤 8：期望收益计算

● **实验目的：**理解期望回报和期望总收益的内涵，掌握期望回报和期望总收益的计算。

● **操作过程：**

（1）学生确认每个理财产品的投资金额后，计算每个理财产品的期望回报值，如

图 3－22 所示。为了节省实验时间，学生计算第一个理财产品的期望回报值后，剩余理财产品的期望回报值由系统自动计算。

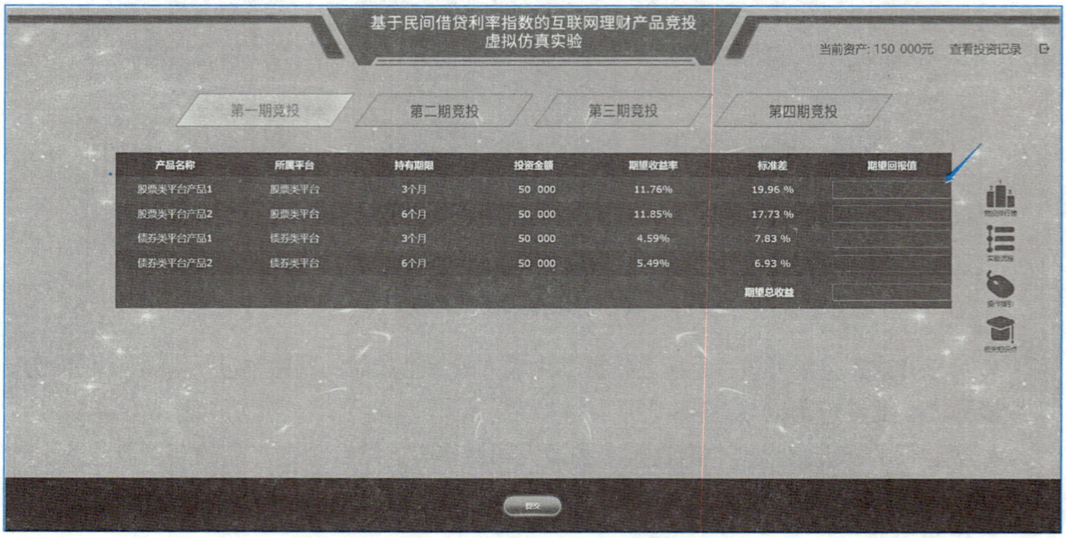

图 3－22　计算每个理财产品的期望回报值

（2）系统根据各平台的期望回报，结合计算公式，给出本轮投资的期望总收益，如图 3－23 所示。

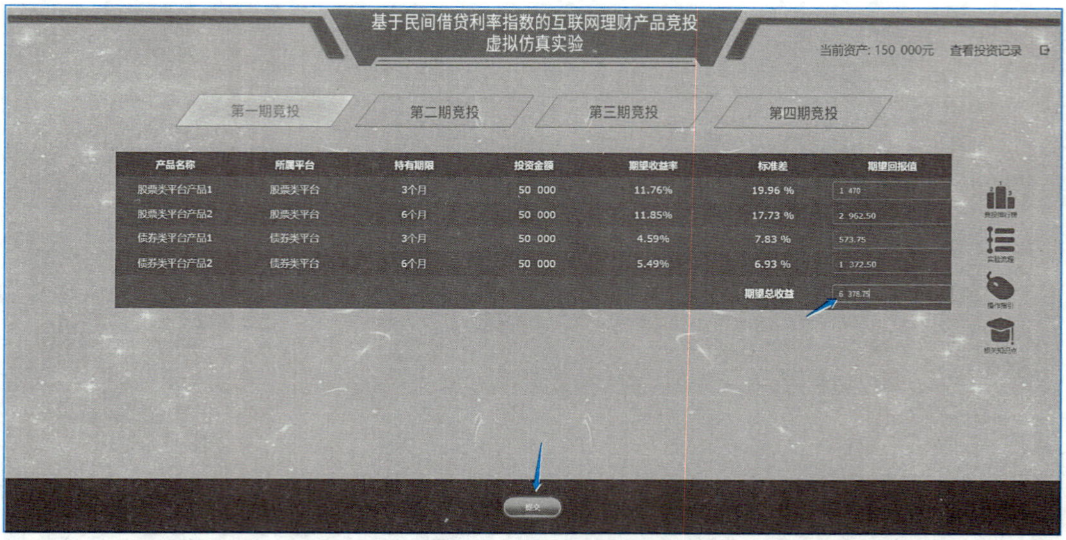

图 3－23　计算本轮投资的期望总收益

- **考核方式**：自动考核，通过比较学生的计算结果与系统的计算结果是否相符赋分，共 5 分。

3. 环节三：投资组合优化

步骤 9：投资组合优化

- **实验目的**：掌握马科维茨有效边界的内涵和意义，并能计算马科维茨有效边界和最优夏普比率进行投资组合优化。

- **操作过程：**

（1）系统自动根据内置的算法给出夏普比率与最优投资组合，协助学生进行投资组合优化，系统在不改变原有投资组合的情况下，推荐更优的投资组合，如图 3－24 所示。

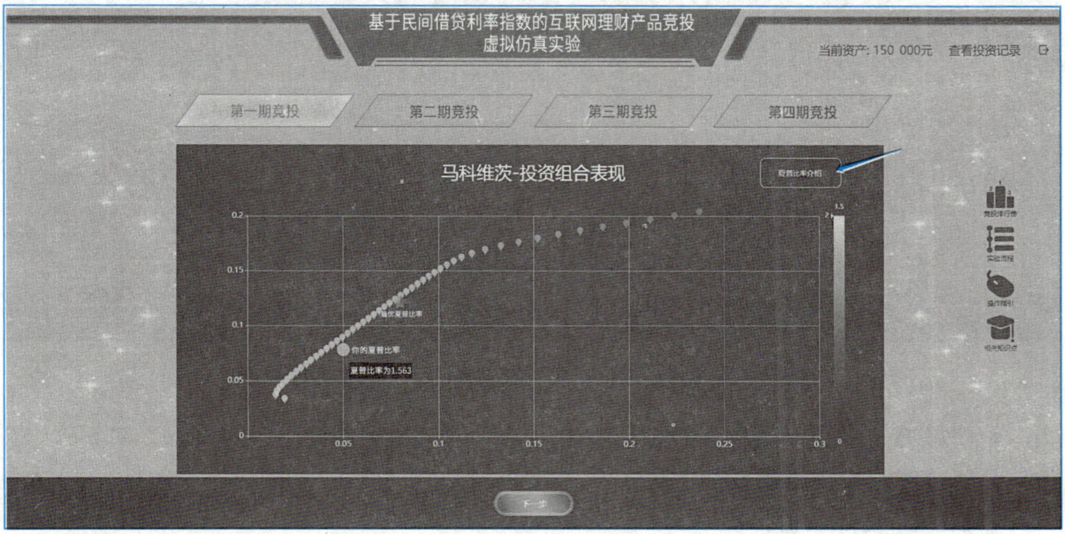

图 3－24　投资组合优化

（2）学生可以自由选择是否按照系统推荐的投资组合继续实验。系统会根据学生的投资组合推荐局部最优的投资组合，学生可选择是否修改自己的投资组合，并可以随时查看班级的夏普比率，如图 3－25 所示。

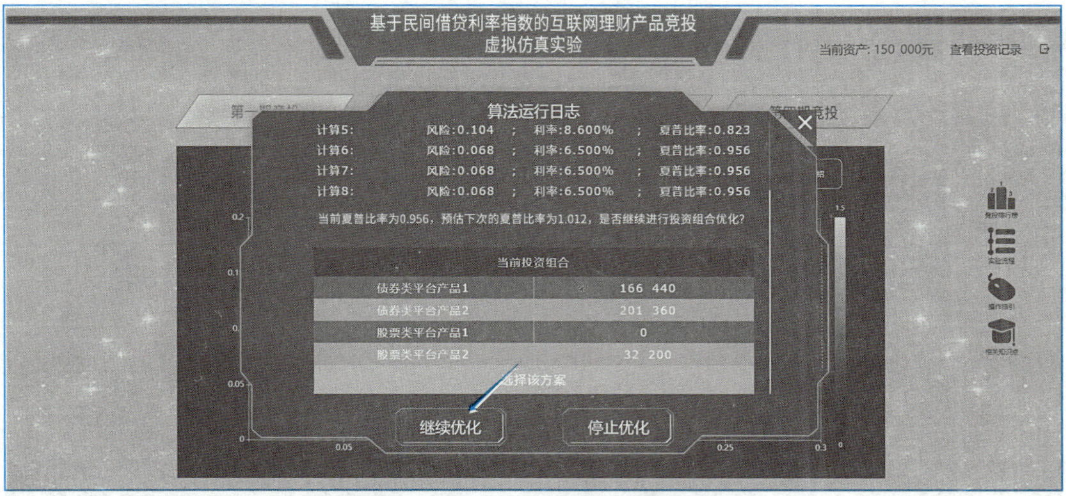

图 3－25　选择是否修改已确定的投资组合

（3）系统会展示班级中所有完成投资组合的学生的夏普比率，如图 3－26 所示。点击“下一步”继续实验。

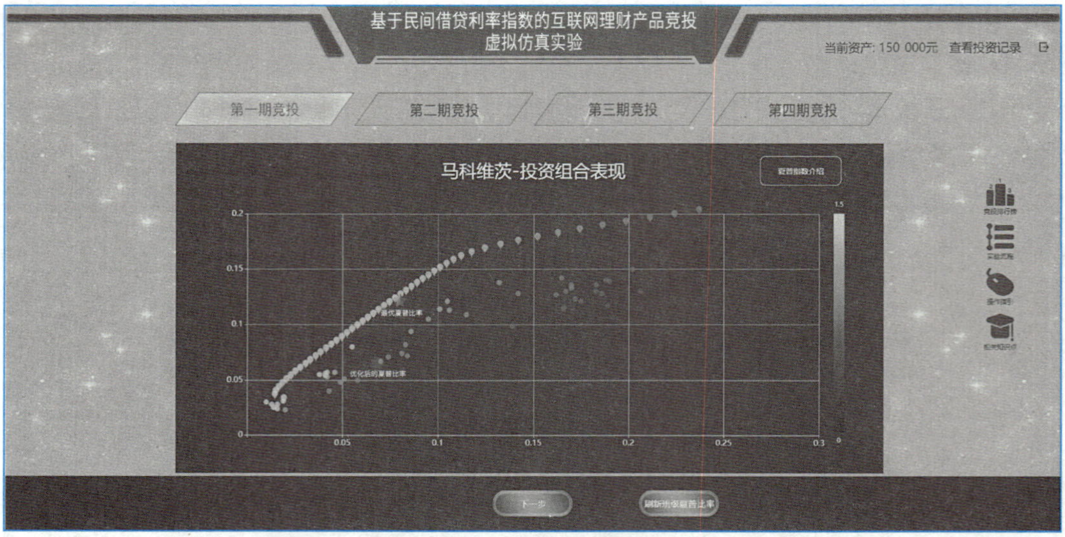

图 3-26　展示所有完成投资组合的学生的夏普比率

● **考核方式：** 自动考核，考核学生的夏普比率与最优夏普比率的偏差，共 5 分。

4. 环节四：投资结果反馈

步骤 10：实际收益计算

● **实验目的：** 通过计算本轮投资的实际收益，掌握实际收益的内涵及与投资期望的区别。

● **操作过程：**

学生在计算完所有产品的回报值后，需要根据不同产品的回报值及其他相关参数如标准差来计算本轮投资的实际收益，如图 3-27 所示。

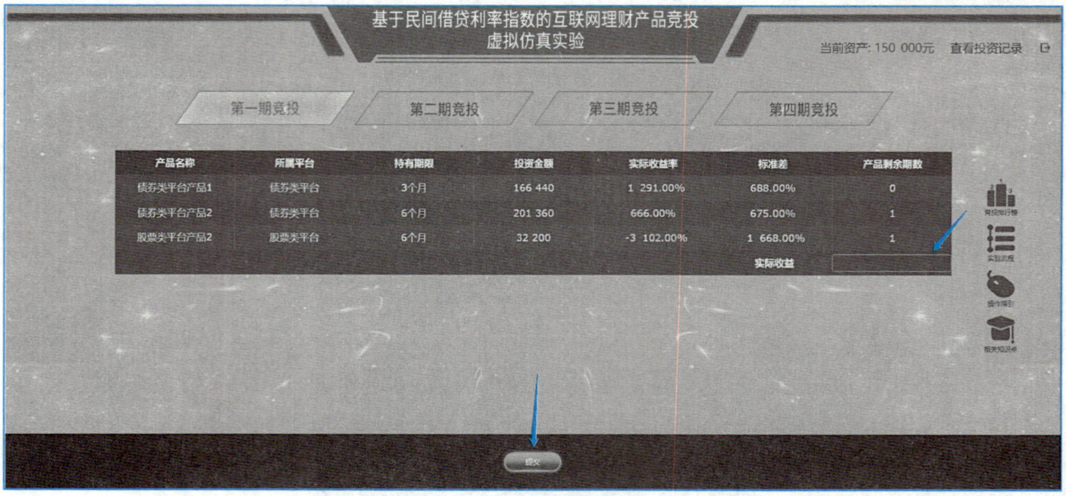

图 3-27　计算本轮投资的实际收益

● **考核方式：** 自动考核，通过对比学生的计算结果与系统的计算结果进行考核，共 5 分。

步骤 11：投资结果分析

- **实验目的：**对相关实验数据和实验结果进行分析，为下一期的投资决策提供参考。
- **操作过程：**

系统根据内置的算法自动给出学生本轮投资的回报率、回报值等数据，如图 3－28 所示。学生要根据数据分析回顾自己的投资过程，并确定下一期的投资计划。

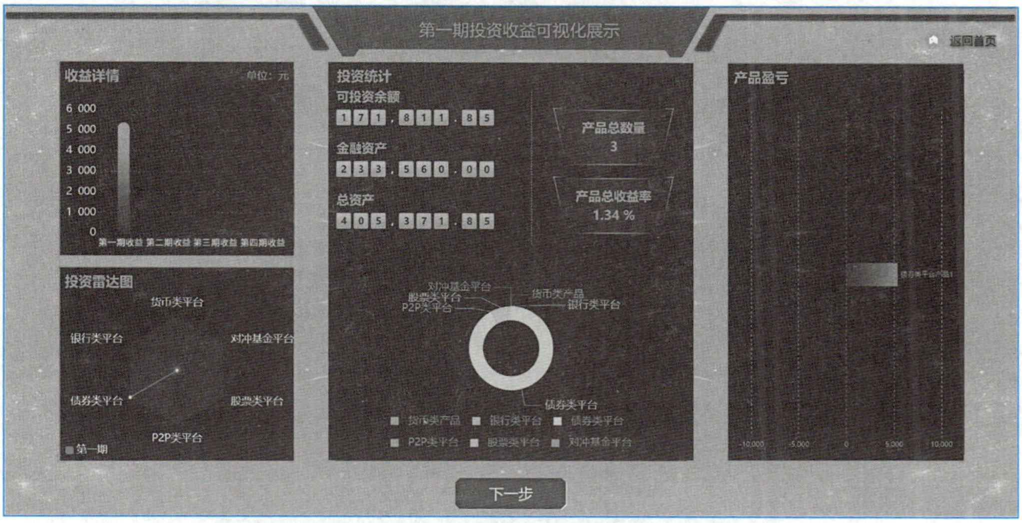

图 3－28　第一期投资收益的可视化展示

- **考核方式：**自动考核，考核学生的夏普比率与最优夏普比率的偏差，共 5 分。

5. 环节五：多期投资决策

步骤 12：第二期产品投资

- **实验目的：**让学生在第一期投资的基础上，根据第一期投资的收益效果进行评估，并完成第二期的投资组合优化及投资确认。
- **操作过程：**

（1）系统展示六类理财平台的所有理财产品，如图 3－29 所示。学生可直接在产品列表中选择拟投资的理财产品。

（2）学生需要给每个理财产品输入投资金额，如图 3－30 所示。投资金额不少于本轮可投资金额的 90%。

- **考核方式：**不考核。

步骤 13：第二期投资组合优化与结果反馈

- **实验目的：**系统根据第二期投资结果自动计算第二期结束后的收益及相关投资数据，学生通过查看第二期的投资结果进行回顾及评估，从而决定下一期的投资决策方案。
- **操作过程：**

系统自动根据内置的算法给出夏普比率与最优投资组合，协助学生进行投资组合优化，并根据学生的投资组合推荐局部最优的投资组合，学生可选择是否修改自己的投资组合，并随时查看班级的夏普比率，如图 3－31 所示。系统通过可视化数据展示学生的操作结果，为学生的投资决策分析提供参考。

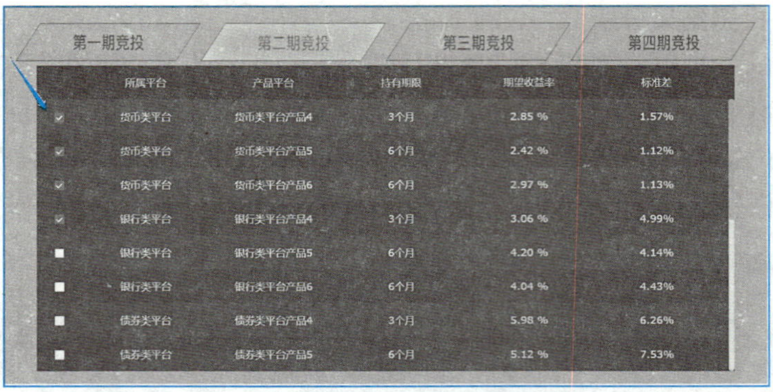

图 3-29　第二期投资前的理财产品展示

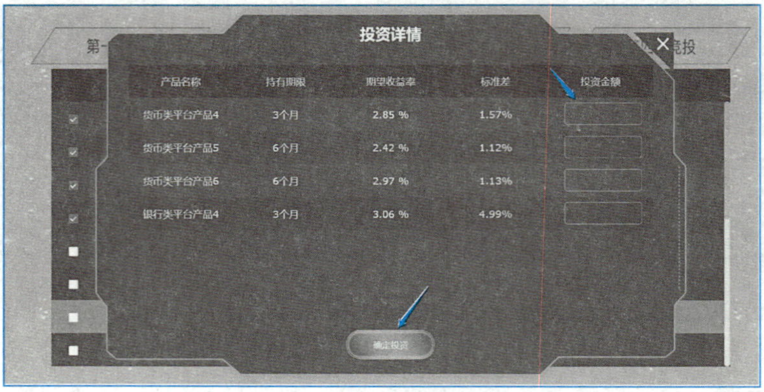

图 3-30　第二期投资的投资金额确定

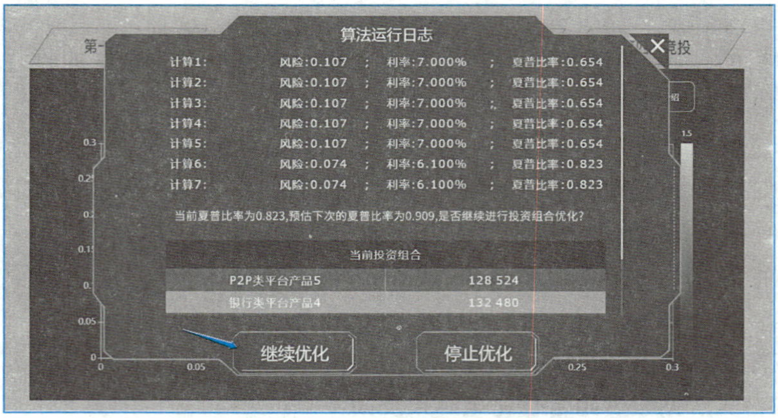

图 3-31　第二期投资的投资组合优化

- **考核方式：**自动考核，考核学生的夏普比率与最优夏普比率的偏差，共 5 分。

步骤 14：第三期产品投资

操作过程与考核方式同步骤 12。

步骤 15：第三期投资组合优化与结果反馈

操作过程与考核方式同步骤 13。

步骤 16：第四期产品投资

操作过程与考核方式同步骤 12。

步骤 17：第四期投资组合优化与结果反馈

操作过程与考核方式同步骤 13。

步骤 18：结果与反思

- **实验目的：**学生四轮投资完成后，根据最后的投资结果及收益进行总结和反思。
- **操作过程：**

（1）学生根据实验要求进行总结与反思，并生成实验报告。点击右上角的“查看实验报告”，如图 3－32 所示。

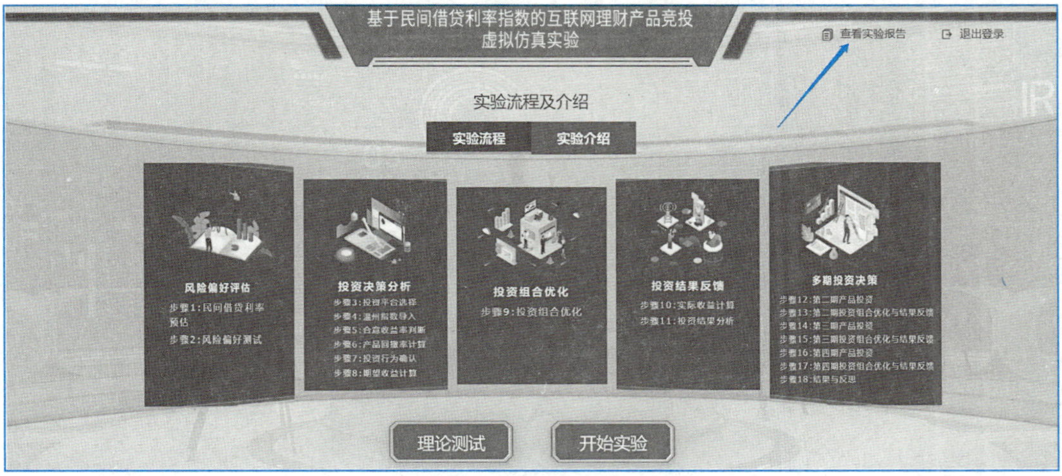

图 3－32　实验总结与反思

（2）根据要求填写实验报告并提交，如图 3－33 所示。

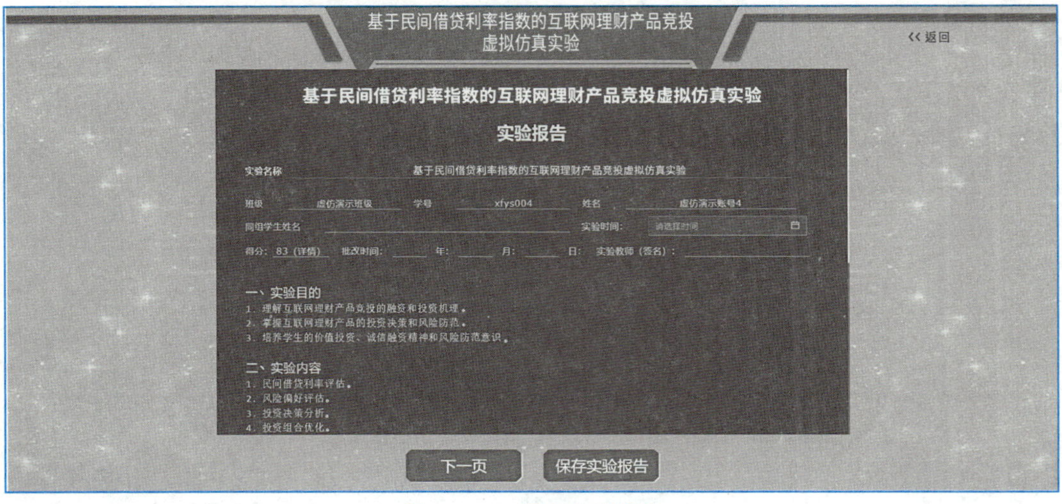

图 3－33　提交实验报告

考核方式：自动考核，系统会自动统计四期投资学生的实际盈利情况，并进行排名，共 30 分。

课后任务　实训任务总结和反思

每位同学对本次实训任务进行总结和反思，填写表 3-8。

表 3-8　课后任务：实训任务总结和反思

实训任务名称	
完成情况自评	
实训收获	
问题和建议	

任务四 总结与展望

课前任务 辩论赛准备

选出两组同学，成立两支辩论队，正方辩题为“金融科技使证券业的未来更辉煌”，反方辩题为“金融科技使证券业的未来更灰暗”。正方和反方在课前对辩题进行准备，收集论据并撰写辩论稿。

课中任务

一、金融科技在证券业的主要应用场景

（一）金融科技在经纪业务领域的应用

1. 新一代交易系统的研发

伴随着第三方交易接入、科创板推出、公募基金采用证券公司结算模式等政策契机，证券公司的经纪业务迎来新的发展机遇，对证券交易系统的要求也越来越高。然而，证券公司基于传统单体架构的核心交易系统存在耦合性高、性能难以灵活扩展、升级复杂度高、风险传导性强等问题，难以满足经纪业务快速发展的需要。在此形势下，部分证券公司联合专业信息技术公司，通过应用分布式、低延时通信、云原生、微服务等金融科技，研发新一代交易系统。

2. VTM 智能柜台

随着非现场交易的普及，证券公司经营网点加速转型，一些证券公司已完成柜台业务后台集中运营体系建设，为建设非现场智慧网点奠定了技术基础。为加快智慧网点建设，一些证券公司在其证券营业部引入 VTM 智能柜台，通过运用生物认证、OCR、多媒体交互等多种金融科技手段，为客户提供自助式服务，提升了客户体验，降低了网点运营成本。

3. 资产全景视图

证券公司外购系统多，客户资产数据分布在多个系统难以整合，不利于统一向客户呈现，影响了客户体验。一些证券公司利用大数据、云平台、实时计算技术为客户提供涵盖全部交易品种的实时资产全景视图及账单服务，并以此为基础提供账户资产分析、持仓诊断等增值服务，大幅提升了客户体验。

4. 个性化的服务及精准营销

随着大数据技术在证券业的广泛和深入应用，证券公司建立产品标签、客户画像体系，以此为基础开展个性化的服务以及精准营销。一些证券公司已建立一体化的互联网精准营销及客服平台，打通互联网渠道前端及中端业务运营，利用大数据、智能算法、云原生、异步事件等技术，基于产品标签、客户画像体系，实现了从策略发布到客户识别，再到渠道送达，最后到绩效分析的互联网营销闭环，为客户提供“千人千面”的个性化服务。

5. 智能投顾

随着佣金率的不断下降，传统证券经纪业务利润日渐收窄，证券公司优化投资顾问业务模式，转向财富管理渐成趋势。为了以较低成本向更广泛的客户群体提供投资顾问服务，并有效控制投资顾问业务的人为操作风险，越来越多的证券公司推出智能投顾服务。目前，证券业开展智能投顾主要有两种模式：一是通过互联网直接向客户提供智能投顾服务；二是通过智能投顾助手赋能财富管理，再由财富管理顾问向客户提供投资顾问服务。

6. 智能客服

随着人工智能技术的日益成熟，为缓解人工客服压力，丰富用户交互场景，降低人工成本，开展金融产品交叉销售，证券公司纷纷将智能问答融入现有客服体系。一些证券公司以互联网客服平台为基础，重点围绕智能问答和业务场景直达，运用自然语言处理、自动语音识别、机器学习等技术研发智能客服机器人，经过模型持续训练，每日服务人次占比可达 40%，综合准确率达 90% 以上，有效降低了运营成本，提升了运营效率。证券公司借助自动语音合成技术，可开展智能外呼和智能回访等服务。

（二）金融科技在资产管理业务领域的应用

1. 基于区块链的资产证券化平台

针对资产证券化业务中存在的信息不对称、流程复杂、验证困难等问题，一些证券公司开始探索并推出基于区块链的资产证券化平台，通过该平台连接资金端和资产端，实现信用穿透、项目全过程信息上链，使整个资产证券化的过程更加透明、规范，更加标准化。目前，基于区块链的资产证券化平台的应用还存在一些操作细节上的问题，总体还处在试点阶段，尚未启动大规模商用。

2. 支持高效策略投研、程序化交易及风险控制

在资产管理业务的策略投研方面，一些证券公司利用大数据、机器学习、GPU 硬件加速等技术建设量化投研平台，支持高频量化策略的研发及回测，并支持多租户管理，以满足其他业务线的高效策略投研需要。在程序化交易方面，一些证券公司打造支持多投资品种的策略交易平台，采用异步通信、内存交易等技术降低处理时延。在风险控制方面，一些证券公司基于大数据技术构建资管数据集市和客户画像，更有效地支持投资决策、业务运营和风险控制，构建风险管理模型，利用大数据、企业图谱和舆情监测技术，辅助投资研究并对投资组合实施风险智能监测。

（三）金融科技在自营业务领域的应用

金融科技在自营业务领域的应用主要体现在运用分布式、高性能、低延时等前沿技术，打造新一代核心交易系统、极速交易系统、量化交易系统以及实时风控系统，提升交易的速度以及投资管理的自动化和智能化水平。同时，基于大数据构建投资数据仓库，确定投资白名单和黑名单，辅助投资经理进行交易决策，并设定风险管理模型，对自营交易过程进行智能检测和实时预警。

（四）金融科技在固定收益业务领域的应用

金融科技在固定收益业务领域的应用主要集中在策略投研、高性能交易以及风险控制等方面。一些证券公司大力布局 FICC——固定收益（fixed income）、外汇（currency）和大宗商品（commodities）业务，对接证券现货与期货、银行间等不同交易市场，整合多渠道产品行情资讯，推出整合多品种固定收益证券的策略交易平台，支持固定收益产品做市，采用分布式架构以拓展性能及支持新品种交易，采用异步通信、内存交易、无锁队列等技术降低处理时延，利用大数据和机器学习等技术实现策略研

发和回测。一些证券公司还利用知识图谱和舆情监测技术，辅助投资决策并对投资组合实施风险智能监测和预警。

（五）金融科技在投资银行业务领域的应用

投资银行业务涉及大量的尽职调查、底稿编写及业务核查工作。为提升效率并加强项目质控，一些证券公司利用 OCR/STR、自然语言处理等技术实现了智能化的底稿辅助编写和审核，实现了银行流水自动识别录入及异常交易识别，实现了智能化的财务报表分析及财务数据核查，结合知识图谱技术对被调查企业进行穿透式关联方分析核查，及时发现并处置风险。

除此之外，一些证券公司利用大数据、知识图谱等技术，构建投行数据集市和企业客户画像，结合知识图谱对企业进行穿透式分析，挖掘潜在商机。

（六）金融科技在经营管理方面的应用

作为数据密集型企业，证券公司将大数据等技术广泛用于决策支持。例如，面向各管理层提供可视化数据分析结果；自动生成各类财务报表及风控指标报表；基于市场历史数据生成各类投资模型，辅助投资决策；在拓展新的投资领域前，先实施情景模拟和压力测试，从而确定投资规模和风险限额。

除了决策支持，证券公司中后台运营，如清算结算、估值处理、数据收发、财务处理这些涉及大量重复性标准化操作的领域正在广泛应用机器人流程自动化（robotic process automation，RPA）技术。通过 RPA 技术，将业务人员从低附加值的工作中解放出来，可以提升证券公司人力资源的使用效益。此外，一些证券公司使用 OCR 或 STR、自然语言处理等技术，在某些业务环节实现对证件、单据、合同、协议等图片文本要素的自动提取，同时辅以人工识别和录入，大幅提升了业务处理效率。

（七）金融科技在合规风控方面的应用

1. 投资者适当性管理

一些证券公司根据中国证监会下发的《证券期货投资者适当性管理办法》，研发了投资者动态评估数据库系统，基于大数据分析及机器学习技术，实现对投资者风险承受能力的智慧建模及动态评估，以满足投资者适当性管理的要求，提升金融产品与投资者风险承受能力的匹配性。

2. 智能质控

证券公司的客服中心每日产生大量文本、语音、视频等客户交互记录。为满足合规性要求，证券公司需要配备质控人员对这些记录进行审核。人工审核不仅工作量大，而且主观性强、操作风险大，容易流于形式。为此，一些证券公司综合运用智能文本分析、自动语音识别、智能图像识别、机器学习等技术，以 AI 质控代替人工质控，有效提升了质控的有效性。

3. 交易实时监控

随着程序化交易、高频交易、策略算法交易的普及，证券公司面临的交易风险日渐凸显。一些证券公司基于内存计算、大数据流式计算等技术建设实时风控系统，实现对异常交易的风险实时监测、及时预警，提升风控能力。一些证券公司在交易实时监控系统中还使用了机器学习、GPU 硬件加速等技术，进一步提升了风险智能识别和预警能力。

4. 风险数据仓库

证券公司的风控系统多以外购为主，针对风控系统分散、风险数据不集中、难以跨风险计量等现状，一些证券公司基于大数据技术建设风险数据仓库，打通数据底层，进行风险指标整合计量，并通过统一的风控平台实现集中呈现，逐步实现公司层面整合的风险管理。

思政小园地

金融科技在证券业的应用，提升和完善了风险控制手段，使得风险控制的效率和效果大大提升。党的二十大报告提出：要深化金融体制改革，需加强和完善现代金融监管，强化金融稳定保障体系，依法将各类金融活动全部纳入监管，守住不发生系统性风险底线。金融科技给金融监管带来了先进的监管科技，为我国建立金融保障稳定体系提供了强有力的技术支撑。科技强国不能停留在口号上，需要我们付出努力和行动，不断开拓创新，通过科技的不断进步，为我国金融事业的稳定和发展贡献力量。

（八）金融科技在系统运维方面的应用

系统运维涉及大量的重复性标准化操作，依靠运维人员进行人工操作不仅耗费大量的人力、物力，还容易出现差错。随着 RPA 技术的广泛应用，在系统运维领域已经可以实现自动完成开闭市、系统巡检、部署安装等常规系统例行操作，将运维人员从低附加值的劳动中解放出来，极大提升了系统运维效率。

目前已有证券公司在全面推进智能化系统运维平台的建设，以虚拟化、容器技术为基础整合技术计算资源，建设支持智能资源调度、自助服务的私有云；建设运维大数据、CMDB（配置管理数据库）、运维自动化、运维可视化等基础平台，并以此为基础开展智能运维应用，如运用机器学习和智能算法进行故障维修、运用知识图谱进行故障原因分析等。

课中任务单　开展辩论赛

正方辩题：金融科技使证券业的未来更辉煌。

反方辩题：金融科技使证券业的未来更灰暗。

两支队伍对上述辩题展开辩论。

辩论结束后，老师对同学们的表现进行点评，提出自己的看法，并与同学们一起探讨金融科技对证券业未来的影响。

二、金融科技对证券业的影响展望

随着大数据、云计算、人工智能、区块链等金融科技的快速发展，科技与证券服务加速融合，科技对证券业的创新赋能作用日渐凸显，证券公司纷纷加大对金融科技的投入，大力布局金融科技战略。根据中国证券业协会发布的《中国证券业发展报告（2022）》，2021 年，证券公司 IT 总投入同比增长 26.51%，IT 人员总数同比增长 19.7%，总部 IT 人员同比增长 21.38%，常驻外包开发及测试人员同比增长 35.39%。

金融科技对证券业的影响主要体现在以下几方面：

（一）全面数字化转型成为顶层设计

证券业积极拥抱时代变化，持续加大金融科技投入，对业务进行数字化赋能，取得了较好的效果。但从总体来看，现阶段的数字化主要聚焦于局部数字化提升，顶层设计驱动不足，在管理体系、组织架构、流程体系、创新机制等方面难以适应数字化时代全面竞争的需要。因此，全面数字化转型已成为证券业重要的发展趋势。以公司顶层战略为驱动，依托金融科技，实施数字化治理及管理配套措施，全面进行数字化转型，加强数字化核心竞争力建设，持续推动行业转型升级，已成为证券业共识。

（二）证券服务提质增效

金融科技的应用提升了证券公司的客户服务能力、财富管理能力以及投资管理能力。业务流程的简化和优化大大提升了客户体验；投资建议的有效性增强以及覆盖面变广提升了客户满意度；基于客户画像的智能营销提升了证券营业部服务客户的个性化和专业化水平，有利于增强客户黏性。

（三）运营效率及效果双提升

金融科技促使证券业核心系统架构迎来大变革，证券公司已着手应用分布式技术构建新一代业务系统。新一代业务系统容量更大，速度更快，稳定性更高，抗风险能力更强。另外，证券公司开始建设高效的集数据采集、存储、挖掘、分析等功能为一体的新型综合数据资源库，为经纪业务、财富管理业务、投融资决策等提供支持，降低业务管理的人为操作风险和道德风险，提升经营效率和效果。

（四）业务平台化趋势不可避免

金融科技不断催生金融创新，证券公司原来各业务线之间的界限日渐模糊，传统组织架构在适应金融科技方面日益显得力不从心。因此，证券公司传统的组织架构正向综合金融服务平台转变，以适应金融创新的需要，提升组织架构的灵活性来应对外部变化，这一转变具体涉及以下三个方面：

第一，从资源控制到资源整合。在传统组织架构下，组织通过控制稀缺和有价值的资源获得优势。在平台架构下，金融服务的供应方和需求方都将贡献资源，在整个生态圈内实现资源整合和共享，形成平台经济叠加效应。

第二，从内部优化到外部交互。传统组织架构通过优化内部流程以及整个业务链来组织资源，创造价值。平台架构则通过促进供应方和需求方的交互来创造价值。平台治理的重点不是流程优化，而是构建健康的生态系统，不断吸引新的参与者加入平台。

第三，从关注单一客户价值到关注平台总体价值。传统组织架构致力于提升单一客户价值，平台架构则致力于在一个循环、交互、反馈驱动的过程中最大限度地提升平台总体价值。一旦平台总体价值提升，单一客户的获得感和价值感也必然提升。

三、金融科技给证券业带来的挑战

（一）网络安全形势日渐严峻

随着大数据、云计算、人工智能、区块链等技术的发展，网络安全问题也日趋严峻：各类网络安全威胁活动持续增加，非法买卖个人信息的现象屡禁不止，利用 AI 算法对交易系统进行攻击的案例也不断出现。面对网络安全的新挑战，证券业多措并举，提升行业信息安全水平：

第一，重视信息安全的基础建设，提升人员的信息安全意识，加强网络安全技术工具建设，构建多层次多渠道合作、各行业各单位和全民共同参与建设网络安全的防范机制。

第二，抓住网络安全工作的重心，在威胁感知、监测预警、应急响应能力建设方面取得成效，有效应对网络安全攻击，审慎保护客户的个人信息安全。

第三，加强新技术的引入和应用，积极利用人工智能、大数据等技术赋能网络安全。

第四，提升安全运营在网络安全工作中的地位，持续在网络安全领域加大投入，将安全运营作为保障网络安全的有力手段。

（二）经纪业务竞争日趋激烈

金融科技的应用促使经纪业务的佣金进一步透明化，也使得证券公司之间的佣金价格战更加激烈，证券交易佣金一降再降，目前行业平均佣金率已经低至万分之一左右，经纪业务的利润空间进一步收窄，这就使得物理网点多的传统大型证券公司的经营压力不断增大。目前，这类证券公司正在积极转型，撤并并重新布局物理网点，通过证券营业部的功能转型，使其从原来单一的物理网点变成证券公司的“获客中心”以及“客服体验中心”，通过集约化的经营来降低营业成本，拓展经纪业务的利润空间。

（三）证券业监管需跟上创新步伐

证券业综合治理的教训告诉我们，必须时刻保持创新发展与行业监管的动态平衡。金融科技加速了金融创新的步伐，各类新产品和新服务一方面可能突破现有法律规制，另一方面可能带来新的风险点。监管部门尤其要关注以创新为名的违法违规行为。

监管部门的监管科技也需要随着证券业的创新不断升级，从而在监管机构与监管对象之间建立一个可信、可持续、可执行的“监管协议和合规性评估、评价和评审机制”。监管科技的发展应与金融科技的发展齐头并进，相辅相成，彼此融合，形成一种动态平衡的关系。

课后任务　总结与反思

请每位同学思考以下问题：金融科技在证券业的应用对营销人员展业有什么影响？好的影响有哪些？带来的挑战有哪些？营销人员如何应对这些挑战？思考结束后填写表 3－9。

表 3－9　课后任务：总结与反思

任务	思考金融科技在证券业的应用对营销人员展业的影响
好的影响	
带来的挑战	
如何应对挑战	

考核评价

姓名		学号		组别		总分	
考核内容	金融科技在证券业的应用						
考核评价标准（总分 = 自评分 ×30%+ 师评分 ×70%）							
序号	**评分项目**	**分值**	**得分点**	**自评**	**签字**	**师评**	**签字**
1	学习态度	20	学习态度端正				
			勤于思考				
			小组讨论积极，团队合作良好				
2	理解和分析能力	30	能够正确掌握知识点				
			能够正确理解任务要求				
			能够得出合理的分析结论				
3	动手操作能力	30	实训任务完成速度				
			实训任务完成效果				
4	表单完成情况	20	表单项目填写正确完整				
			表单项目填写整洁无涂改				
合计		100					

总结和反思
1. 从本项目的学习和操作中，你学到了哪些知识和技能？
2. 在本项目的学习和操作中，你对自己最满意的地方有哪些？你认为自己在哪些方面还有待提升？
3. 对于本项目的学习和操作，你有哪些建议？

项目四 金融科技在保险业的应用

学习目标

知识目标

1. 了解保险科技与互联网保险的内涵与特点；
2. 了解保险科技对保险产品的影响；
3. 认识科技对保险公司运营模式的影响；
4. 理解保险科技的监管及发展趋势；
5. 掌握金融科技在保险业的主要应用场景。

能力目标

1. 学会利用互联网资源，搜索互联网保险业及互联网保险公司经营状况；
2. 能够通过互联网保险产品与传统保险产品的对比，审慎选择适合自己的保险产品；
3. 能够通过保险科技实现风险防控、网络核保、理赔流程；
4. 能够理解金融科技给保险业带来的挑战并积极应对。

素养目标

1. 培养学生积极进取、突破成见的创新思维；
2. 培养学生遵纪守法、诚信经营的行为规范；
3. 培养学生全面思考、谨慎操作、追求完美的工匠精神；
4. 培养学生以客户为中心、全心全意为客户服务的服务精神。

知识架构

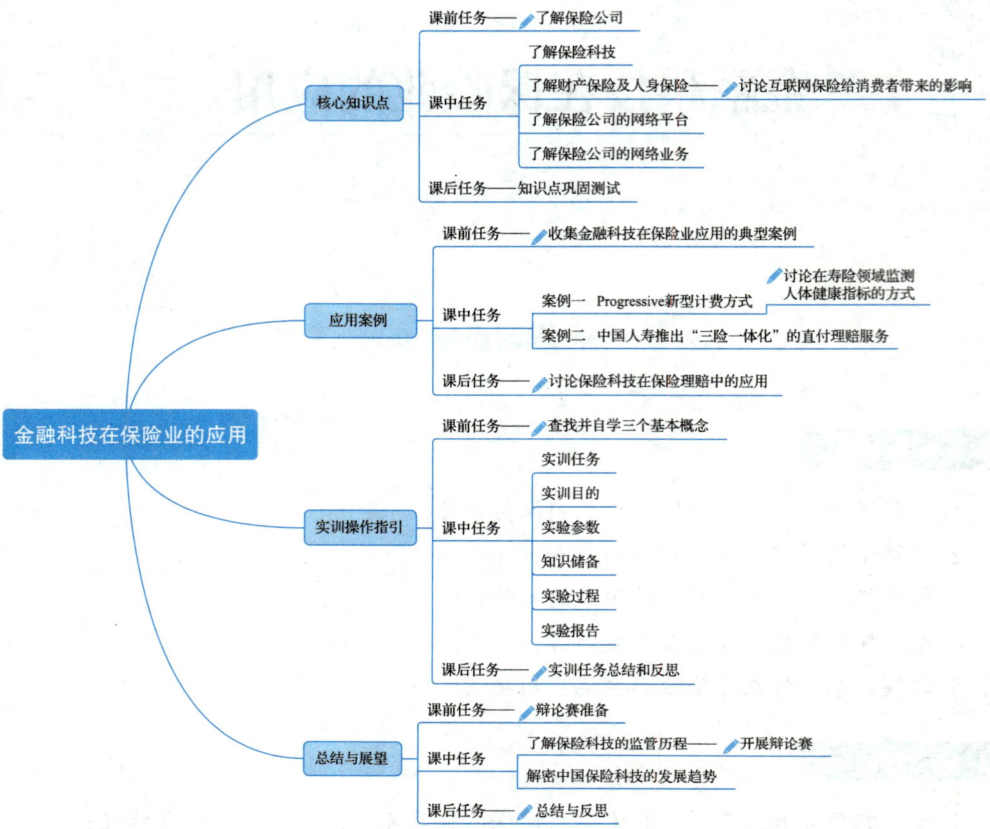
金融科技在保险业的应用
核心知识点
课前任务——了解保险公司
课中任务
了解保险科技
了解财产保险及人身保险——讨论互联网保险给消费者带来的影响
了解保险公司的网络平台
了解保险公司的网络业务
课后任务——知识点巩固测试
应用案例
课前任务——收集金融科技在保险业应用的典型案例
课中任务
案例一 Progressive新型计费方式
讨论在寿险领域监测人体健康指标的方式
案例二 中国人寿推出“三险一体化”的直付理赔服务
课后任务——讨论保险科技在保险理赔中的应用
实训操作指引
课前任务——查找并自学三个基本概念
课中任务
实训任务
实训目的
实验参数
知识储备
实验过程
实验报告
课后任务——实训任务总结和反思
总结与展望
课前任务——辩论赛准备
课中任务
了解保险科技的监管历程——开展辩论赛
解密中国保险科技的发展趋势
课后任务——总结与反思

任务一
核心知识点

课前任务　了解保险公司

请同学们查找中国人寿、太平保险、新华保险、中国人保财险、平安财险、泰康在线、众安在线最近一年的保费收入和资产规模、投诉情况。

表 4-1　课前任务：了解保险公司

公司名称	保费收入（万元）	资产规模（万元）	投诉情况
中国人寿			
太平保险			
新华保险			
中国人保财险			
平安财险			
泰康在线			
众安在线			

课中任务

一、了解保险科技

（一）什么是保险科技

根据金融稳定理事会的定义，金融科技是指技术带来的金融创新，它能带来新的业务模式、应用、流程和产品，从而对金融市场、金融机构和金融服务方式产生重大影响。金融科技在保险领域的应用即为保险科技。根据上述定义，保险科技既包括大数据、云计算、物联网、区块链、人工智能等普遍适用于金融服务诸多领域的基础技术，也包括和保险业应用场景结合相对更加紧密的车联网、无人驾驶、基因诊疗、可穿戴设备等应用技术。①

大数据在互联网保险业的产品创新、营销创新和服务创新中发挥着重要作用。依据大数据为客户画像，保险公司运用公司内部数据、互联网公开数据、行业平台数据、政府免费开放数据、第三方大数据，将客户个人属性与客户业务订单数据、客户类别数据、客户财务状况数据、客户浏览数据、客户行为数据连接起来。通过建立客户标签，可以建立涵盖客户衣、食、住、行的丰满画像，帮助保险公司更加精准地找到客户的真实需求。保险公司通过对客户数据的深入挖掘和分析，促进保险市场更加专业化，提升了自身的经营水平和客户服务质量。互联网保险利用互联网数据的先天优势，有助于实现产品定价的优化、服务的提升、营销的改进，以及对风险的预判。

在由人力处理的委托代理关系中，由于信息不对称，会产生信用问题。应用人工智能技术，可以极大地改善这一现象。现阶段，语音处理、图像识别和智能机器人在与客户的智能交互、欺诈检测、索赔处理环节已经有所应用。对于更加复杂的保险业务，如厘定保费、个性化评估风险、提高精算与实际风险的契合度，人工智能存在很大的应用空间。

物联网是以互联网为基础，通过传感设备搭建的一个关于物品识别和管理的自动化系统。车联网技术和可穿戴设备是物联网在保险业的具体应用。通过车联网技术，保险公司可以厘定车险的费率，并更精准地进行保险定价和风险管控，同时进一步细分了车险市场。在人身保险应用中，可穿戴设备可作为医疗设备，通过收集被保险人的身体状况数据，对被保险人的健康进行管理，降低发病率和死亡率，实现主动风险管理的目的。在财产保险方面，保险公司可以通过智能家居和移动设备的组合运用，对家庭财产实现风险防范事中监督，打通保险的全流程服务。

区块链技术的主要特点是通过改变数据的存储和使用方式，提升数据的使用价值。通过物联网、生物识别等技术的结合，保险公司目前尝试通过区块链技术确认风险事件发生的时间、空间以及保险标的的唯一性。通过区块链技术建立的投保人可信信息系统，将大大减少信息不对称问题，对保险业风险定价发挥更为重要的作用。

---

① 朱进元，刘勇，魏丽．保险科技．北京：中信出版社，2018.

（二）什么是互联网保险

互联网保险的发展伴随着电子商务在保险业的渗透，可以理解为保险公司或保险中介机构以互联网和电子商务技术为工具来支持保险经营管理活动的经济行为；也可认为是保险公司通过互联网和电子商务技术实现全方位的保险服务，即在网上实现投保人的咨询、投保、审批、交费、理赔、投诉等业务流程，以及对业务员和代理人提供服务及后台的一系列管理工作，比如与保险监管、税务、工商等机构的信息交流活动等。从互联网保险目标来看，主要是通过互联网实现投保、核保、理赔、给付等。

《互联网保险业务监管办法》将互联网保险业务定义为“保险机构依托互联网订立保险合同、提供保险服务的保险经营活动”。这突出了互联网保险在平台、产品和数据处理方面能够发挥的优势，也指出了互联网保险要改变传统保险在客户体验、个性化需求满足和客户服务等方面的不足。因此，互联网保险颠覆了保险营销人员与客户面对面交流沟通的传统模式，开创了全新的保险销售方式和渠道，以及全新的经营理念和管理模式。

自 2021 年 2 月 1 日起正式施行的《互联网保险业务监管办法》明确厘清了互联网保险的监管对象和范围。

《互联网保险业务监管办法》同时规定了政策适用范围：

（1）保险机构通过互联网和自助终端设备销售保险产品，消费者能够通过保险机构自营网络平台的销售页面独立了解产品信息，并自主完成投保行为的，适用本办法。

（2）投保人通过保险机构及其从业人员提供的保险产品投保链接自行完成投保的，应同时满足本办法及所属渠道相关监管规定。

（三）保险科技与互联网保险的区别

提起保险科技，很多人认为就是互联网保险。其实两者既有紧密联系，又有一定的区别。正如 2017 年中国保监会副主席梁涛在凤凰网财经峰会演讲中指出的那样：“金融科技和保险科技是近两年的提法，以前我们叫互联网金融和互联网保险，叫法不同但实质是一样的，都强调传统行业与信息技术的相互融合。”互联网保险是保险科技的前身，保险科技是互联网保险的传承和发展。随着科技在保险业的应用，保险科技有了新的内涵。两者的区别主要体现在以下几个方面：

第一，涵盖面不同。从“保险机构通过互联网和自助终端设备销售保险产品，消费者能够通过保险机构自营网络平台的销售页面独立了解产品信息，并自主完成投保行为的，适用本办法”这一规定可以看出，互联网保险更多的是强调与互联网相关的各种保险业务。而根据“金融科技在保险领域的应用即为保险科技”，金融科技在保险业的应用不局限于保险公司及保险业务，与医疗、物联网等领域的融合是保险科技的典型特征。因此，保险科技的概念要比互联网保险广泛。

第二，参与主体不同。开展互联网保险业务的主要是传统保险公司、专业互联网保险公司、互联网保险第三方平台。而开展保险科技的主体要丰富得多，比如保险科技新兴领域基因诊疗，需要大量医院及医疗系统的参与，又比如保险科技在车险中的创新，OBD 等车载诊断系统的研发有赖于制造业的助力，还有目前用来监测人体健康状况的可穿戴设备离不开人工智能领域企业的努力。

第三，监管起始时间不同。其中，2011 年 4 月，中国保监会出台《互联网保险业务监管规定（征求意见稿）》，明确了保险公司、保险专业中介机构开展互联网保险业务的资质条件和经营规则，这标志着互联网保险业监管正式开启。对于保险科技来说，2004 年 8 月公布的《中华人民共和国电子签名法》提出“可靠的电子签名与手写签名或者盖章具有同等的法律效力”，这可认为是对保险科技开启监管的标志。现在我国对保险科技的监管主要还是体现在互联网保险公司的相关业务监管上。随着科技在保险业的加速运用，相信对保险科技的监管内容也会大大拓展。

（四）保险科技在中国的发展历程

1. 第一阶段：萌芽期（1997—1999 年）

1997 年，我国第一家保险网站——中国保险信息网建成，成为我国保险业第一个第三方网站。同年 11 月，该网站帮助新华人寿促成了第一份电子商务保单，这标志着互联网保险在我国的开启。

2. 第二阶段：起步期（2000—2002 年）

2000 年 8 月 1 日，中国平安的 pa18 正式成立，这是国内首个集证券、保险、银行及个人理财等业务于一体的个人综合理财服务网站。8 月 6 日，中国太平洋保险搭建成功国内第一个全国联网的保险互联网系统。9 月 22 日，由泰康人寿独家投资建设的大型保险电子商务网站——“泰康在线”开通。9 月，外资公司友邦保险上海分公司的网站开通，该公司通过互联网为客户提供保险的售前咨询和售后服务。这些都标志着国内的互联网保险进入了起步期。

3. 第三阶段：探索期（2003—2007 年）

2003 年，条款相对简单的航空意外、交通意外、任我游（自助式）等三款保险产品可以通过中国太平洋保险的官方网站在线投保。从 2006 年起，中国太平洋保险、泰康人寿、中国人寿几家大型传统保险公司开始对自身的官网进行改版升级。2006 年，“互联网保险超市”概念上线运营，采用了“网络直销 + 电话服务”的保险营销模式。保险超市的诞生是保险科技在探索期的典型实践成果。

4. 第四阶段：积累期（2008—2011 年）

在此阶段，互联网保险出现市场分层，保险中介网站开始发展。但由于保险电商市场保费规模相对较小，电商渠道的战略价值尚未体现，因此在渠道资源配置方面没有优势。后期随着市场的变化，慧择网、优保网、向日葵等以保险中介和保险信息服务为定位的保险网站出现，并且拿到风险投资。互联网保险业不断积累并自我优化。

5. 第五阶段：发展期（2012—2013 年）

2012 年，我国全年保险电商市场保费规模达到百亿元。保险科技的运用通过官方网站、保险超市、门户网站、O2O 平台、第三方电商平台等多种方式实现。互联网保险业务管理模式开始形成，保险公司开始成立新渠道子公司开展集团内部代理，成立事业部进行单独核算管理，通过优势网络渠道获客，实现线上、线下配合，成立专门的互联网保险公司等。第三方电商平台凭借其流量、结算和信用优势，日益成为推动互联网保险快速发展的中流砥柱。消费者也逐渐认识到互联网保险并不等同于保险产品的互联网化，而是一种新的商业模式，是保险公司对商业模式的创新。

6. 第六阶段：爆发期（2014 年至今）

电子商务、互联网支付等相关行业的高速发展为保险业的电商化奠定了产业及用户基础。2014 年互联网保险保费规模实现爆发式增长，保险产品种类繁多，互联网保险渗透速度加快，传统保险公司向互联网渠道的投资加大。保险公司意识到保险科技深刻改变了保险公司运营的规则与习惯，对现有保险产品、运营与服务模式的形成均产生了深刻影响。

二、了解财产保险及人身保险

（一）财产保险及其分类

财产保险（property insurance）是指投保人根据合同约定，向保险人交付保费，保险人按保险合同的约定对所承保的财产及其有关利益因自然灾害或意外事故造成的损失承担赔偿责任的保险。财产保险包括家庭财产保险、企业财产保险、运输工具保险、农业保险、责任保险、保证保险等以财产或利益为保险标的的各种保险。

1. 家庭财产保险

家庭财产保险是以城乡居民室内的有形财产为保险标的的保险。根据保险责任的不同，普通家庭财产保险又分为灾害损失险和盗窃险两种。

灾害损失险的保险标的包括被保险人的自有财产、由被保险人代管的财产或被保险人与他人共有的财产。通常包括：（1）日用品、床上用品；（2）家具、用具、室内装修物；（3）家用电器，文化、娱乐用品；（4）农村家庭的农具、工具、已收获入库的农副产品等。实际价值很难确定的财产，如金银、珠宝、玉器、首饰、古玩、古书、字画等，必须由专业鉴定人员进行价值鉴定，经投保人与保险人特别约定后，才可作为保险标的。

灾害损失险的保险期限为 1 年，即从保单签发日零时算起，到保险期满日 24 时为止。互联网家财险种类很多，如平安百万家财损失险、人保家庭百万责任险等。

盗窃险的保险责任是指在正常安全状态下，留有明显现场痕迹的盗窃行为，致使保险财产产生损失。除了自行车、助动车，盗窃险的保险标的范围与灾害损失险完全一样。对于由被保险人及其家庭成员、家庭服务人员、寄居人员的盗窃或纵容行为造成的损失以及如房门未锁、门窗未关等非正常安全状态下的失窃损失，保险人均不承担赔偿责任。

盗窃险保险金额的确定以及保险期限的规定，均与灾害损失险相同。互联网盗抢损失险往往与家财险捆绑销售，如泰康在线的百万家财及盗抢损失险、人保五百万家财综合险等。

2. 企业财产保险

企业财产保险是以投保人存放在固定地点的财产和物资作为保险标的的一种保险。任何属于被保险人所有或与他人共有而由被保险人负责的财产、由被保险人经营管理或替他人保管的财产、其他具有法律上承认的与被保险人有经济利害关系的财产都在保险标的范围内。投保金银珠宝等珍贵物品须事先与财险公司特别约定，但有价证券等不在本保险范围内。在本保险项下，财险对火灾、爆炸、雷击等原因造成保险财产的损失承担赔偿责任，但对由暴雨、洪水、台风、暴风、龙卷风、雪灾、雹灾、冰凌、泥石流、崖崩、滑坡、水暖管爆裂、抢劫、盗窃、被保险人故意行为等原因造成保险财产的损失不承担赔偿责任。互联网财产保险种类很多，如表 4－2 所示。

表 4－2　互联网财产保险种类

财产基本险	利润损失险
财产一切险	计算机保险
营业中断保险	锅炉压力容器保险
建筑工程一切险	财产综合险
机器损坏保险	现金险

3. 运输工具保险

在运输工具保险项下，保险人承保自然灾害和意外事故造成运输工具本身的损失和第三者责任。险种主要有机动车辆保险、船舶保险、飞机保险、其他运输工具保险。其中，车险是互联网保险中销售最为广泛的种类，车险因为核保简单、保险条款同质化，很适合通过互联网渠道销售。中国太平洋保险、中国人保财险、阳光财险等财险公司都采取线上和线下相结合的车险销售方式。

4. 农业保险

在农业保险项下，保险人承保种植业、养殖业、饲养业、捕捞业在生产过程中因自然灾害或意外事故所造成的损失。基于互联网技术的农业保险如今有以下几种形式：第一，深度嵌入电商物流体系和农产品销售体系，在工业品下乡环节开办农资农具品质保证保险，在农产品进城环节开办冷链物流保险、终端农产品品质保证保险。第二，智能农机设备的责任保险。随着无人驾驶大型农机、农业植保无人机的大量使用，误操作、系统崩溃造成设备碰撞、失控引发的财产损失、人身伤害的可能性有所上升。目前已有保险公司针对无人机推出了提供高额维修保障、备用机快速替换、第三者责任保险等保险保障服务。第三，利用大数据、气象传感、GPS 等数据开发的指数保险等。指数保险是指根据一个或几个风险因素（如天气、市场价格等）将保险标的（如产量、预期价格等）的损害程度指数化，每个指数对应一个损益值，保险合同以这种指数为基础，当指数达到一定水平并对保险标的造成一定影响时，投保人就可以获得相应标准的赔偿。

5. 责任保险

责任保险是指保险人承保被保险人的民事损害赔偿责任的险种，主要有公众责任保险、第三者责任保险、产品责任保险、雇主责任保险、职业责任保险等险种。如中国太平洋保险针对10周岁以下未成年人因过失导致的第三者身故和财产损失推出的个人责任险（“熊孩子险”）、中国人保推出的燃气责任保险卡、中国平安推出的平安骑行第三者责任险等。

6. 保证保险

保证保险是指保险人为被保证人向权利人提供担保的保险，包括两类：一类是狭义的保证保险，另一类是信用保险。它们的保险标的都是被保证人的信用风险，当被保证人的作为或不作为致使权利人遭受经济损失时，保险人负经济赔偿责任。因此，保证保险实际上是一种担保业务。如中国人保为有贷款需求但无法提供担保或者抵押的个人提供的个人信用贷款保证保险。保证保险包括合同保证保险、忠实保证保险、产品保证保险、商业信用保证保险、出口信用保险等。

（二）人身保险及其分类

人身保险是以人的寿命和身体为保险标的的保险。目前互联网人身保险主要分为三类：意外险、健康险和人寿保险。

1. 意外险

意外险也称意外伤害险，提供被保险人因遭受意外伤害事故而死亡、伤残或产生门诊、住院医疗等的保险赔偿。一般是投保人缴纳一定数额的保费，保险人承诺在被保险人遭遇特定范围内的灾害事故，致身体受到伤害而造成残疾、死亡或产生医疗费等时，给付保险金。

寿险公司和财险公司都拥有经营意外险的资格，因此通过互联网平台可以从很多渠道购买意外险。如众安保险的无忧保综合意外险、国泰财险的萌宝保少儿综合意外险、国华人寿的私家车驾乘意外险等。

2. 健康险

健康险是以被保险人的身体为保险标的，使被保险人在疾病或意外事故所致伤害时发生的医疗费或收入损失获得补偿的一种人身保险。同样，寿险公司和财险公司都拥有经营健康险的资格，因此通过各种平台可以看到多家公司经营的健康险。如中国人保的好医保、国泰财险的健康福重疾保险、泰康在线的少儿门急诊医疗险等。

3. 人寿保险

人寿保险是以被保险人的寿命为保险标的，且以被保险人的生存或死亡为给付条件的人身保险。人寿保险包括定期寿险、终身寿险、年金保险、分红保险、投资连结险、万能险。

（1）定期寿险。

定期寿险以被保险人在保单规定的期间死亡为条件，受益人有权领取保险金，如果在保险期间内被保险人未死亡，保险人无须支付保险金也不返还保费。该保险大多是为被保险人在短期内从事较危险的工作提供保障，如蚂蚁保险的全民保、信美相互人寿的支柱保定期寿险等。

（2）终身寿险。

终身寿险是一种不定期的死亡保险，保险责任从保险合同生效一直到被保险人死亡为止。由于人的死亡是必然的，因而终身寿险的保险金最终必然要支付给受益人。由于终身寿险的保险期长，故其费率高于定期寿险，并有储蓄的功能，如信美相互人寿的支柱保终身寿险、弘康人寿的大红包增额终身寿险等。

（3）年金保险。

在约定的期间或被保险人的生存期间，保险人按照一定周期给付一定数额保险金的一种保险。年金保险的主要目的是保证年金领取者的收入。纯粹的年金保险一般不保障被保险人的死亡风险，仅为被保险人因长寿所致收入损失提供保障。年金保险多用在教育或者养老上，如中荷人寿的金生无忧年金、国华人寿的国民月领养老金、泰康人寿的全民保教育金等。

（4）分红保险。

分红保险保单持有人在获取保险保障之外，可以获取保险公司的分红，即与保险公司共享经营成果。该保险是抵御通货膨胀和利率变动的主力险种。分红保险的红利主要源于“三差”：利差、死差和费差。利差是指保险公司实际投资收益率和预定投资收益率的差额导致的收益或者亏损；死差是指预定死亡率和实际死亡率的差额导致的收益或者亏损；费差是指保险公司预定费用率和实际费用率的差额导致的收益或者亏损。一般来说，在规范的保险市场，保险公司之间死差和费差的差异不大，红利主要源于利差收益。

互联网分红保险有些是在年金保险的基础上设计的，购买中国人保寿险的产品全民保终身养老金既可以领取年金，又可以领取公司因为“三差”带来的分红。

（5）投资连结险。

投资连结险保单持有人在获取保险保障之外，至少在一个投资账户内拥有一定的资产价值。保险公司在投资连结保险的保费中扣除死亡风险保费后，将剩余部分直接划转客户的投资账户，保险公司根据客户事先选择的投资方式和投资渠道进行投资，投资收益直接影响客户的养老金数额。投资连结险并不保本保息，有些保险公司为了吸引资金，降低产品投资门槛。如国华人寿的互联网投资连结险产品投资门槛为 100 元。

（6）万能险。

万能险具有弹性大、成本透明、可投资的特征。在保险期间，保费可随着保单持有人的需求和经济状况变化，投保人甚至可以暂时缓交、停交保费，从而改变保险金额。万能险将保险单现金价值与投资收益相联系，保险公司按照当期给付的数额、当期的费用、当时保单的现金价值等变量确定投资收益的分配，并且向所有保单持有人书面报告。万能险不仅期限短、收益高、购买方便，而且还有保底收益率，在市场利率下滑的背景下收益率依然非常坚挺，普遍超过银行理财产品，2015—2016 年很多万能险的收益率高达 6% ～ 7%。但由于万能险市场扩张太快，发行方大多是一些中小型保险公司，它们为了达到弯道超车的目的大肆发行中短期且高收益的万能险，市场积聚了很大的风险。因此，在 2016—2017 年中国保监会连下监管政策，对保险理财市场进行全面整治，包括一年期以内中短存续期产品被叫停，规定大部分产品的存续期需在5年以上，年金保险不得附加万能险，并且5年内不得返还保费等。

课中任务单　讨论互联网保险给消费者带来的影响

4～6名同学为一组，讨论互联网保险给消费者带来的影响，将讨论结果整理成PPT，每个小组派出代表进行阐述，并填写表4-3。

表4-3　课中任务单：讨论互联网保险给消费者带来的影响

组别		小组成员	
小组任务	讨论互联网保险给消费者带来的影响		
讨论记录			

三、了解保险公司的网络平台

（一）官方网站模式

“官方网站”一词是对主办者所持有网站的一种称谓，体现了网站主办者的意志，带有专用的、权威的意思。互联网保险的官方网站模式指的是保险公司通过自建B2C电商网站来展现自身品牌、展示保险产品信息，以客户为对象，将本机构设计的保险产品直接销售给有保险需求的客户，并提供在线咨询和服务。这种模式大多是一些传统的保险公司利用计算机网络技术对传统保险业务进行改造，全面提高自身的数字化经营水平，实现保险业传统服务模式的重大变革。一般来讲，这类网站拥有明确的业务和客户资源，有母公司的强有力支持，为传统保险公司提高经营管理水平、整合内外部资源实现跨越式发展提供前所未有的机遇。对于消费者来说，在保险公司设立的网站上信息更为真实、可靠。

多数有实力的保险公司，如中国人保、中国人寿、中国平安等，都选择此模式（见表4-4）。此模式重视品牌效应，可为具有品牌忠诚度的客户提供网上购买渠道，对产品的介绍比较专业、详细和集中，客户能够较方便地选择自己需要的产品。

表 4－4 国内保险公司自建网络平台的情况

公司	网络平台	产品	运营机构
中国人寿	国寿 e 家	人身险	中国人寿电子商务有限公司
中国平安	网上商城、万里通、一账通	人身险、车险、意外险以及小微团险	事业部
中国太平洋保险	在线商城	在线 e 购、车险直通车、人身险	太平洋保险在线服务科技有限公司
新华保险	网上商城	人身险	新华电子商务有限公司
太平人寿	网上商城	人身险、车险、意外险	太平电子商务有限公司
泰康人寿	泰康在线	人身险	事业部

该模式的主要特点是销售成本低廉，手续简单，流程极短，可以帮助保险公司获得价格优势。网站的客户不受线下销售渠道限制，可以有效扩大投保群体，放大样本数据中和风险的作用。手续简单，线上出售的产品高度标准化，但赔付和评估依然在线下进行，而且投保人在索赔过程中承担全部举证责任，保证了保险公司在快速扩大销售的同时控制赔付风险。因为线上销售并不要求获得投保人的详细信息，因此建立官方网站要求保险公司具备成熟的线上销售、线下理赔模式系统和科学的保险产品设计，以及完善的内部风控来避免缺乏投保人评估步骤带来的风险。

（二）第三方电商平台模式

第三方电商平台模式是指保险公司借助独立于交易双方的电商平台来销售保险产品，并提供相关服务。该类平台不属任何保险公司或者附属某大型网站，保险公司可以依托有成熟技术的第三方提供的网站进行保险产品的销售。该模式与现实中的大型超市类似，支持大多数保险公司注册并进行网上交易和清算，代表性平台有中国保险网、淘宝保险频道、易保网、慧择网等。

但是，2021 年 2 月开始实施的《互联网保险业务监管办法》明确规定：互联网企业代理保险业务应获得经营保险代理业务许可，并满足以下条件：（1）具有较强的合规管理能力，能够有效防范化解风险，保障互联网保险业务持续稳健运营；（2）具有突出的场景、流量和广泛触达消费者的优势，能够将场景流量与保险需求有机结合，有效满足消费者风险保障需求；（3）具有系统的消费者权益保护制度和工作机制，能够不断改善消费体验，提高服务质量；（4）具有敏捷完善的应急管理制度和工作机制，能够快速应对各类突发事件；（5）具有熟悉保险业务的专业人员队伍；（6）具有较强的信息技术实力，能够有效保护数据信息安全，保障信息系统高效、持续、稳定运行。新规给中国众多经营保险业务的第三方平台带来了挑战，有效促进了保险销售第三方平台的规范化运作，有助于保护保险消费者的权益。

（三）专业互联网保险公司模式

这种模式是指由保险公司、互联网公司或其他主体通过专门设立专业互联网保险公司来经营互联网保险业务。根据所经营业务的不同，专业互联网保险公司大致分为三种：财险和寿险相结合的综合性金融互联网平台、专注财险或寿险的互联网营销平台和纯互联网的“众安”模式。虽然专业互联网保险公司模式已得到社会的广泛关注，但目前线上成交的保费规模比较小，运营模式也还在不断探索和尝试。随着互联网金融环境的逐步成熟，专业保险电子商务公司的不断创新，预计在不远的将来线上交易会逐步以独特的优势成为保险市场发展的中坚力量。

专业互联网保险公司模式的优势体现在以下三点：

第一，在数据的收集、归拢、分析方面具有先天优势，使得提供个性化的保险服务成为可能。

第二，可利用大数据手段分析消费者行为，挖掘新的需求，开发新的保险产品。

第三，引入信用评价机制作为承保标准的参照之一，有效解决道德风险问题。

目前，具有保险牌照的专业互联网保险公司除了众安保险，还有 2015 年 7 月成立的易安财险、安心财险和泰康在线财险，以及 2015 年 11 月由百度、安联保险、高瓴资本三方联合发起成立的百安保险，百安保险已推出包括旅行险、健康险和互联网金融险在内的一系列保险产品。

（四）专业中介代理模式

该模式是指保险代理或经纪公司建立网络销售平台，代理销售多家保险公司的产品，并提供相关的服务，客户可以通过该网络销售平台在线了解产品、咨询、投保、索赔等。

中国保监会在 2012 年 2 月正式公布包括中民保险网等 19 家企业在内的获得网上保险销售资格的第一批网站，保险中介网销的大门就此打开，此后保险中介业务规模高速发展。除了对资本、网络系统安全性等多方面提出要求外，专业的中介代理还须申请网销保险牌照，较网络兼业代理模式更加安全可靠。专业中介代理网站做大做强之后能吸引庞大客流和现金流，利用保险风险数据、算法模型以及基于大数据的分析进一步加强自身的产品和价格优势，并进一步获得与所合作保险公司深入合作的机会。

（五）网络兼业代理模式

网络兼业代理模式是指银行、航空、旅游等非保险企业通过自己的官网代理保险企业销售保险产品和提供相关服务。根据《互联网保险业务监管办法》，非保险机构不得开展互联网保险业务，只有依法获得保险代理业务许可的保险机构才可以从事互联网保险业务。银行类保险兼业代理机构销售互联网保险产品还应满足以下要求：（1）通过电子银行业务平台销售；（2）符合国家相关部门关于电子银行业务经营区域的监管规定；（3）银行类保险兼业代理机构及其销售从业人员不得将互联网保险业务转委托给其他机构或个人。大量专业网站由于不满足上述监管要求，转而以技术服务的形式与保险公司开展合作。

四、了解保险公司的网络业务

虽然不同销售模式的网络业务侧重点各有不同，但总体来说目前保险公司的网络业务主要包括以下几个方面：

（一）网络宣传推广业务

一般保险公司的官方网站主要针对个人客户和企业客户介绍相关产品和服务、投保信息、经营管理理念，并对保险公司、保险中介机构和保险业务员进行介绍和宣传，具有成本低、时间持续长、个体需求针对性强的特点。另外，不同的保险公司、保险中介机构也可以相互链接、相互推介，业务员也可以通过个性化的网页展示自己的素质和特长。

（二）信息咨询业务

保险公司的网络渠道可以向客户提供自身的历史沿革、经营管理理念、机构设置、财务数据、保险产品种类及费率等信息；向客户提供保险新闻、政策法规、监管机构要求等信息，以及保险知识和课题探讨等信息，使客户对保险机构和保险业有基本的了解和认知；在与客户的交流中，可以通过网页文字说明对客户的常见问题进行汇总解答，也可以通过网上在线交流直接解决客户问题。

（三）网上投保和网上理赔

消费者通过网络平台了解保险产品的特点和功能，并且在网上直接选购保险公司所提供的保险产品，投保下单，使用多种网络支付方式，完成保费支付，获得电子保单或者纸质保单，从而实现全流程的网上投保。如果出险，客户可以获得网上报案、理赔单证下载等理赔服务。由于网络的反应迅速，保险公司可以对客户出险之后的报案、索赔及时做出反馈（见图4－1）。

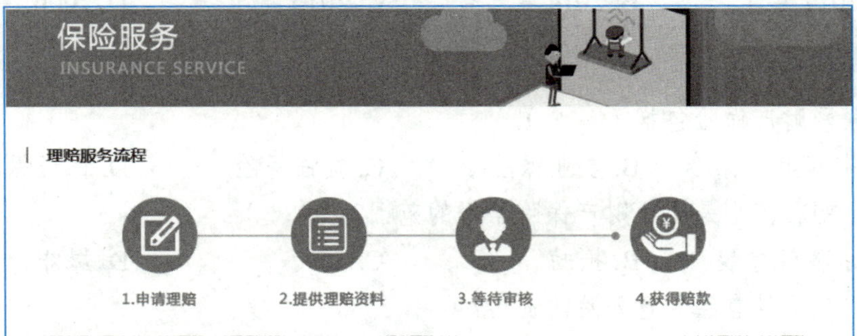

图4－1　众安保险在线业务流程

课后任务 知识点巩固测试

一、单选题

1. 普通家庭财产保险的保险期限为（　　）。

A. 1 年　　B. 2 年　　C. 1 个月　　D. 6 个月

2. 互联网盗抢险往往与（　　）捆绑销售。

A. 管道破裂险　　B. 家财险　　C. 责任保险　　D. 信用保险

3. 以下属于责任保险的是（　　）。

A. 骑行三者险　　B. 水渍险　　C. 地震险　　D. 盗抢险

4. 互联网上销售的运输工具保险最主要是（　　）。

A. 机动车辆保险　　B. 船舶保险

C. 飞机保险　　D. 其他运输工具保险

5. 意外险提供被保险人因遭受（　　）事故而死亡、伤残或产生门诊、住院医疗等的保险赔偿。

A. 意外　　B. 突发

C. 被保险人本人具有的风险　　D. 人为

6. 人寿保险以被保险人的（　　）为保险标的。

A. 身体　　B. 收入　　C. 寿命　　D. 疾病

7. 定期寿险以被保险人在保单规定的期间（　　）为条件，受益人有权领取保险金。

A. 生存　　B. 死亡　　C. 残疾　　D. 失业

8. 保险科技的萌芽期是（　　）。

A. 1997—1999 年　　B. 2000—2002 年　　C. 2003—2007 年　　D. 2008—2011 年

9. 保险科技的爆发期是（　　）。

A. 2017 年至今　　B. 2014 年至今　　C. 2015 年至今　　D. 2006 年至今

二、多选题

1. 互联网财产保险包括（　　）。

A. 家庭财产保险　　B. 农业保险　　C. 责任保险　　D. 保证保险

2. 下面哪种情形是企业财产保险承保的范围？（　　）

A. 水暖管爆裂　　B. 抢劫　　C. 火灾　　D. 爆炸

3. 哪些公司具有经营意外险的资格？（　　）

A. 中国人寿保险　　B. 中国人保财险　　C. 众安保险　　D. 泰康保险

三、判断题

1. 定期寿险是死亡保险。（　　）
2. 终身寿险是死亡保险。（　　）
3. 终身寿险比定期寿险的保费低。（　　）
4. 定期寿险有储蓄功能。（　　）

5. 年金保险在约定的期间或被保险人的生存期间，保险人按照一定周期给付一定数额的保险金。(　　)

6. 年金保险为被保险人因长寿所致收入损失提供保障。(　　)

7. 分红保险费差是保险公司预定费用率和实际费用率的差额导致的收益或者亏损。(　　)

8. 投资连结险可以保本保息。(　　)

9. 大数据在互联网保险业的产品创新、营销创新和服务创新中发挥着重要的作用，但前提是依据大数据的客户画像。(　　)

10. 物联网是以互联网为基础，通过传感设备搭建的一个关于物品识别和管理的自动化系统。(　　)

任务二
应用案例

课前任务　收集金融科技在保险业应用的典型案例

4～6名同学为一组，每组收集一个金融科技在保险业应用的典型案例，要求有案例介绍和案例点评，并制作PPT，完成后填写表4-5。

表4-5　课前任务：收集金融科技在保险业应用的典型案例

组别		小组成员	
案例介绍			
案例点评			
是否制作PPT			

课中任务

案例一　Progressive 新型计费方式

案例介绍

美国前进保险公司（Progressive）推出按驾驶里程计费（PAYD）和按驾驶行为计费（PHYD）的方式，成功吸引了大量安全驾驶者。

UBI（usage based insurance）是基于驾驶行为数据的差异化车险，通过在标的车辆上安装一套能通过车载诊断设备、车联网和智能手机等联网设备将驾驶者的驾驶习惯、驾驶技术、车辆信息和周围环境等数据综合起来，建立人、车、路（环境）多维度模型进行定价。

Progressive 正如其名，自 1937 年建立以来，就一直是美国汽车保险业的一股创新力量，公司网站主页如图 4－2 所示。

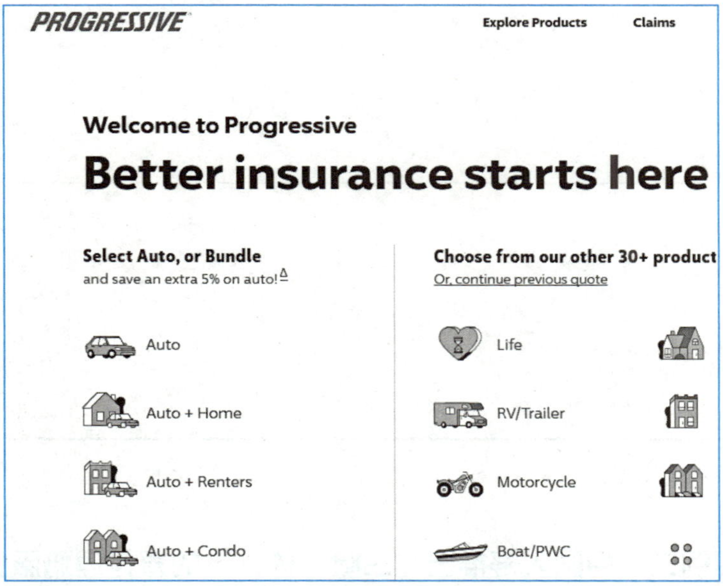

图 4－2　保险公司 Progressive 网站主页

Progressive 的 Snapshot 是车联网保险产品。通过向被保险人提供免费的车载设备收集车辆的行驶里程、加减速、转弯、行驶时间等数据，对这些数据进行分析后，可以给有安全驾驶习惯的客户最多 30% 的保费折扣，这种手段可以奖励少开车、行车安全以及在安全时段驾驶的行为。Progressive 收集了超过 100 万英里（约 161 万千米）的驾驶数据。大量的数据使得公司可以更精准地对不同客户定价，打下了坚实的数据基础。

案例点评

本案例中的保险公司 Progressive 依托大数据、云计算、人工智能等金融科技，以“科技 + 服务”为驱动，推动金融与科技的深度融合，形成更加精准的定价。随着科技不断发展，我们可以结合智能硬件，对风险的发生可能性做出更加精准的定义。在车险领域，保险公司致力于使用车联网设备收集驾驶里程和驾驶行为数据，开发按驾驶里程计费或按驾驶行为计费的保险产品。

课中任务单　讨论在寿险领域监测人体健康指标的方式

4 ～ 6 名同学为一组，结合前面的案例分析，讨论在寿险领域依据大数据保险公司如何通过科技设备监测人体健康指标。

表 4－6　课中任务单：讨论在寿险领域监测人体健康指标的方式

组别		小组成员	
小组任务	讨论在寿险领域监测人体健康指标的方式		
具体方式			
效果			

案例二　中国人寿推出“三险一体化”的直付理赔服务

案例介绍

作为国内寿险行业的龙头企业，中国人寿拥有庞大的分销和服务网络。目前，中国人寿推出了“三险一体化”的直付理赔服务，通过对接社保和医院，根据前端实时数据驱动，后端依次完成基本医疗保险、大病保险、商业保险的报销赔付，减少了客户申请、提交材料的环节，直接抵缴就医费用。

早在2016年12月，在大病保险与基本医疗保险对接的基础上，中国人寿在江苏溧阳实现了公司理赔平台与溧阳城乡居民医保系统的对接，在溧阳市人民医院实现了“基本医疗保险＋大病保险＋商业保险”的出院“三险一体化”即时结算，真正实现了直付理赔服务。参保人出院结算时，只需要承担个人应承担的费用，无须垫付基本医疗保险、大病保险和商业保险的报销补偿金额。

客户能享受到两方面的优质便捷服务：一方面是流程优化，中国人寿主动启动理赔并智能计算理赔款项，部分地区可在客户出院结款时实时抵扣医疗费；另一方面是服务简化，通过“五免”，即免报案、免申请、免资料、免临柜、免等待，客户足不出户、坐享服务。“便捷快速，流程简化”的特点让“三险一体化”的直付理赔服务深受消费者的好评。相关报道见图4－3。

理赔直付 惠及民生——中国人寿在行动

播报文章

红网
2021-03-10 17:55 | 红网官方账号
关注

红网时刻3月10日讯（通讯员 郭萍）为着力构建“随心随地、安全可靠、高效便捷”的保险服务体验，中国人寿保险股份有限公司（以下简称“中国人寿”）以客户为中心，推出“直付理赔便捷赔”服务，理赔由传统的客户申请变为公司主动服务。自2016年推出以来，截至2020年底，中国人寿已在35个省、206个地市开展该项服务，覆盖医疗机构约2.1万家，累计服务客户900余万人次，赔付金额超54.7亿元。

图4－3　中国人寿直付理赔服务的新闻报道

案例点评

中国人寿的“三险一体化”直付理赔服务是金融科技在保险业应用的典型案例。目前，除了众安保险等互联网保险公司，我国传统大型保险公司也在积极应用金融科技，力争保持竞争优势，甚至实现弯道超车。这些传统大型保险公司不断加大对金融科技的资金和人才投入，积极转型并升级服务。

此外，这些传统大型保险公司结合传统保险业务，围绕人工智能、大数据、区块链以及云平台等核心金融科技，实现科技与业务、生态圈的结合，拓展“保险＋科技”与“科技＋生态圈”的业务形式，实现保险产品以及业务模式的不断创新，改进客户体验，提升经营效率和效果。

课后任务　讨论保险科技在保险理赔中的应用

4～6名同学为一组，结合上述案例，调研中国人寿、泰康人寿、友邦保险、中国平安意外险理赔时效及理赔方式，体会保险科技在理赔中对效率提升的作用。每组提交一份PPT，完成后填写表4-7。

表4-7　课后任务：讨论保险科技在保险理赔中的应用

组别		小组成员	
小组任务	讨论保险科技在保险理赔中的应用		
公司	**理赔时效**	**理赔方式**	**感受**
中国人寿			
中国平安			
友邦保险			
泰康人寿			
是否完成PPT			

任务三

实训操作指引

课前任务　查找并自学三个基本概念

每位同学查找并自学以下三个基本概念：（1）机器学习；（2）决策树模型；（3）神经网络模型。

微课

课中任务

一、实训任务

本次实训任务系基于机器学习的金融数据挖掘虚拟仿真实验。

二、实训目的

（1）通过实验，使学生理解保险业务中的数据挖掘需求。

（2）通过实验，使学生掌握数据可视化技术，理解数据展示的信息。

（3）通过实验，让学生掌握数据准备方法，包括设计研究方案，根据研究方案对数据进行清洗、转换等操作（筛选剔除样本、缺失值插补、计算新变量等，例如根据投保时间和出险时间计算时间差），为建立数据挖掘模型做准备。

（4）通过实验，使学生掌握决策树和神经网络模型的建模方法。

（5）通过实验，使学生掌握模型方案的评估方法。

（6）通过实验，使学生掌握数据挖掘建模报告的撰写方法。

三、实验参数

一是决策树模型。决策树模型包括分类树和回归树两种，本实验主要涉及分类树模型。在分类树中，样本集中的每个观测可看作 n 维特征空间中的一个点，决策树的建立过程就是决策树各个分枝依次形成的过程，也就是每个分枝在一定规则下完成对空间的区域划分过程。

二是神经网络模型。本实验采用三维空间建模技术，采用空间点阵着色的方法直观地展现决策树的形成过程和各分类树分枝对空间的区域划分过程，对神经网络模型参数设定过程中的空间点阵着色特征直接进行观察，帮助学生掌握模型的原理，在趣味性中学习数据挖掘的建模操作。

四、知识储备

（一）机器学习

学习有两种基本方法，一种是演绎法，另一种是归纳法。这两种方法分别对应人工智能中的两种系统：专家系统和机器学习系统。所谓演绎法，是从已知的规则和事实出发，推导新的规则、新的事实，这对应专家系统。专家系统是早期的人工智能系统，也称为规则系统，找某个领域的专家（如医学领域的专家），他们会将自己的知识或经验总结成一个个规则。当这些专家将自己的知识、经验输入系统，系统便开始运行，每遇到一些新情况，将其变为事实。当将事实输入专家系统，专家系统会根据规则进行推导、梳理，并得出最终结论。而归纳法是不断观察现有样本数据，从中归纳、总结出规律和事实，对应机器学习系统或统计学习系统，侧重于统计学习。

（二）决策树模型

决策树及其变种是一类将输入空间分成不同的区域，每个区域有独立的参数算法。决策树算法充分利用了树形模型，根节点到一个叶节点是一条分类路径，每个叶节点象征一个判断类别。先将样本分成不同的子集，再进行分割递推，直至针对每个子集得到同类型的样本，从根节点开始测试，到子树再到叶节点，即可得出预测类别。此方法的特点是结构简单、处理数据效率较高。

（三）神经网络模型

人工神经网络与神经元组成的异常复杂的网络大体相似，是个体单元相互连接而成，每个单元有数值的输入和输出，形式可以为实数或线性组合函数。它先要根据一种学习准则进行学习，然后才能进行工作。当网络判断错误时，通过学习使其降低犯同样错误的可能性。此方法有很强的泛化能力和非线性映射能力，可以对信息量少的系统进行模型处理。从功能模拟角度来看具有并行性，且传递信息的速度极快。

五、实验过程

（一）登录实验

输入账号与密码，点击“立即登录”按钮进入实验，如图 4－4 所示。

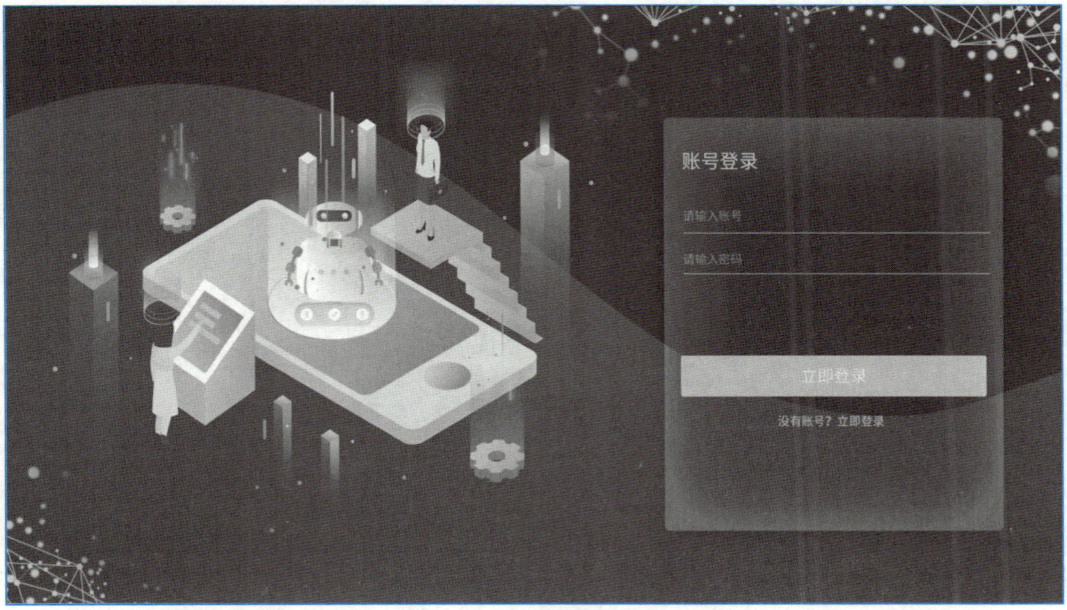

图 4－4　系统登录界面

（二）理论测试

（1）实验开始前，需要学生对实验可能会用到的理论知识进行测试。如图 4－5 所示，点击“课前练习”模块进入练习，系统会随机给出 10 道题对实验者进行测试，测试结果不影响最终实验成绩。

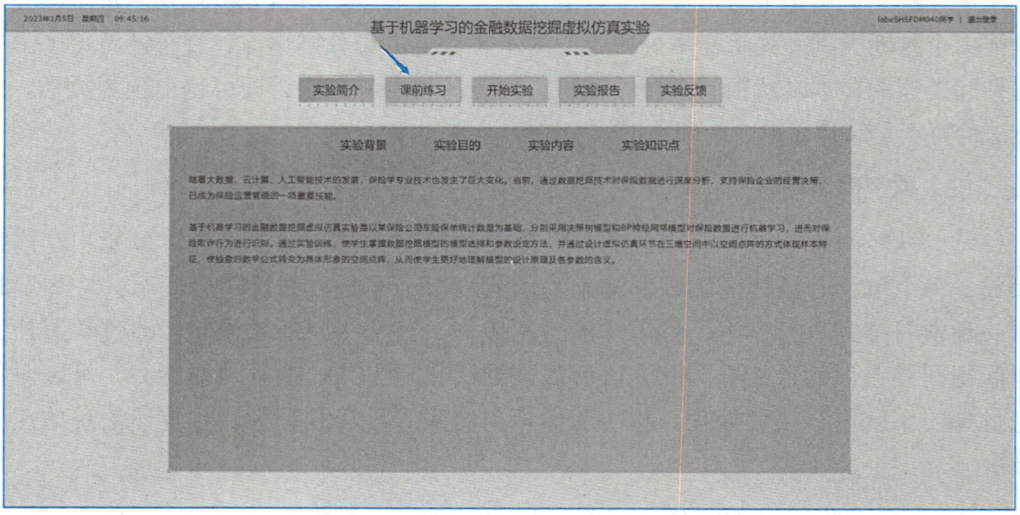

图 4－5　课前练习进入界面

（2）测试完成后，点击“提交”按钮，系统会自动对测试结果进行考核，如图 4－6 所示。

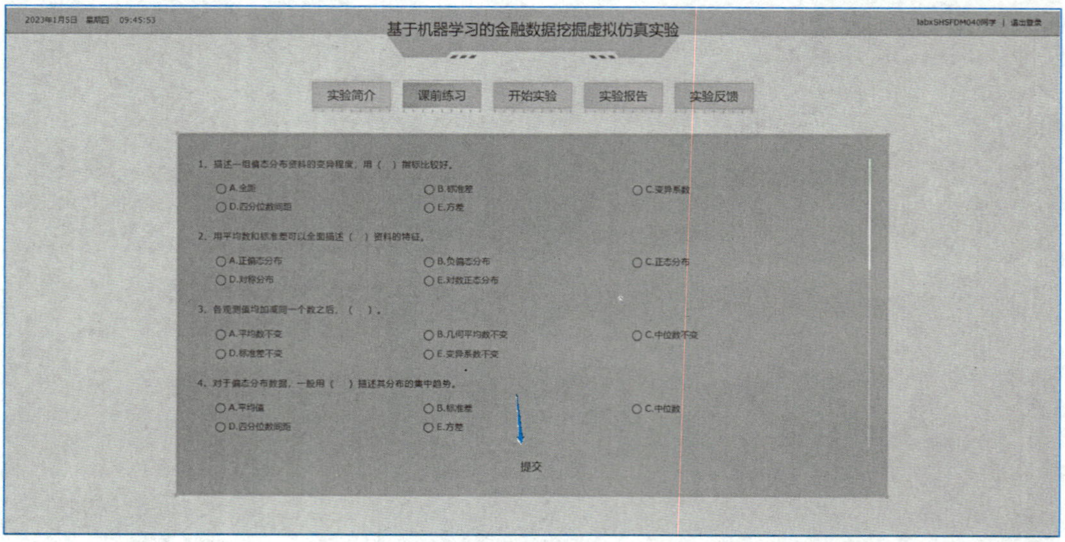

图 4－6　课前练习提交页面

若分数达到考核标准则点击“进入实验”按钮开始实验，如图 4－7 所示。

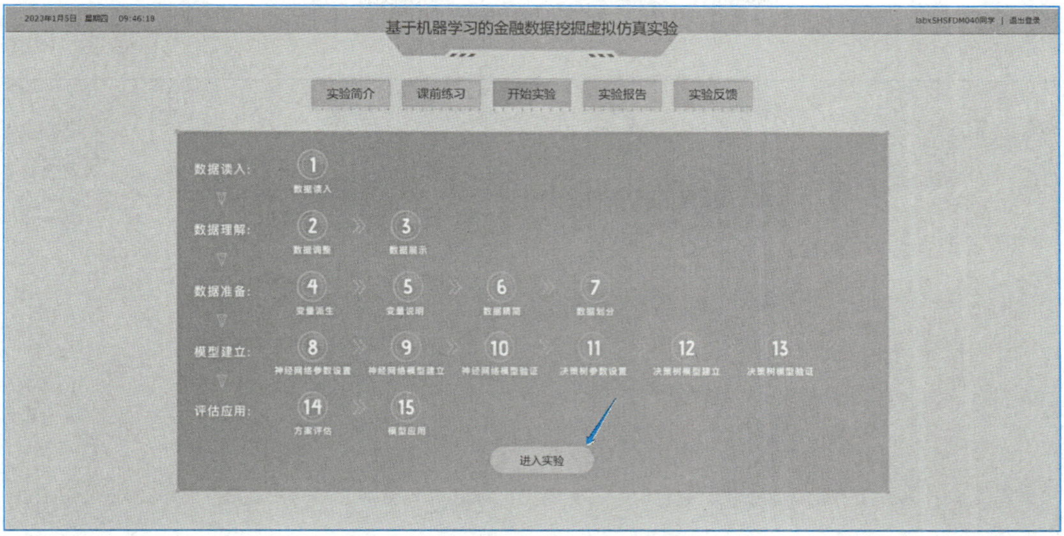

图 4-7　开始实验界面

（三）实验环节及步骤

实验分为 5 个环节，共 15 个步骤。

1. 环节一：数据读入

步骤 1：数据读入

- **实验目的：** 使学生理解保险业务中的数据挖掘需求。
- **操作过程：**

（1）点击“数据加载”，从系统数据库中选择一个数据表作为本次实验的样本数据，如图 4-8 所示。

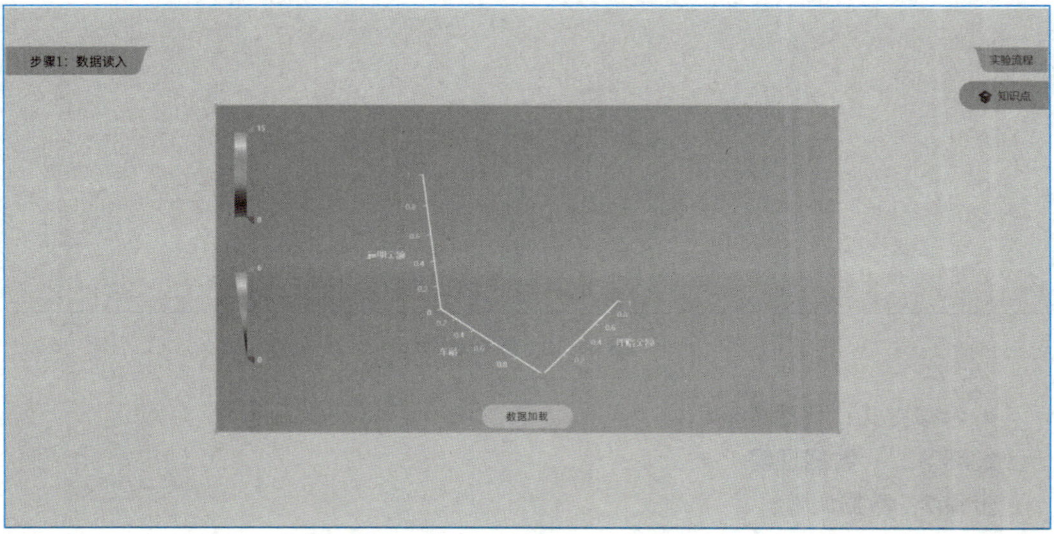

图 4-8　数据加载

（2）点击查看保险业务数据库，如车险保单，如图 4-9 所示。

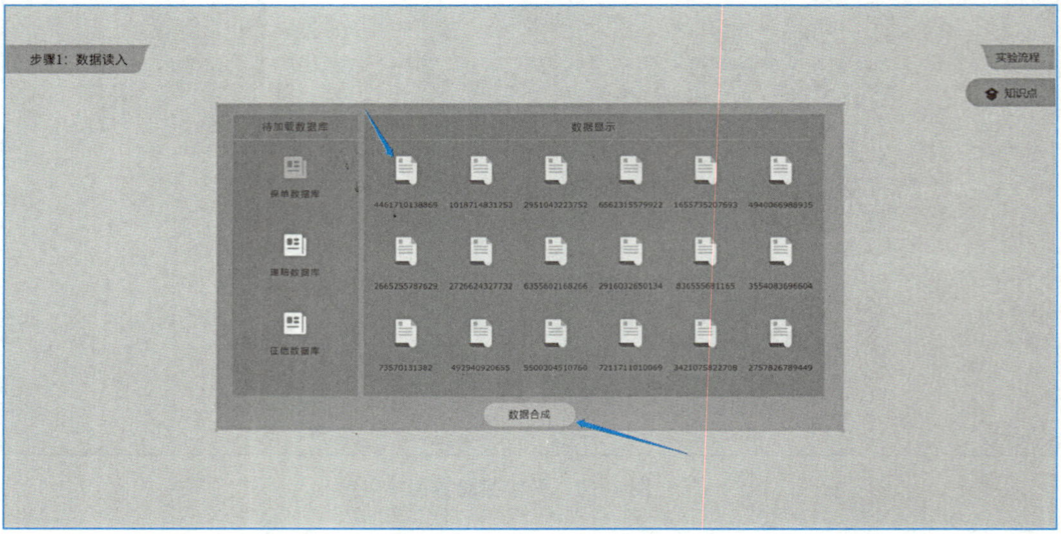

图 4-9　查看保险业务数据库

（3）采用数据可视化的方式来展示数据，通过调整各数据轴的字段来观察样本数据在三维空间中的分布特征，如图 4-10 所示。

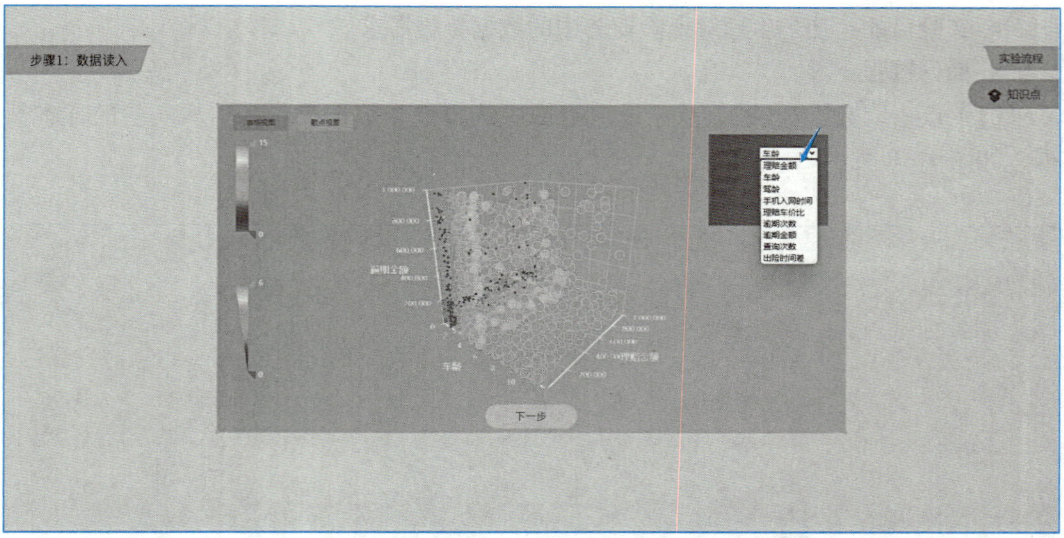

图 4-10　数据展示

- **考核方式：** 自动考核。

2. 环节二：数据理解

步骤 2：数据调整

- **实验目的：** 使学生了解何为异常值，以及如何处理异常值。

- **操作过程：**

（1）通过调整各数据轴字段，多方位观察数据，如图 4 - 11 所示。

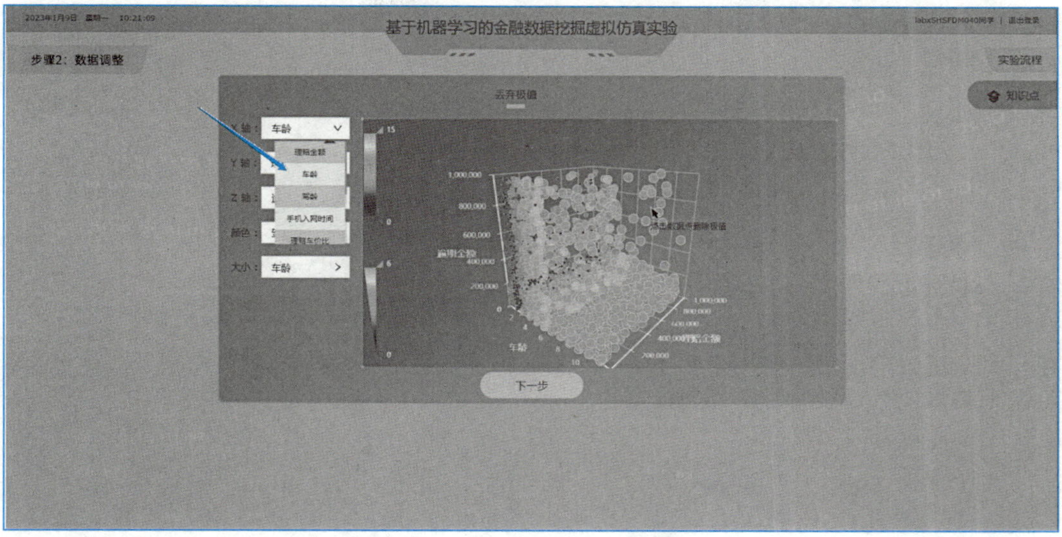

图 4 - 11　观察数据

（2）为了保证后续模型识别的准确性，需要根据提示剔除一些离群的样本，并对缺失值进行插补，如图 4 - 12 所示。

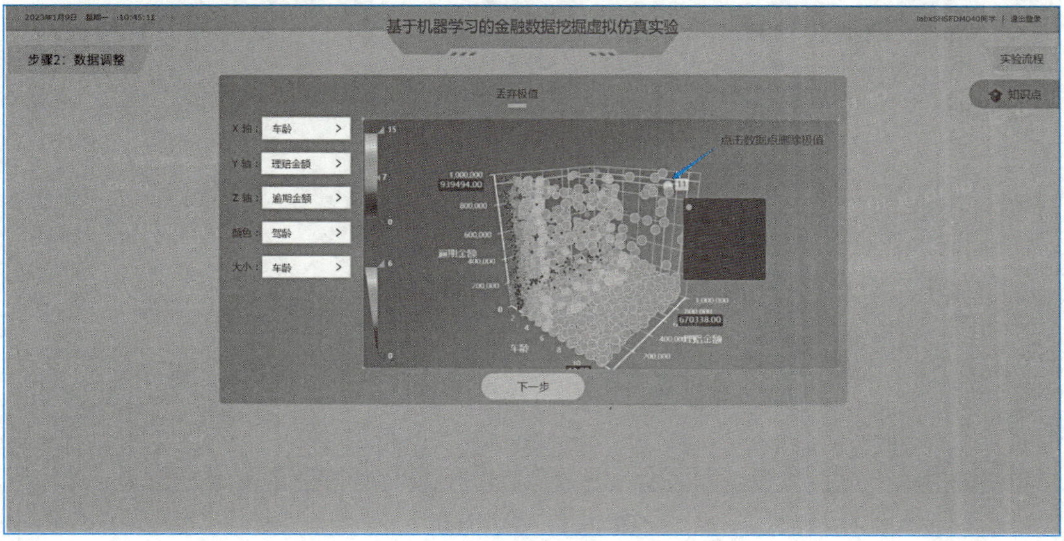

图 4 - 12　剔除数据

- **考核方式：** 自动考核。

步骤 3：数据展示

- **实验目的：** 通过系统内置的数据生成工具使学生掌握数据可视化技术，理解数据展示的信息。

- **操作过程：**

（1）根据系统提示的交互问题，选择合适的图表类型进行作图，如图 4－13 所示。

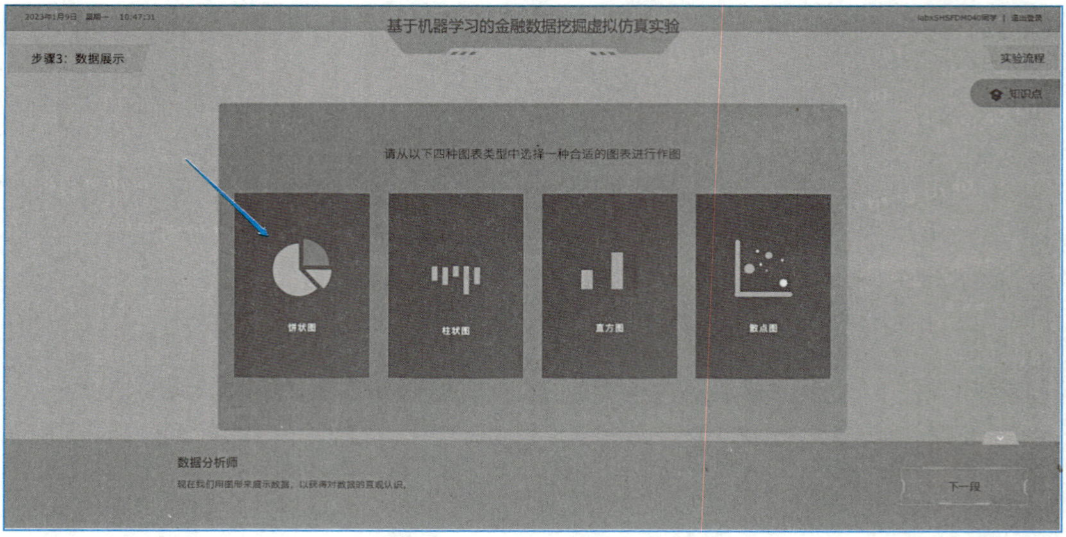

图 4－13　图表类型选择

（2）首先选择作图的字段，根据配置的字段来展示数据，如图 4－14 所示。

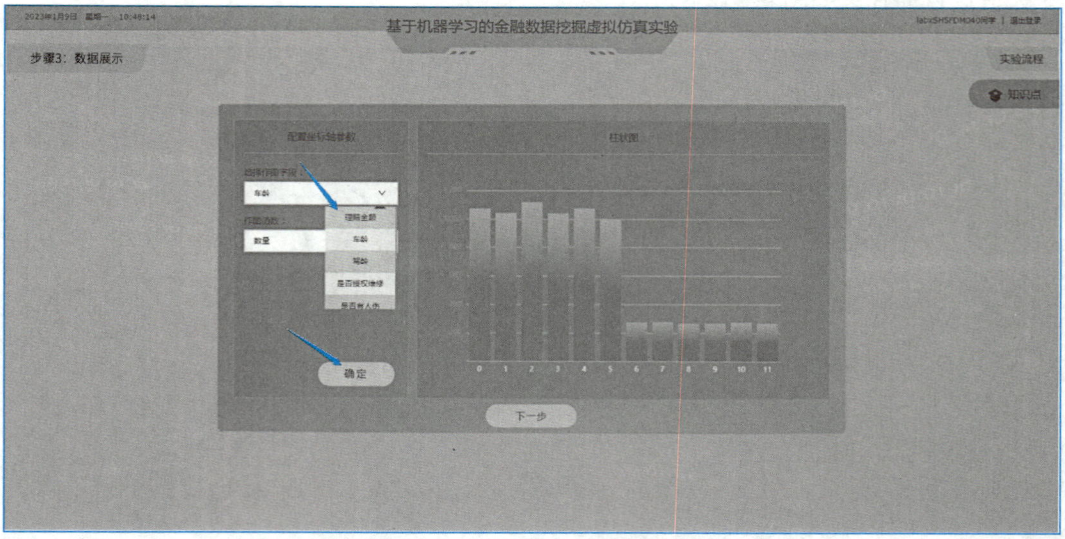

图 4－14　数据展示

- **考核方式：**自动考核。

3. 环节三：数据准备

步骤 4：变量派生

- **实验目的：**让学生理解哪些因素有助于识别保险欺诈行为，以及如何计算新变量。

- **操作过程：**

创建变量，单击变量名称即为选中，该变量自动填充到公式框中，通过选择变量与运算符组合派生公式，如图 4 - 15 所示。

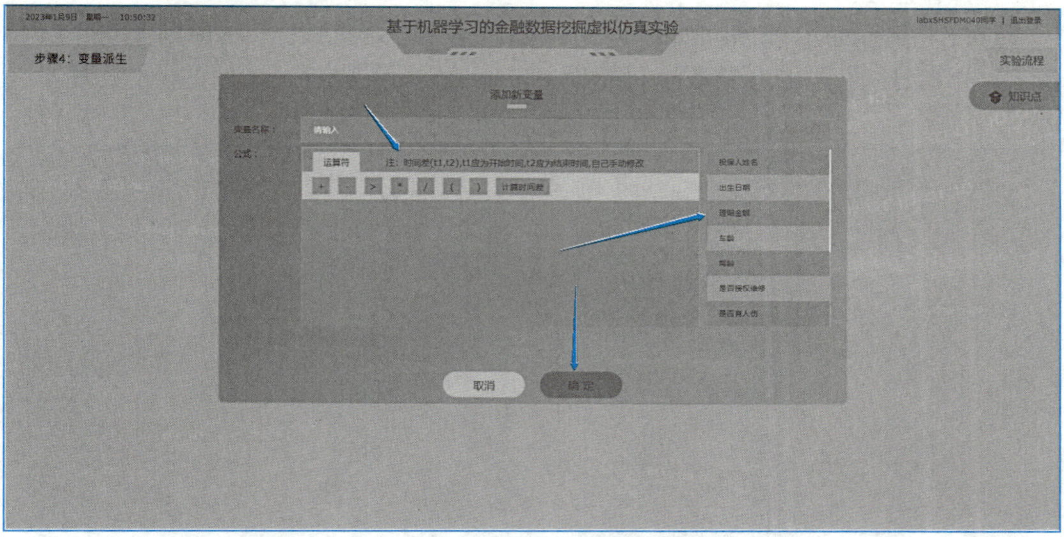

图 4 - 15 生成变量

- **考核方式：** 自动考核。

步骤 5：变量说明

- **实验目的：** 使学生理解数据集中各个变量的含义和特征。
- **操作过程：**

首先查看各变量，然后选择变量类型和变量角色，将其拖到对应的位置，如图 4 - 16 所示。

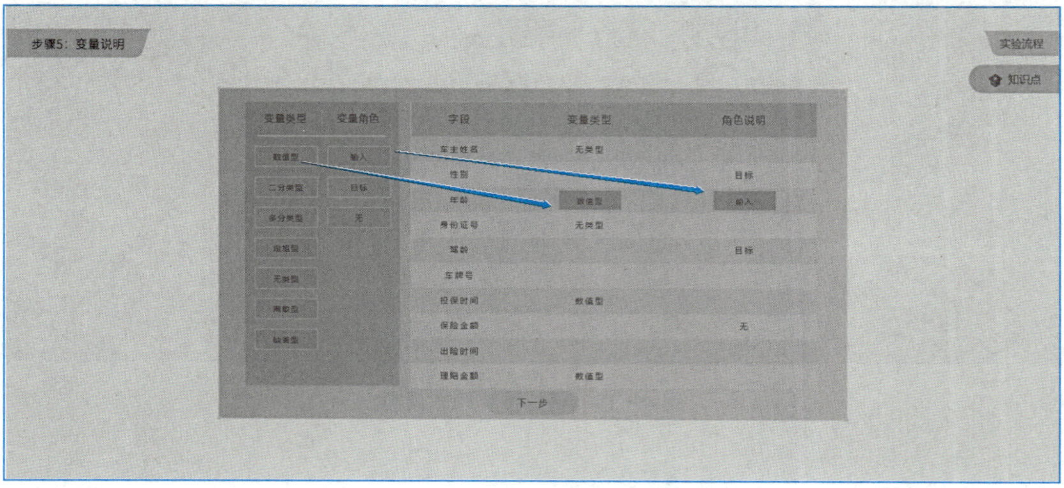

图 4 - 16 选择变量类型和变量角色

- **考核方式：**自动考核。

步骤6：数据精简

- **实验目的：**使学生理解随机抽样的原则和条件抽样的生成条件。
- **操作过程：**

点击“精简数据”按钮（如图4－17所示），设置“随机抽样”的原则（如图4－18所示）或“条件抽样”的生成条件（如图4－19所示）来筛选出符合要求的样本数据。

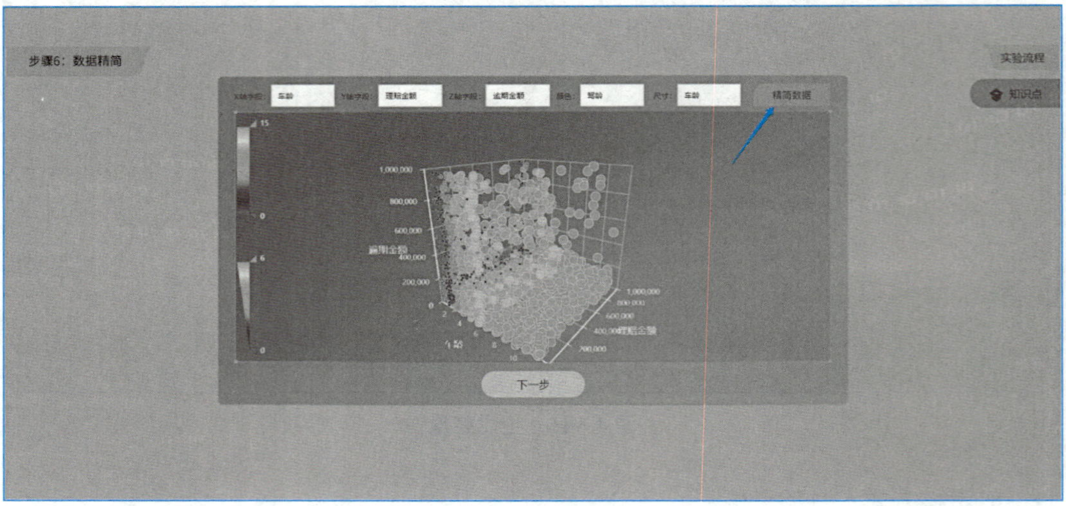

图4－17　精简数据

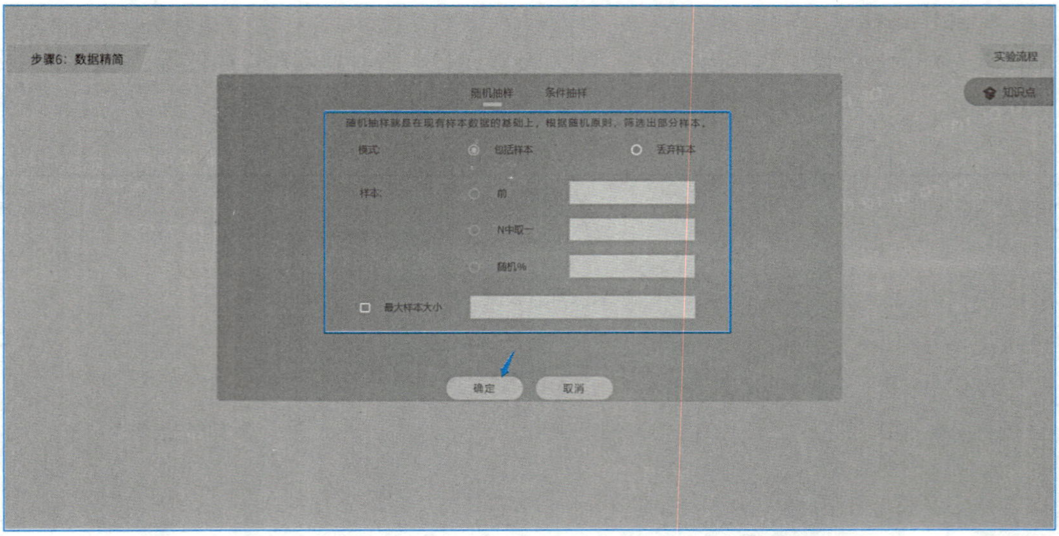

图4－18　随机抽样模式设置

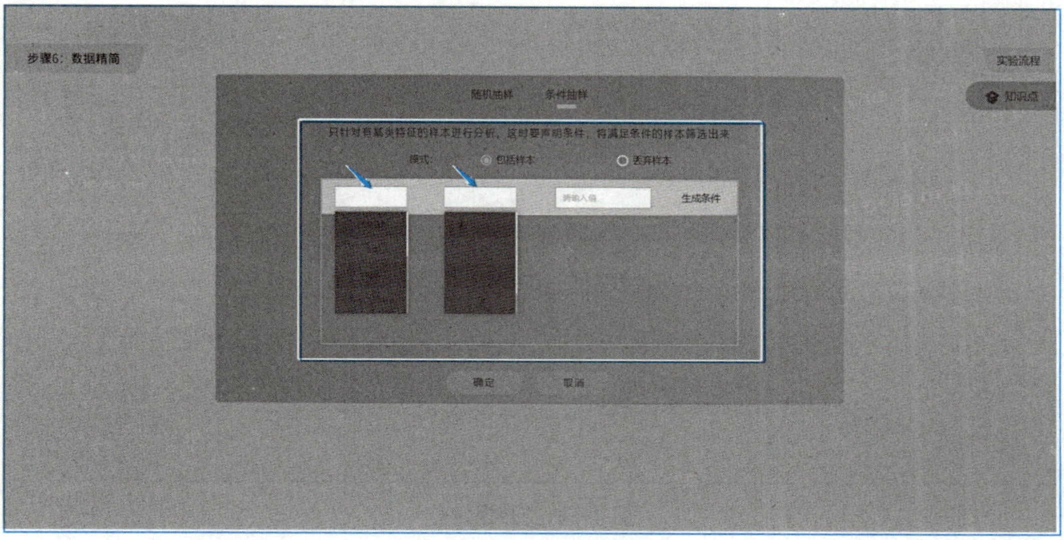

图 4－19 条件抽样模式设置

● **考核方式**：自动考核。

步骤 7：数据划分

● **实验目的**：使学生了解什么是训练集与验证集；理解数据集的划分原则；理解数据集的划分目的。

● **操作过程**：

（1）学生通过调整各数据轴字段，多方位观察数据，如图 4－20 所示。

（2）通过左右滑动鼠标来划分验证集和训练集所占的比例，点击“确定”按钮，完成划分，如图 4－21 所示。（划分原则：小数据量一般采用三七分，也就是 70% 的训练集和 30% 的验证集。）

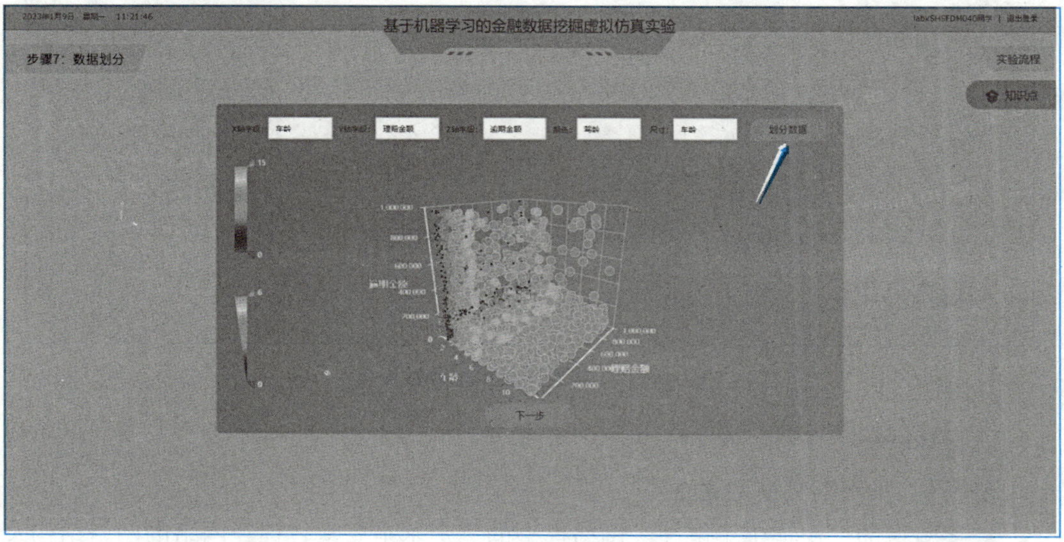

图 4－20 观察数据

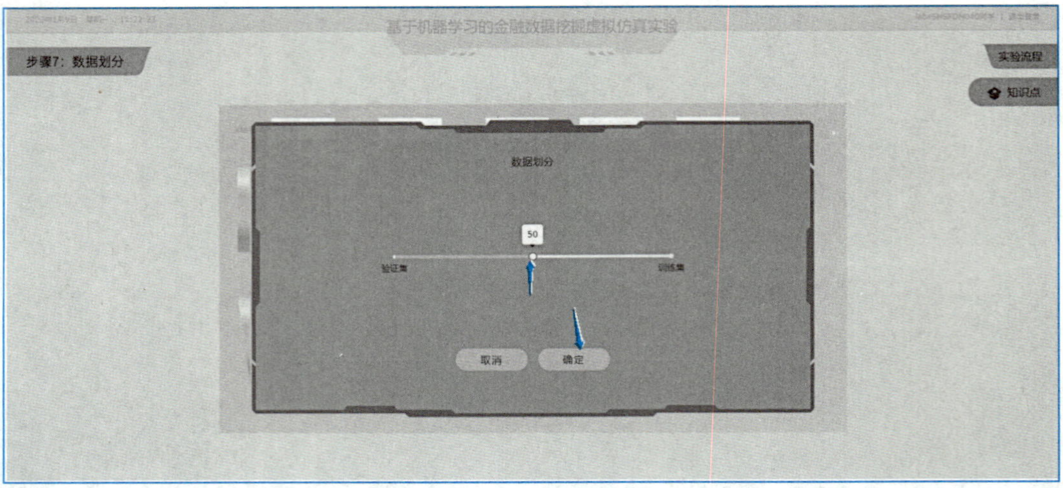

图 4－21　数据划分

- **考核方式：**自动考核。

4. 环节四：模型建立

步骤 8：神经网络参数设置

- **实验目的：**使学生掌握人工神经网络的建模方法。
- **操作过程：**

鼠标单击变量名称即为选中，则该变量自动填充到配置框中，设置完参数后点击“下一步”按钮，运行该模型，如图 4－22 所示。

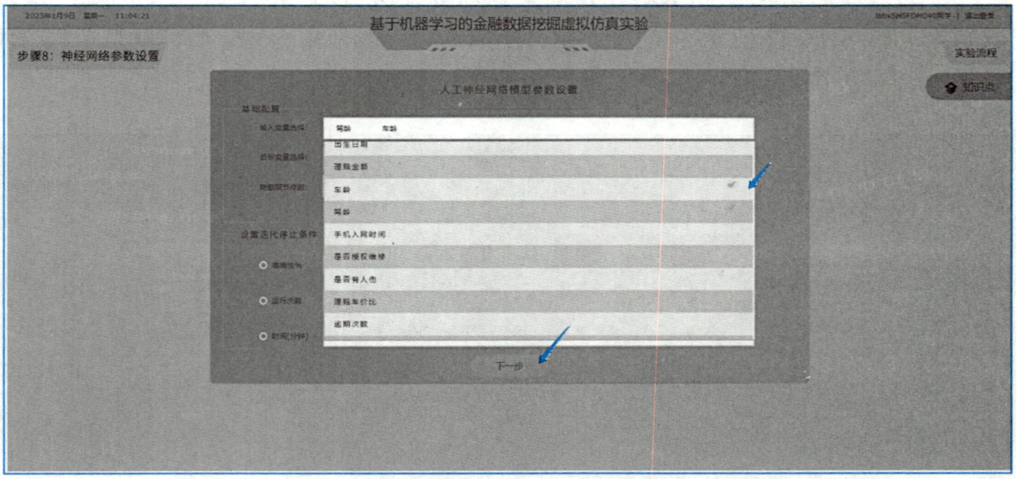

图 4－22　神经网络模型参数设置

- **考核方式：**自动考核。

步骤 9：神经网络模型建立

- **实验目的：**使学生了解神经网络模型的三个基本要素、神经网络的网络结构及工作方式。

● **操作过程：**

通过滑动鼠标滚轮，查看神经网络模型的网络结果及运行结果，如图 4－23 所示。

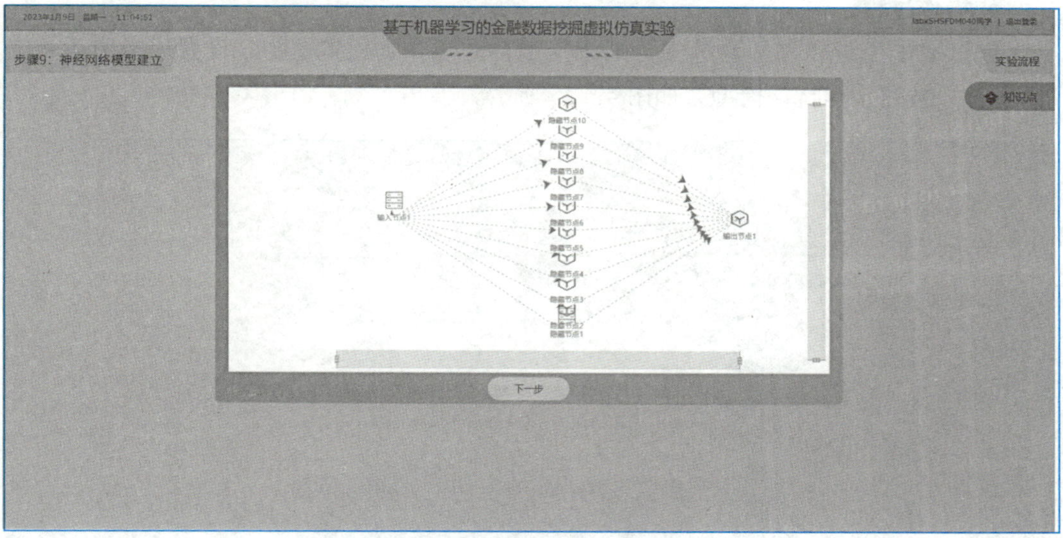

图 4－23　运行神经网络模型

● **考核方式：** 自动考核。

步骤 10：神经网络模型验证

● **实验目的：** 使学生学会分析神经网络模型的验证结果。

● **操作过程：**

在根据训练集数据建立起神经网络模型后，需要采用验证集数据对模型进行验证，系统自动显示基于验证集数据的验证结果，如图 4－24 所示。

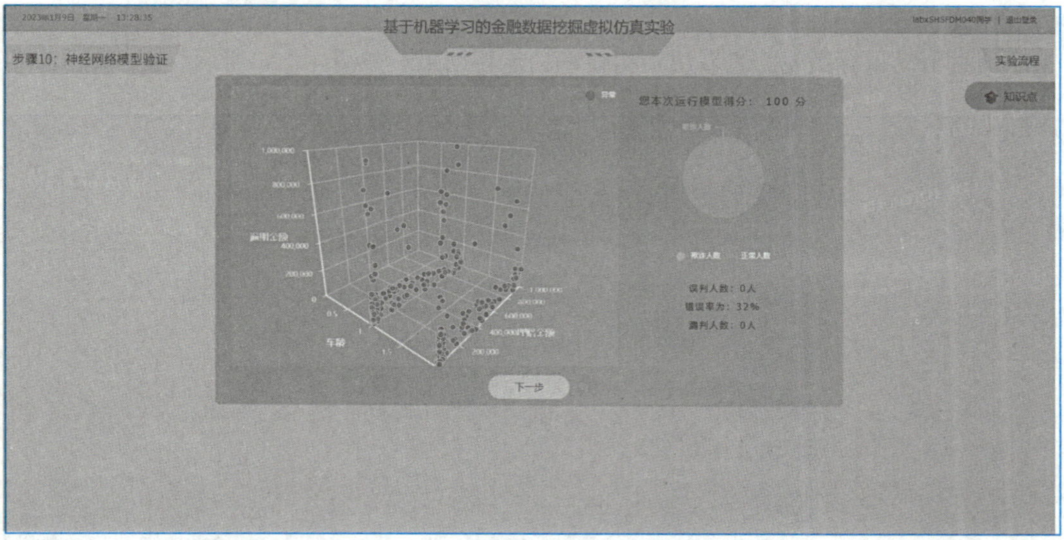

图 4－24　神经网络模型验证结果

● **考核方式：** 自动考核，通过对比学生计算结果与系统计算结果的偏差进行考核。

步骤 11：决策树参数设置

- **实验目的：** 使学生掌握决策树的建模方法。
- **操作过程：**

鼠标单击变量名称即为选中，则该变量自动填充到配置框中，设置完参数后点击“下一步”按钮，运行该模型，如图 4-25 所示。

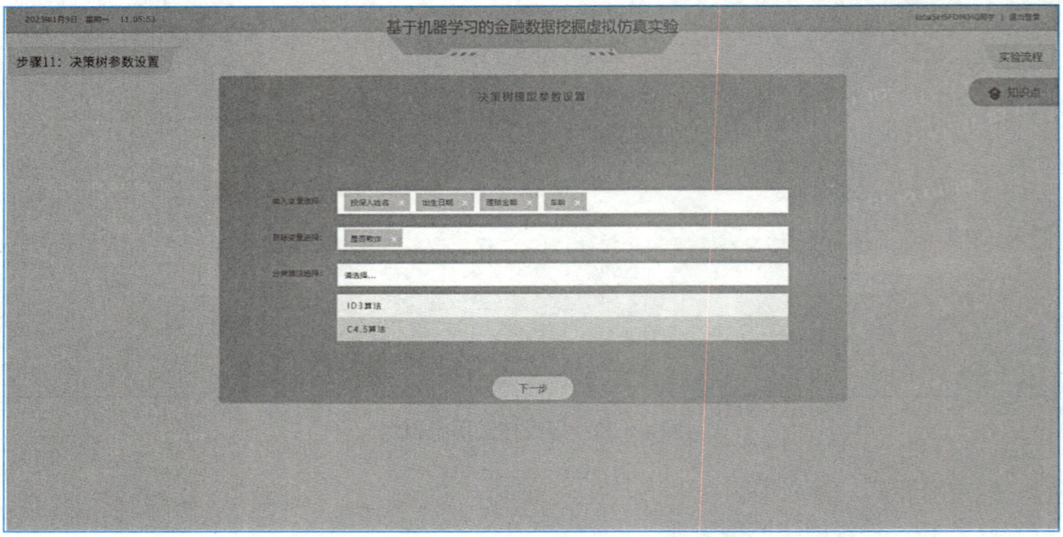

图 4-25　决策树模型参数设置

- **考核方式：** 自动考核。

步骤 12：决策树模型建立

- **实验目的：** 使学生了解决策树模型的工作方式。
- **操作过程：**

通过滑动鼠标滚轮，查看决策树模型的运行结果，如图 4-26 所示。

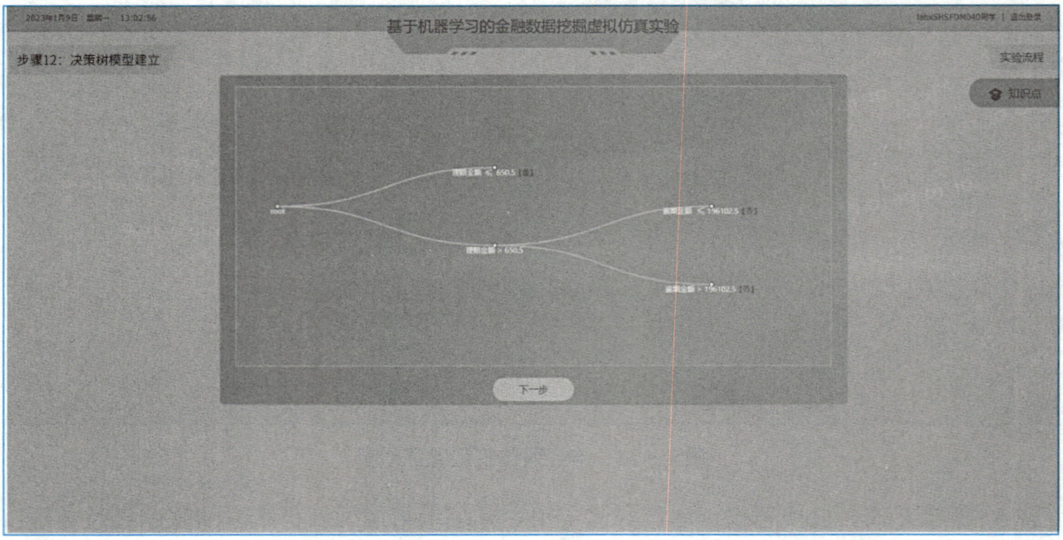

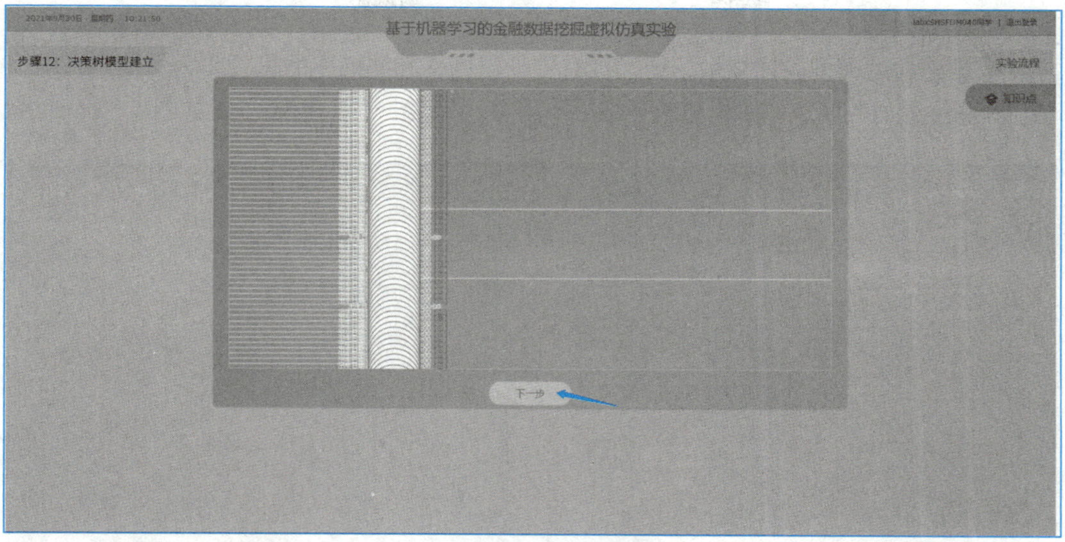

图 4－26　决策树模型建立

- **考核方式：**自动考核。

步骤 13：决策树模型验证

- **实验目的：**使学生学会分析决策树模型的验证结果。
- **操作过程：**

在根据训练集数据建立决策树模型后，需要采用验证集数据对模型进行验证，系统自动显示基于验证集数据的验证结果，如图 4－27 所示。

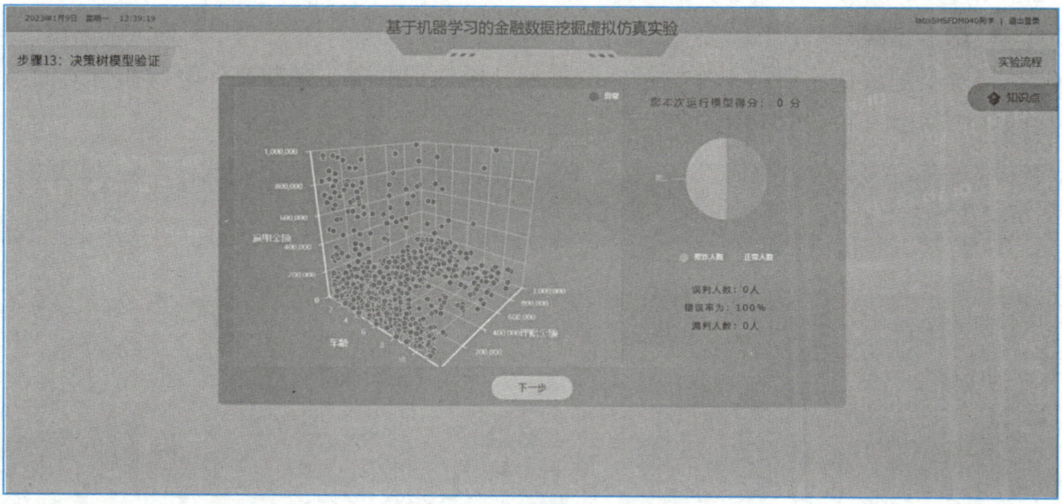

图 4－27　决策树模型验证结果

- **考核方式：**自动考核。

5. 环节五：评估应用

步骤 14：方案评估

- **实验目的：**使学生了解哪些因素会影响模型验证结果，掌握模型方案的评估方法。

● **操作过程：**

根据前面的模型验证结果，选择具有更低误判率和漏判率的模型作为最终选择的模型，让学生做出判断。如对模型验证结果不满意，则点击“重建模型”，如图 4－28 所示。

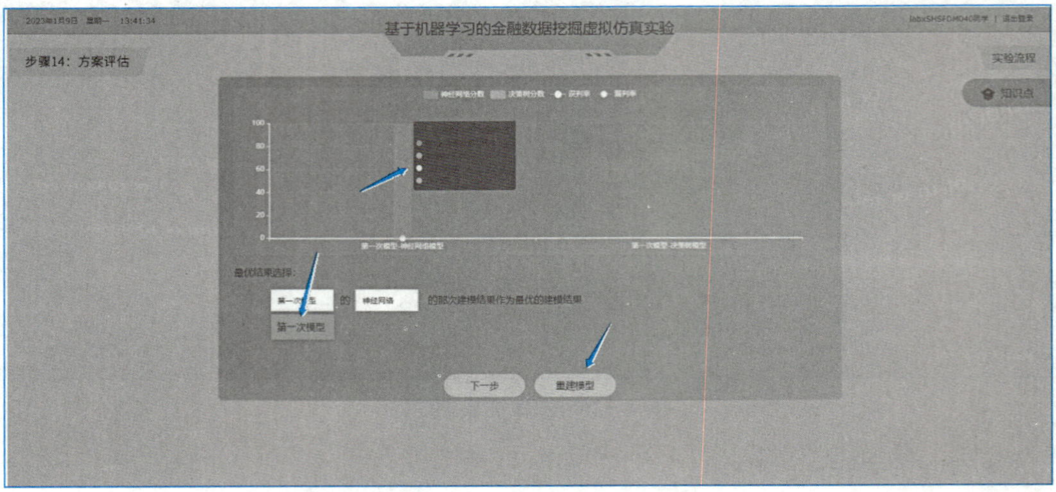

图 4－28 方案评估

● **考核方式：**自动考核。

步骤 15：模型应用

● **实验目的：**使学生了解模型搭建后，如何通过模型对未知保险理赔数据进行保险欺诈行为识别的应用过程及结果。

● **操作过程：**

将选出的最优建模结果作为最终的模型，用它帮助企业判断有保险欺诈行为的高风险客户，如图 4－29 所示。

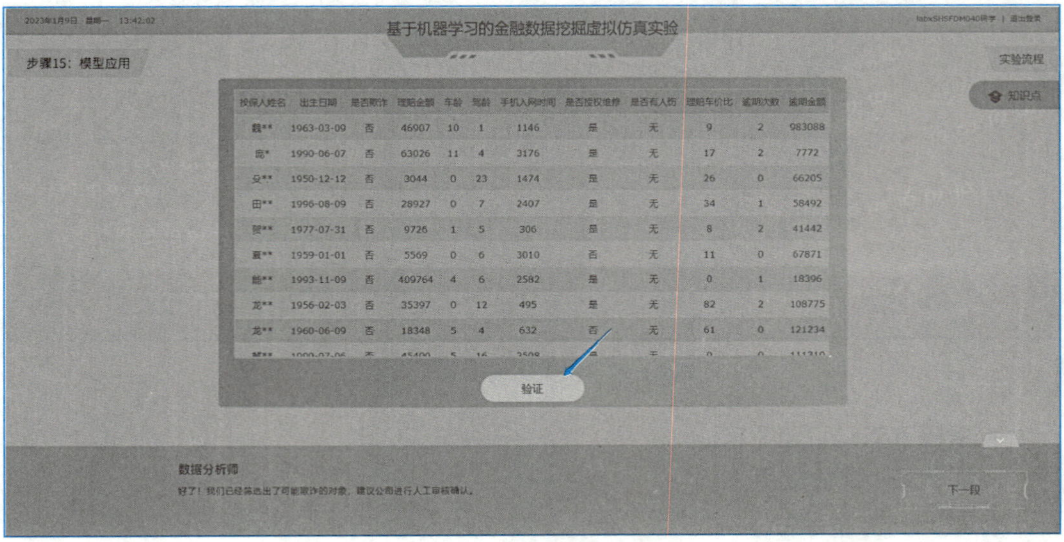

图 4－29 模型应用

- **考核方式：**不考核。

六、实验报告

每位同学就本次实训任务撰写实验报告，如图 4－30 所示。

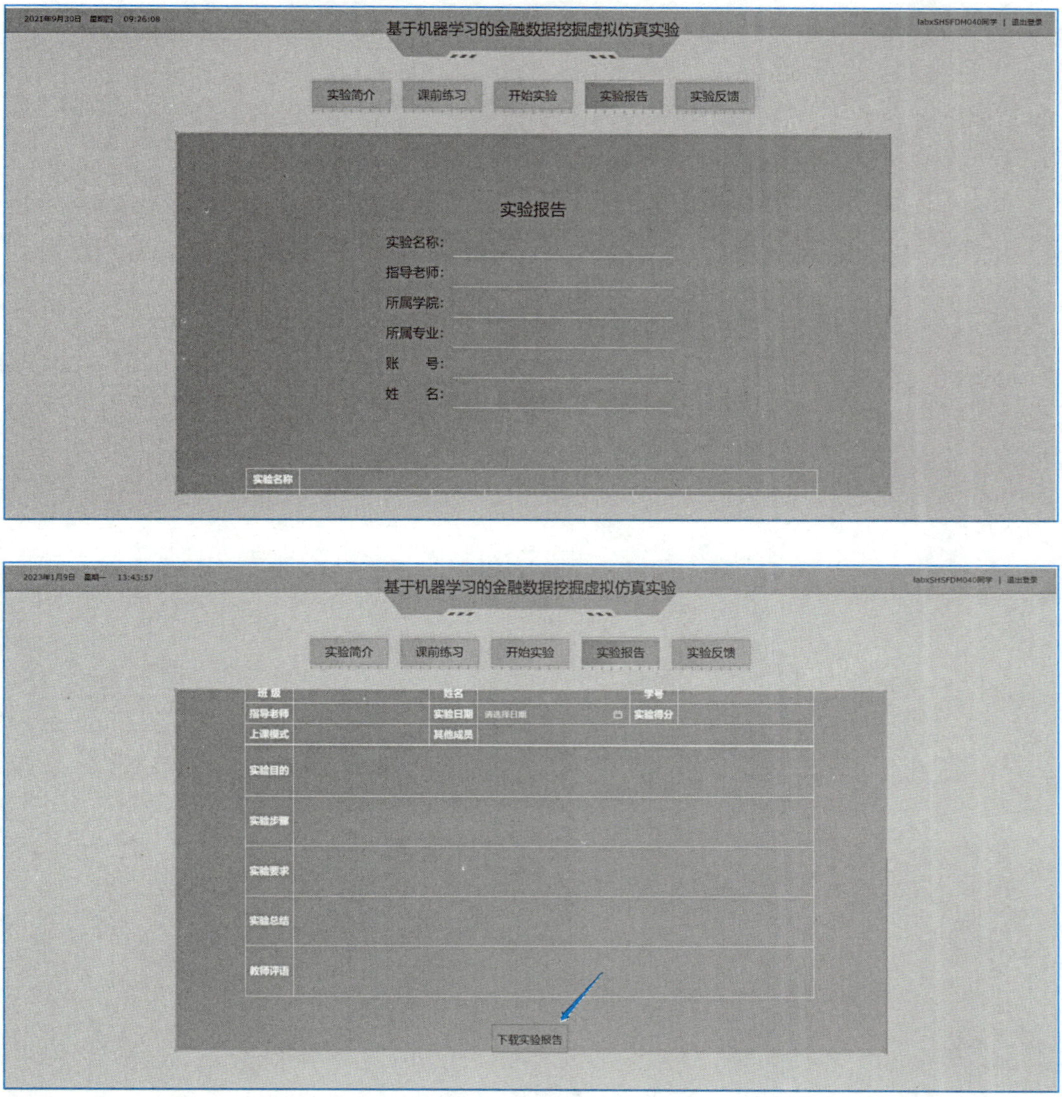

图 4－30　实验报告

课后任务　实训任务总结和反思

每位同学对本次实训任务进行总结和反思，填写表4-8。

表4-8　课后任务：实训任务总结和反思

实训任务名称	
完成情况自评	
实训收获	
问题和建议	

任务四

总结与展望

课前任务　辩论赛准备

选出两组同学，成立两支辩论队，正方辩题为“严监管有利于保险科技发展”，反方辩题为“严监管不利于保险科技发展”。正方和反方在课前对辩题进行准备，收集论据并撰写辩论稿。

课中任务

一、了解保险科技的监管历程

在中国，保险科技起步于2000年，爆发于2014年。在2017年之前互联网保险规模飞速上涨，同时问题也开始浮出水面，其中最突出的是互联网保险的消费者投诉问题。

2018年，中国银保监会及其派出机构共收到互联网保险消费投诉10 531件，同比增长121.01%。其中，涉及财险公司8 484件，同比增长128.25%；涉及人身险公司2 047件，同比增长95.32%。投诉反映的问题主要有：销售告知不充分或有歧义、理赔条件不合理、拒赔理由不充分、捆绑销售保险产品、未经同意自动续保等。

互联网保险消费投诉量排前十的为：众安在线2 144件，同比增长70.16%；安心财险1 634件，同比增长670.75%；泰康在线1 413件，同比增长267.97%；人民健康849件，同比增长3 437.50%；平安财险548件，同比增长51.80%；国泰财险359件，同比增长435.82%；天安财险337件，同比增长1 023.33%；人保财险298件，同比增长8.36%；新华人寿257件，同比增长403.92%；易安财险213件，同比增长326.00%。具体见图4－31、图4－32。

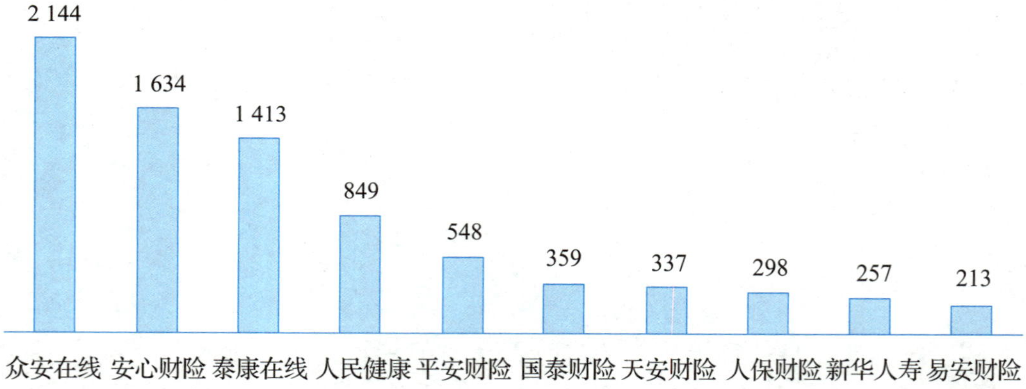

图4－31 2018年中国互联网保险消费投诉量排前十的保险公司

资料来源：原中国银保监会网站。

我国相关部门针对互联网保险的运营规则、产品推广和创新等出台了一系列监管措施。2004年8月公布的《中华人民共和国电子签名法》提出“可靠的电子签名与手写签名或者盖章具有同等的法律效力”，这可认为是对保险科技开启监管的标志。随着保险与科技的结合越来越紧密，特别是互联网保险公司的成立，相关部门先后推出了一系列有针对性的监管措施。

2011年4月，《互联网保险业务监管规定（征求意见稿）》明确保险公司、保险专业中介机构开展互联网保险业务的资质条件和经营规则。

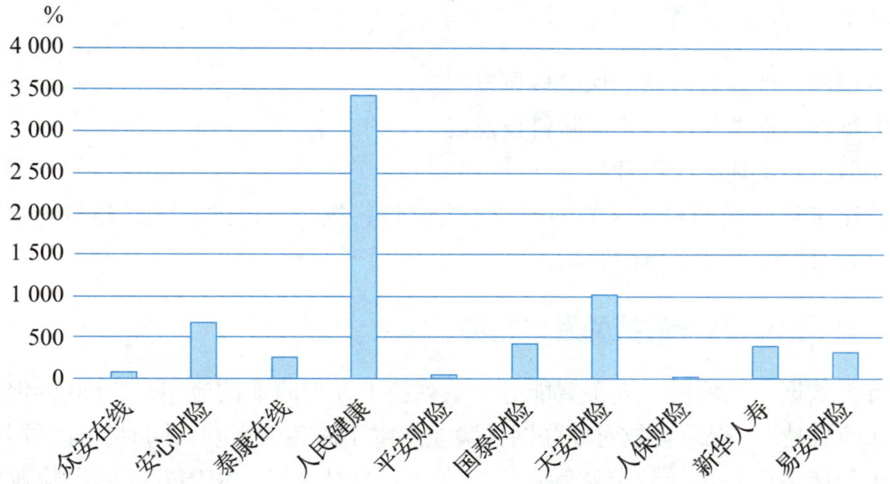

图 4－32　2018 年中国互联网保险消费投诉量增长率排前十的保险公司

资料来源：原中国银保监会网站。

2011 年 8 月，《中国保险业发展“十二五”规划纲要》提出大力发展保险电子商务，推动电子保单的创新应用。

2011 年 9 月，《保险代理、经纪公司互联网保险业务监管办法（试行）》规定保险代理、经纪公司开展互联网保险业务应当具备的条件和操作规程。

2012 年 5 月，《关于提示互联网保险业务风险的公告》规范了互联网保险业向广大投保人进行风险提示。

2013 年 8 月，《关于专业网络保险公司开业验收有关问题的通知》补充了专业网络保险公司开业验收条件，进一步规范了互联网保险的发展。

2014 年 1 月，《关于促进人身保险公司互联网保险业务规范发展的通知（征求意见稿）》规定保险公司经营区域，认可赠险或服务赠送行为，并强调对网销应严格监管。

2014 年 4 月，《关于规范人身保险公司经营互联网保险有关问题的通知（征求意见稿）》从多个方面对人身保险公司经营互联网保险业务进行了规范。

2014 年 8 月，《关于加快发展现代保险服务业的若干意见》明确提出支持保险公司积极运用网络、云计算、大数据、移动互联网等新技术促进保险业销售渠道和服务模式创新，为互联网保险未来的发展指明了方向。

2014 年 12 月，《互联网保险业务监管暂行办法（征求意见稿）》规范了互联网保险经营行为，进一步保护保险消费者合法权益，促进互联网保险业务健康持续发展。

2015 年 7 月，为规范互联网保险经营行为，促进互联网保险健康规范发展，保护保险消费者合法权益，《互联网保险业务监管暂行办法》正式出台。该办法围绕放开经营区域限制、产品管理、信息披露、落地服务、信息安全等一系列重要问题，明确了监管政策。

2019 年 12 月，由中国银保监会保险中介监管部牵头起草的《互联网保险业务监管办法（征求意见稿）》出台。

2021 年 2 月，《互联网保险业务监管办法》正式施行。

课中任务单　开展辩论赛

正方辩题：严监管有利于保险科技发展。

反方辩题：严监管不利于保险科技发展。

两支队伍对上述辩题展开辩论。

辩论结束后，老师对同学们的表现进行点评，提出自己的看法，并与同学们一起探讨严监管对保险科技发展的影响。

二、解密中国保险科技的发展趋势

随着大数据、区块链、人工智能等一系列技术在保险业的应用，“互联网保险”升级为“保险科技”。保险科技对互联网保险业产生了深刻的影响。同时，互联网保险公司暴露出的诸多问题也导致严监管迈入常态化。总结来说，中国互联网保险业会出现以下几个发展趋势：

一是生态化和跨界融合。通过跨行业的深度融合，建立保险业生态系统，企业在重新整合系统内各种机遇的情形下迎来“行业无边界”的新时代。

二是传统保险公司将成为保险科技领域越来越重要的参与者。传统保险公司对科技的投入在加强，尤其是大型保险公司，如中国人寿推出的“三险一体”直付理赔服务、中国平安的大医疗健康产业布局。特别是2020年新冠疫情促使传统保险公司改变当前的销售模式，迅速开发出网上销售的数字化流程，该举措会对互联网保险公司造成一定的冲击。除此之外，实力雄厚的传统保险公司将数字化转型作为重要的发展目标，凭借资金和体量优势，对数字化建设进行大量投入。线上销售渠道将出现传统保险公司与互联网保险公司竞争的局面。

三是保险流程自动化、智能化的发展趋势日益明显。目前，人工智能等技术已介入保险核心业务流程，未来，保险业务自动化、智能化等创新方式必将成为保险业竞争焦点。

四是保险业成为大数据、区块链应用探索的关键领域，保险科技的商业化应用加速。在我国保险业，区块链应用集中于以智能合约系统减少文书工作、以区块链架构个人授权的健康数据查证；在国外，已有区块链保险产品的创新案例。大数据的应用将在信用风险监控、量化投资、精准营销等方面发挥作用。区块链技术可用于支付转账、金融智能合约、金融审计等领域。

思政小园地

为深入贯彻落实党的二十大精神，中国人保等国内保险企业持续加大科技创新力度，推动业务和科技深度融合，全面落实习近平总书记关于科技创新的重要要求，不断提升人民保险的人民性和专业性，持之以恒加快推进科技创新，以科技赋能推动卓越保险战略实施，更好地满足实体经济与人民群众需求，担负起金融央企服务中国式现代化的更高使命。

中国人保于2022年11月1日举办“科技创万象·人保致未来”科技发布会，发布了六项科技创新成果，包括：以知识图谱技术为基础的“智联星图”、以区块链技术为基础的“智链云图”、以隐私计算技术为基础的“数据穹顶”、以数字员工技术为基础的“数字星君”、以新媒体营销平台为基础的“流量新域”，以及以绿色智能云为基础的“数智天宫”。中国人保在全面深化数字化转型的过程中，串联云原生技术、数据、智能三大平台，构建了具备弹性扩展、持续运行、大数据处理及智能化支撑能力的金融级技术底座，形成面向保险场景的智能化支撑平台。

五是保险科技强监管迈入常态化。保险科技方兴未艾，但由于保险科技涉及前沿数字技术、应用规模日趋扩大，因此不可避免地给保险监管的有效性和能力提升带来新的挑战。科技创新带来的新风险使传统监管方式在面对业态变化时有脱节的危险。监管法规滞后或监管真空地带的出现，也可能会打破创新、风险与监管三者之间的动态平衡。我国相关部门将不断完善互联网保险监管体系，建章立制，探索建立互联网保险分级分类和沙盒监管机制，支持风险管理能力强的保险公司优先开展保险业务创新试点。

课后任务 总结与反思

请每位同学思考以下问题：金融科技在保险业的应用对保险营销人员展业有什么影响？好的影响有哪些？带来的挑战有哪些？营销人员如何应对这些挑战？思考结束后填写表4-9。

表4-9 课后任务：总结与反思

任务	思考金融科技在保险业的应用对营销人员展业的影响
好的影响	
带来的挑战	
如何应对挑战	

考核评价

姓名		学号		组别		总分	
考核内容	金融科技在保险业的应用						
考核评价标准（总分 = 自评分 ×30%+ 师评分 ×70%）							
序号	**评分项目**	**分值**	**得分点**	**自评**	**签字**	**师评**	**签字**
1	学习态度	20	学习态度端正				
			勤于思考				
			小组讨论积极，团队合作良好				
2	理解和分析能力	30	能够正确掌握知识点				
			能够正确理解任务要求				
			能够得出合理的分析结论				
3	动手操作能力	30	实训任务完成速度				
			实训任务完成效果				
4	表单完成情况	20	表单项目填写正确完整				
			表单项目填写整洁无涂改				
合计		100					
总结和反思							
1. 从本项目的学习和操作中，你学到了哪些知识和技能？							
2. 在本项目的学习和操作中，你对自己最满意的地方有哪些？你认为自己在哪些方面还有待提升？							
3. 对于本项目的学习和操作，你有哪些建议？							

项目五

金融科技在金融监管领域的应用

学习目标

知识目标

1. 了解金融科技的风险特征；
2. 认识金融科技在金融风险管理中的应用；
3. 理解金融科技风险管理的国际经验；
4. 掌握我国金融科技风险管理的发展趋势。

能力目标

1. 能够在开展金融科技相关业务时识别出主要风险；
2. 能够在金融科技展业过程中对风险进行有效管控。

素养目标

1. 培养学生积极探索、勤于思考的创新思维；
2. 培养学生勇于担当、敢负责任的职业品格；
3. 培养学生的风险防范意识；
4. 培养学生积极思考、合规操作、追求完美的工匠精神；
5. 培养学生诚实守信、团结合作的道德品质。

知识架构

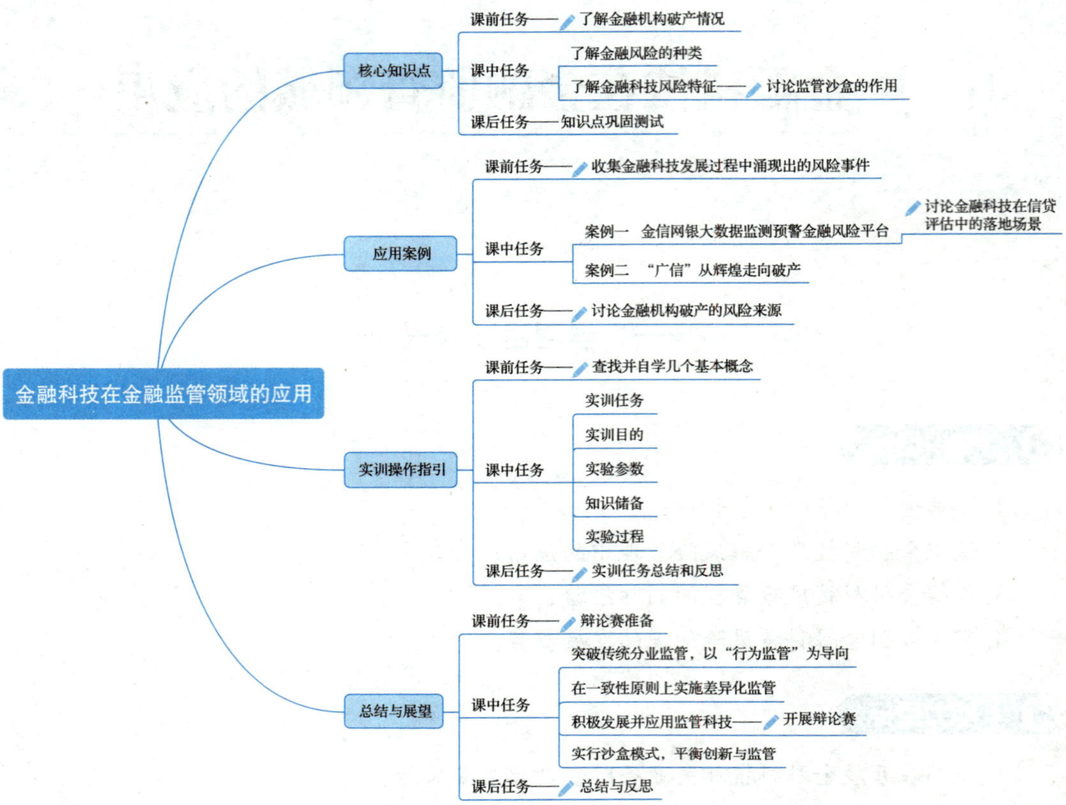
金融科技在金融监管领域的应用
核心知识点
课前任务——了解金融机构破产情况
课中任务
了解金融风险的种类
了解金融科技风险特征——讨论监管沙盒的作用
课后任务——知识点巩固测试
应用案例
课前任务——收集金融科技发展过程中涌现出的风险事件
课中任务
案例一　金信网银大数据监测预警金融风险平台
讨论金融科技在信贷评估中的落地场景
案例二　“广信”从辉煌走向破产
课后任务——讨论金融机构破产的风险来源
实训操作指引
课前任务——查找并自学几个基本概念
课中任务
实训任务
实训目的
实验参数
知识储备
实验过程
课后任务——实训任务总结和反思
总结与展望
课前任务——辩论赛准备
课中任务
突破传统分业监管，以“行为监管”为导向
在一致性原则上实施差异化监管
积极发展并应用监管科技——开展辩论赛
实行沙盒模式，平衡创新与监管
课后任务——总结与反思

任务一

核心知识点

课前任务　了解金融机构破产情况

请同学们登录中国人民银行网站和其他网站，查找重要的银行破产清算案例，并填写表 5－1。

表 5－1　课前任务：了解金融机构破产情况

破产的商业银行					
主要破产原因					
破产后个人存款的处理办法					

课中任务

一、了解金融风险的种类

（一）流动性风险

流动性风险是指机构虽然有清偿能力，但无法及时获得充足资金或无法以合理成本及时获得充足资金以应对资产增长或偿付到期债务的风险。当金融市场参与者无法通过变现资产为现金等价物来偿付债务时，流动性风险就会发生。

（二）市场风险

市场风险是由利率、汇率等市场因素的波动所导致的金融市场参与者的资产价值受损的风险。这些市场因素对金融市场参与者造成的影响可能是直接的，也可能是通过对其竞争者、供应商或者客户产生不利影响造成间接的影响。

（三）信用风险

信用风险指借款人或市场交易对手违约，无法按期偿付债务导致损失的可能性。几乎所有的金融交易都涉及信用风险问题，除了传统的金融债务和支付风险外，近年来随着网络金融市场的日益壮大，网络金融的信用风险问题日益突出。

（四）操作风险

操作风险指金融机构的系统不完善、管理失误或其他一些人为错误导致金融市场参与者发生损失的可能性。目前，对操作风险的研究与管理正日益受到重视。各类金融机构不仅通过努力完善内部控制机制来降低产生操作风险的可能性，还将一些其他学科的成熟理论和模型引入操作风险的日常管理中。

二、了解金融科技风险特征

（一）风险的系统性和传递性加强

金融科技的运用使得金融机构、科技公司以及市场基础设施运营企业之间彼此渗透、彼此融合，提升了金融业的复杂性以及各个平台之间的关联性，从而使得在某平台产生的金融风险容易在业务交叉性的作用下传递至其他平台，增强了系统性风险。

金融科技可能强化羊群效应以及市场共振，增强风险的波动及顺周期性。金融科技的应用使得金融市场参与者的行为更容易趋同，从而可能放大市场波动。以智能投顾为例，金融机构在运用智能平台为客户提供投资建议时，如果采用相似的模型和参数，那么提供的投资建议容易趋同，助长市场同买同卖、同涨同跌的现象，强化市场的波动和共振。

（二）基于技术安全的操作风险更具破坏性

金融科技的应用使得基于系统和技术安全的操作风险可能放大并更具破坏性。金融科技业务的发展有赖于先进的平台设计和交易系统。因此，如果平台和系统存在缺陷，可能导致整个交易过程瘫痪、客户金融资产被盗、客户交易信息泄露等，从而影响整个金融市场的安全性。比如在网络平台上，客户输入密钥或口令并通过网络传输时，有可能被黑客截获盗用，进行犯罪活动，使客户蒙受损失；很多客户在进行网络金融交易时，安全意识不高，不及时查毒杀毒，轻信非法链接，导致自身信息泄露，金融资产被盗；一些金融科技企业的风险管理机制存在严重缺陷，内控措施不严密，流程设计不严谨，容易产生操作风险。

（三）数据风险与信息安全风险相互交织

数据真实性与信息安全是金融科技发展的重要基础。随着金融科技的发展，数据服务商可以轻易获得客户大量的私人信息。一旦数据服务商滥用信息，将会导致客户隐私泄露。更为严重的是，如果数据服务商将目标对准政府机构和大型金融机构，则可能泄露重要的国家金融信息，产生严重后果。数据监听也将带来信息安全问题，甚至威胁到国家金融安全。因此，金融业的大数据技术如果过度依赖国外厂商，将为数据监听和泄露埋下隐患，威胁我国金融安全。

（四）监管套利风险更加凸显

从金融实践来看，监管常常滞后于业务的发展。金融科技的应用不仅使传统金融在业务模式、技术手段、服务方式、运营流程等方面日新月异，而且还模糊了科技公司与金融机构的边界，为监管套利行为提供了土壤。金融科技之所以受到互联网金融企业追捧，一个重要的原因在于：金融科技企业与互联网金融企业的监管模式不同。互联网金融企业需要接受金融监管部门的监管，而金融科技企业却不需要。因此，不少互联网金融企业纷纷转型为金融科技企业，难免存在监管套利之嫌。

随着区块链、云计算、大数据、人工智能等技术的普及和成熟，金融科技应用成为趋势，在交易欺诈识别、精准营销、信贷风险评估、股价预测、智能投顾、风险定价等领域，得到了广泛的应用。金融科技在风险管理领域的应用有利于及时发现风险，提高风险管理效率，节省人力成本，降低资源投入。未来金融科技领域的佼佼者必定是那些能够高效满足监管要求、化被动为主动的企业。因此，无论是传统金融机构还是金融科技企业，都要增强风险意识，由内而外地打造合规经营的企业文化，同时善用监管科技，将风险管理的成本效益最大化。

知识充电站

“监管沙盒”是一种针对金融科技的创新监管模式，由英国金融行为监管局（FCA）于2015年11月最先提出。所谓监管沙盒，类似于我国的“试点改革”，是指监管当局构建的一个不受当下金融监管体制约束的“真实的、较小的安全市场空间”。在此市场空间，获准测试的公司不仅能对自身的金融创新产品进行试验性经营，而且能对其金融创新产品进行试错，以便及时发现产品缺陷及潜在风险，并在此基础上积极寻找更为成熟的解决方案。

监管部门鼓励金融科技企业使用云平台、云技术等新科技，更灵活、经济地达到合规要求；鼓励金融机构采用系统嵌入式合规引擎、风险评估工具等对客户身份进行识别，对客户行为进行检测，履行反洗钱义务，防范金融犯罪；利用大数据技术和软件集成工具，将企业财务与合规软件接入监管报告系统，减少人工数据输入，降低人工成本，提升工作效率和报告准确性；利用数据可视化技术为金融科技企业提供便利、高效的监管建议，帮助企业了解合规要求，承担合规责任。

课中任务单　讨论监管沙盒的作用

4～6名同学为一组，讨论监管沙盒的作用，并填写表5-2，之后每组选派一名代表上台阐明本组观点。

表5-2　课中任务单：讨论监管沙盒的作用

组别		小组成员	
小组任务	讨论监管沙盒的作用		
讨论记录			

课后任务 知识点巩固测试

一、单选题

1. 金融科技的运用使得在某平台产生的金融风险容易在业务交叉性的作用下，传递至其他平台，增强了（　　）风险。

A. 非系统性　　B. 系统性　　C. 个人　　D. 个性化

2. 金融科技的应用模糊了科技公司与金融机构的边界，为（　　）行为提供了土壤。

A. 产品升级　　B. 科技升级　　C. 金融创新　　D. 监管套利

3. 互联网金融企业需要接受（　　）部门的监管。

A. 教育行业　　B. 金融监管　　C. 人力资源　　D. 物流管理

4. 监管科技可以为企业提供更有效、（　　）的合规监管解决方案。

A. 复杂　　B. 经济　　C. 快速　　D. 科技

二、多选题

1. 金融科技风险与传统金融风险相比，具有新的特征，包括（　　）。

A. 风险的系统性和传递性加强

B. 基于技术安全的操作风险更具破坏性

C. 数据风险与信息安全风险相互交织

D. 监管套利风险更加凸显

2. 操作风险是指不完善或有问题的（　　）导致直接或间接损失的风险。

A. 内部操作过程　　B. 人员　　C. 系统　　D. 外部事件

三、判断题

1. 金融科技可以完全消除传统金融风险。（　　）

2. 金融科技的应用可能会给金融业带来一些新的风险。（　　）

3. 很多客户在进行网络金融交易时，安全意识不高，不及时查毒杀毒，轻信非法链接，导致自身信息泄露，金融资产被盗。（　　）

4. 随着金融科技的发展，数据服务商难以获得客户大量的私人信息。（　　）

5. 金融业的大数据技术如果过度依赖国外厂商，将为数据监听和泄露埋下隐患，威胁国家金融安全。（　　）

任务二

应用案例

课前任务　收集金融科技发展过程中涌现出的风险事件

4～6名同学为一组，收集近五年来金融科技发展过程中涌现出的风险事件，探究金融科技风险与传统金融风险的不同点以及金融科技最致命的风险。每组整理一个案例，要求有案例介绍和案例点评，并制作PPT，完成后，填写表5-3。

表5-3　课前任务：收集金融科技发展过程中涌现出的风险事件

组别		小组成员	
案例介绍			
案例点评			
是否制作PPT			

课中任务

案例一　金信网银大数据监测预警金融风险平台

案例介绍

在金融监管领域，针对当前互联网环境下网络非法集资规模不断增大、犯罪手段越来越隐蔽化和多样化的不利情况，拓尔思旗下子公司金信网银打造了“大数据监测预警金融风险平台”。该平台以大数据、云计算为技术支撑，构建针对5大领域共17个行业的分析模型。通过机构合规性、网络投诉率、收益率、特征词命中率、传播力等5个维度多项数据，综合分析并计算监控对象非法集资风险相关度（即冒烟指数），实现了对非法集资的事前监测，有效防止发生较大非法集资事件。

2017年年底，由金信网银提供技术支撑、政企合作开发建设的“深圳市金融风险监测预警平台”正式上线发布。依托该平台，深圳市金融办开发了以“人员、资金、业务”为主线的风险预警模型，首创“海豚指数”对企业风险进行分级预警、分类处置，不断提升主动发现、提前预警金融风险的能力，实现对涉众金融风险的“打早打小”，切实保障广大群众和投资者的资产安全。

针对不同行业，分别设计P2P、股权投资、小额贷款、要素交易场所等各类新兴金融业态子系统，从人员、资金、业务三个方面建设“海豚指数”预警模型。“海豚指数”从合规性、收益率、传播力、网络投诉率、特征词命中率5个维度综合评估企业风险，取值介于0～100分，大于60分时，发出风险提示，建议约谈整改；大于80分时，发出高风险预警，建议移交线索，联合公安机关等部门协同处置。

此外，监测预警平台提供了一系列配套监管服务。一是重点企业风险排查服务，深度挖掘企业内在风险；二是搭建线下举报平台，广泛发动群众积极性，检举揭发犯罪活动；三是健全互联网金融平台信用评级体系，实现“白名单”和“黑名单”的分类评级和监管治理。

案例点评

随着区块链、云计算、大数据、人工智能等金融科技的普及和成熟，金融科技应用成为行业趋势，在交易欺诈识别、精准营销、信贷风险评估、股价预测、智能投顾、风险定价等领域，得到了广泛的应用。金融科技在风险管理领域的应用，有利于及时发现风险，提高风险管理效率，节省人力成本，降低资源投入。未来金融科技领域的佼佼者必定是那些能够高效满足监管要求、化被动为主动的企业。因此，无论是传统金融机构还是金融科技公司，都要增强风险意识，由内而外地打造合规经营的企业文化，同时善用监管科技，将风险管理的成本效益最大化。

课中任务单　讨论金融科技在信贷评估中的落地场景

4～6名同学为一组，结合前面的案例分析，讨论金融科技在信贷评估中的落地场景。打开支付宝，对芝麻信用评分进行了解，理解金融科技在信贷评估中的应用，提出对芝麻信用的改进建议，列出新增功能菜单，并加以说明。讨论结束后，每组填写表5-4。

表5-4　课中任务单：讨论金融科技在信贷评估中的落地场景

<table>
<tr><td>组别</td><td></td><td>小组成员</td><td></td></tr>
<tr><td>小组任务</td><td colspan="3">讨论金融科技在信贷评估中的落地场景</td></tr>
<tr><td>芝麻信用
现有功能</td><td colspan="3"></td></tr>
<tr><td>改进建议</td><td colspan="3"></td></tr>
</table>

案例二　“广信”从辉煌走向破产

案例介绍

广东省国际信任投资公司（以下简称“广信”）于1980年建立，1983年获得外汇经营权，20世纪80年代末，广信的经营范围逐步扩大，快速成长为以金融和实业投资为主的企业集团。最辉煌时，广信在广东的投资有3 000多项，成为广东省规模最大的非银行类金融机构。然而，广信的经营治理极其混乱，存在大量的高息揽存、账外经营、乱拆借、乱投资等违规经营行为，导致流动性严重不足，致使无法偿还巨额境内外到期债务，严重资不抵债。

1998年，中国人民银行决定关闭广信，并组织清算组对其进行清算。广信破产案创下了中国当时企业破产的多个纪录：破产标的额最大（209.4 亿元）；单笔破产财产破产价最高（11.3 亿元）；债权人分布地域最广，80% 的债权人为境外债权人；申报的债权最多（387 亿元）；债权清偿率为 12.52%，被称为“债权清偿率最高的经典案例”。

广信破产案是我国首例非银行类金融机构破产案，折射出中国从计划经济过渡到市场经济转型期的阵痛，也使得中国金融业真正走向了市场化，中国破产司法走向了世界舞台，标志着中国金融法治进入新纪元。广东法院在审理广信破产案的过程中，先后梳理出多个法律问题。对这些问题解决办法的总结，直接推动了 2001 年破产司法解释和 2006 年破产法的出台。

案例点评

广信破产事件之所以引起强烈的震动，是因为监管当局在这一事件上没有采取以往处理问题金融机构的方法，而是让其破产。对广信依法实施破产，符合市场化原则和法治化原则，打破了刚性兑付的潜规则，政府不再为国有金融机构背书。我国的金融机构在过去较长时间内一度缺乏市场退出这一重要环节，金融机构往往只有“生”，没有“死”，难免会为道德风险的滋生提供土壤，导致一部分金融机构对法律法规以及监管要求熟视无睹，违规经营，扰乱金融市场秩序。

金融业是一个高风险行业，经营状况恶化的金融机构如不及时淘汰，后果不只是降低经营效率，更会导致风险累积，最终可能引发更广大范围危机的产生。广信破产这一基于市场规律的金融机构风险处置事件大大提升了社会大众的金融风险意识，对投资者进行了有效的教育，也给了金融机构切实的合规经营压力，有助于形成一种健康规范的金融运行氛围。

课后任务　讨论金融机构破产的风险来源

4～6名同学为一组，结合上述案例，讨论金融机构破产的风险来源。结合包商银行破产清算案例，分析金融机构在运营中需要关注哪些重要风险，并提出相关建议。每组提交一份PPT，并填写表5-5。

表5-5　课后任务：讨论金融机构破产的风险来源

组别		小组成员	
小组任务	讨论金融机构破产的风险来源		
金融机构在运营中的待改进之处			
改进建议			
是否完成PPT			

任务三

实训操作指引

课前任务　查找并自学几个基本概念

每位同学查找并自学以下几个基本概念：（1）压力测试；（2）流动性；（3）流动性风险；（4）情景分析；（5）情景设计；（6）承压指标；（7）压力因素；（8）压力指标；（9）压力情景；（10）压力传导机制；（11）流动性覆盖率；（12）净稳定资金比例；（13）流动性匹配率；（14）优质流动资产充足率；（15）流动性缺口率；（16）资产流动性比例 / 流动性比例；（17）资金头寸；（18）存贷比；（19）备付金。

微课

课中任务

一、实训任务

本次实训任务是商业银行流动性压力测试虚拟仿真实验。

二、实训目的

本项目基于我国商业银行运营实际，针对真实案例和运营数据，设计流动性压力测试技术方案，评估不同压力情景下的商业银行流动性风险，利用虚拟仿真平台，开发压力测试模型和算法，简化学生实验教学中的复杂计算，帮助学生深入掌握压力测试的内在机理和逻辑。

（1）学生能够深入学习商业银行流动性压力测试的内在机理；

（2）学生能够选择自主设计压力情景进行流动性风险分析。

三、实验参数

（一）后台数据库

1. 样本银行数据

银行资产负债表和现金流量表，包含资产类数据、负债类数据，重点观测流动性风险相关指标。

2. 宏观风险因子数据

主要分析外部冲击对银行流动性的影响，涉及国民经济景气指标、物价水平指标、利率水平指标、货币供应量指标、金融市场影响指标、外部冲击指标等宏观数据。

（二）压力情景设计

主要设计压力测试指标，并根据参数设计压力情景，包括轻度、重度、极端三种。

四、知识储备

（1）压力测试：一种银行风险管理和监管分析工具，用于分析假定的、极端的但可能产生的不利情景对银行整体或资产组合的冲击程度，进而评估其对银行资产质量、盈利能力、资本水平和流动性的负面影响。

（2）流动性：银行满足存款人提取现金、到期支付债务和借款人正常贷款的能力。

（3）流动性风险：商业银行无法以合理成本及时获得充足的资金，用于偿付到期债务、履行其他支付义务和满足正常业务开展的其他资金需求的风险。

（4）情景分析：旨在测量多个风险因子同时发生变化以及某些极端不利事件发生

对银行风险暴露和银行承受风险能力的影响。

（5）情景设计：应反映银行主要风险因子、不同业务条线情况、外部环境冲击的影响变化，考虑各风险因子在一系列宏观经济和金融冲击下的相互作用和反馈效应。

（6）承压指标：反映承压对象的可量化和可计算的具体指标。

（7）压力因素：引发承压对象极端波动的原因，一般也称为风险因子或风险因素。

（8）压力指标：压力因素的具体化，反映压力因素的可量化的风险指标。

（9）压力情景：压力因素的可能变化状态。

（10）压力传导机制：压力因素波动转化为承压对象波动的传导原理。

（11）流动性覆盖率：优质流动资产 / 未来 30 天现金净流出量，旨在确保商业银行具有充足的优质流动资产，能够在规定的流动性压力情景下，通过变现这些资产来满足未来至少 30 天的流动性需求。流动性覆盖率的最低监管标准为不低于 100%。

（12）净稳定资金比例：可用的稳定资金 / 所需的稳定资金，旨在确保商业银行具有充足的稳定资金，以满足各类资产和表外风险敞口对稳定资金的需求。净稳定资金比例的最低监管标准为不低于 100%。

（13）流动性匹配率：加权资金来源 / 加权资金运用，衡量商业银行主要资产与负债的期限配置结构，旨在引导商业银行合理配置长期稳定负债、高流动性或短期资产，避免过度依赖短期资金支持长期业务发展，提高流动性风险抵御能力。流动性匹配率的最低监管标准为不低于 100%。

（14）优质流动资产充足率：优质流动资产 / 短期现金净流出，旨在确保商业银行保持充足的、无变现障碍的优质流动资产，在压力情景下，银行可通过变现这些资产来满足未来 30 天的流动性需求。优质流动资产充足率的最低监管标准为不低于 100%。

（15）流动性缺口率：90 天内表内外流动性缺口 / 90 天内到期表内外流动资产，流动性缺口率不应大于（高于）10%。

（16）资产流动性比例 / 流动性比例：各项流动资产与各项流动负债的比值，不应低于 25%。该指标的计量比较简单直观，流动资产包括现金、黄金、超额准备金、一个月内到期的同业往来款项轧差后资产方净额、一个月内到期的应收利息及其他应收款、一个月内到期的合格贷款、一个月内到期的债券投资、在国内外二级市场上可随时变现的债券投资、其他一个月内到期可变现的资产（剔除其中的不良资产），流动负债包括活期存款（不含财政性存款）、一个月内到期的定期存款（不含财政性存款）、一个月内到期的同业往来款项轧差后负债方净额、一个月内到期的已发行债券、一个月内到期的应付利息及各项应付款、一个月内到期的央行借款、其他一个月内到期的负债。

（17）资金头寸：银行当前所有的可用资金的总和。主要包括存放央行的超额准备金、存放同业的清算款项净额、银行存款以及现金等部分。头寸管理的目标就是在满足流动性要求的前提下尽可能减少头寸占用，避免资金闲置造成的浪费。

（18）存贷比：贷款余额 / 存款余额，存贷比过高会导致银行有支付危机。2015 年 6 月通过的《中华人民共和国商业银行法修正案（草案）》删除贷款余额与存款余额之比不得超过 75% 的规定，将存贷比由法定监管指标转为流动性监测指标。

（19）备付金：商业银行存放央行的超过法定存款准备金的那部分存款，一般称为超额准备金，亦称“备付金”。广义的备付金包括库存现金和在央行的存款，前者叫现金准备金，后者叫存款准备金，其中存款准备金是主体。我们平常所称的备付金，是狭义上的存款准备金，即商业银行和其他金融机构存入央行的存款。商业银行和其他金融机构按规定比例缴存央行的存款准备金，除了在客户存款下降时可以调减退回，其他情况下是不能支取或动用的，实际上不能充当备付金。从 1989 年开始，央行按照各商业银行和其他金融机构的不同情况，分别核定备付金占客户存款的比例。除有特殊的情况，在央行的存款不得低于这个比例。

五、实验过程

（一）登录实验

输入账号与密码，点击“登录”按钮进入实验之后的界面如图 5－1 所示。

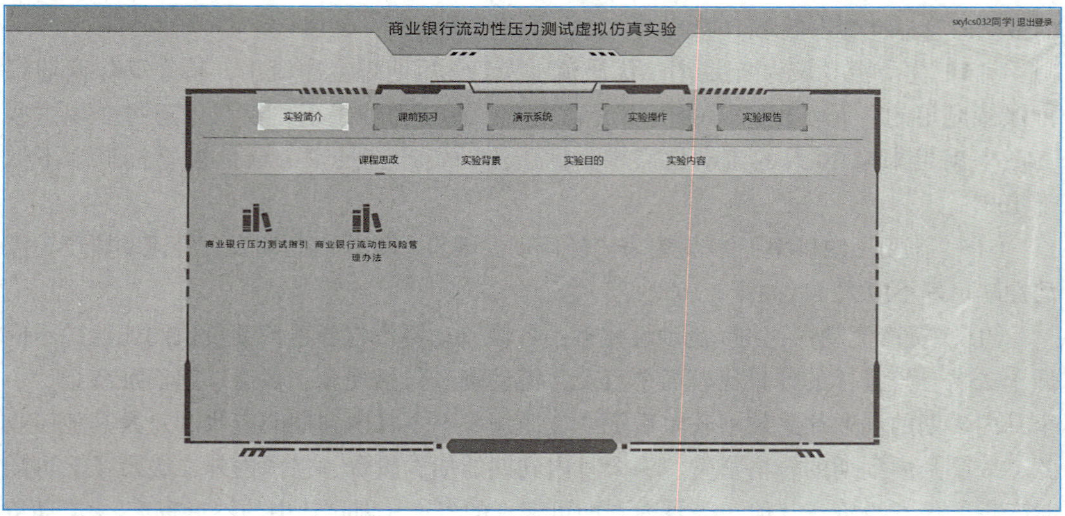

图 5－1　进入实验界面

（二）课前预习

（1）实验开始前，需要学生对实验可能会用到的理论知识进行测试。点击“课前预习”按钮进入测试，系统会给出 15 道题对实验者进行测试，测试结果不影响最终实验成绩，如图 5－2 所示。

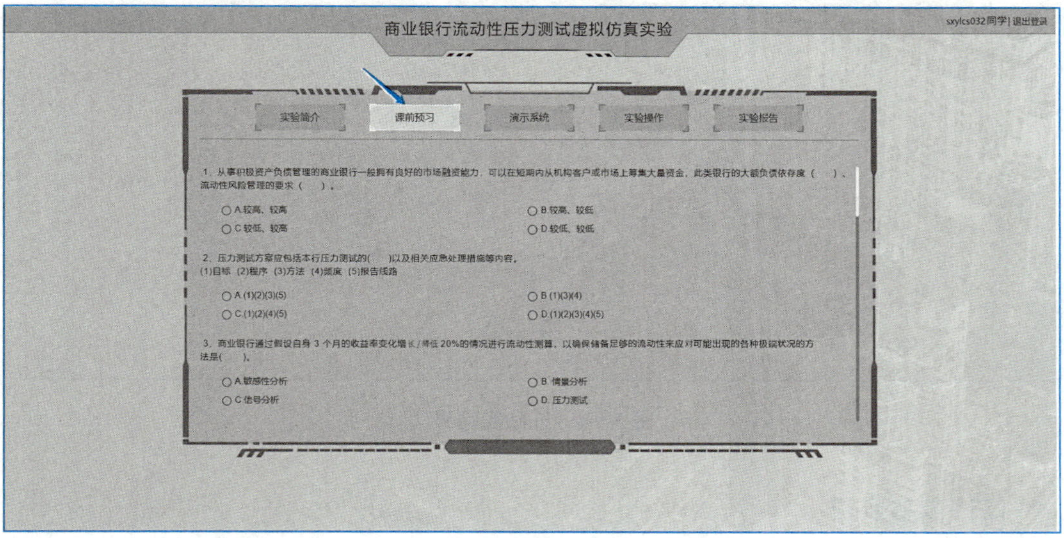

图 5－2　课前预习界面

（2）测试完成后，点击“提交”按钮，系统会自动对测试结果进行考核，如图 5－3 所示。

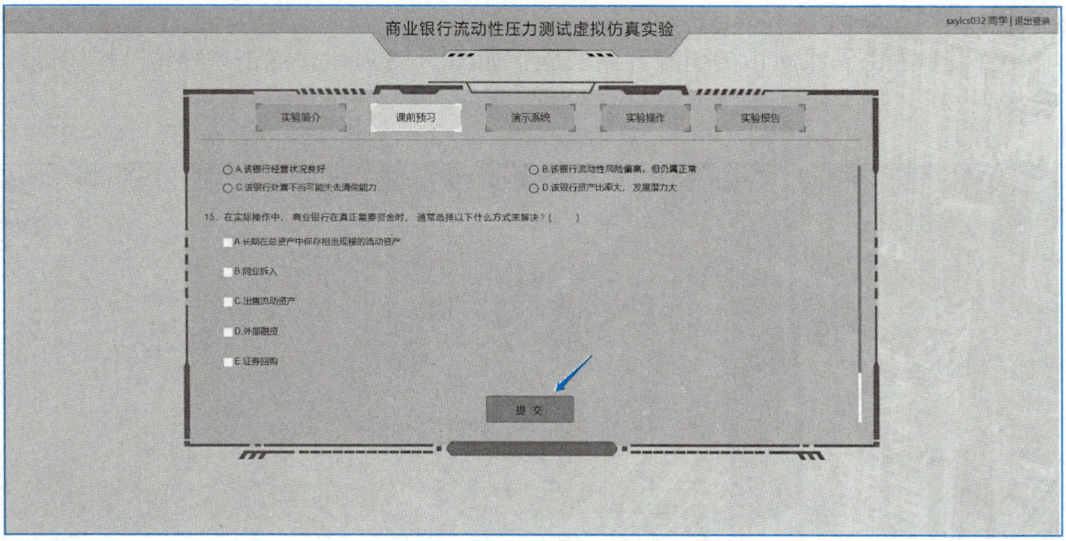

图 5－3　测试提交界面

（3）点击“实验操作”按钮查看实验操作流程，点击“开始实验”进入正式实验，如图 5－4 所示。

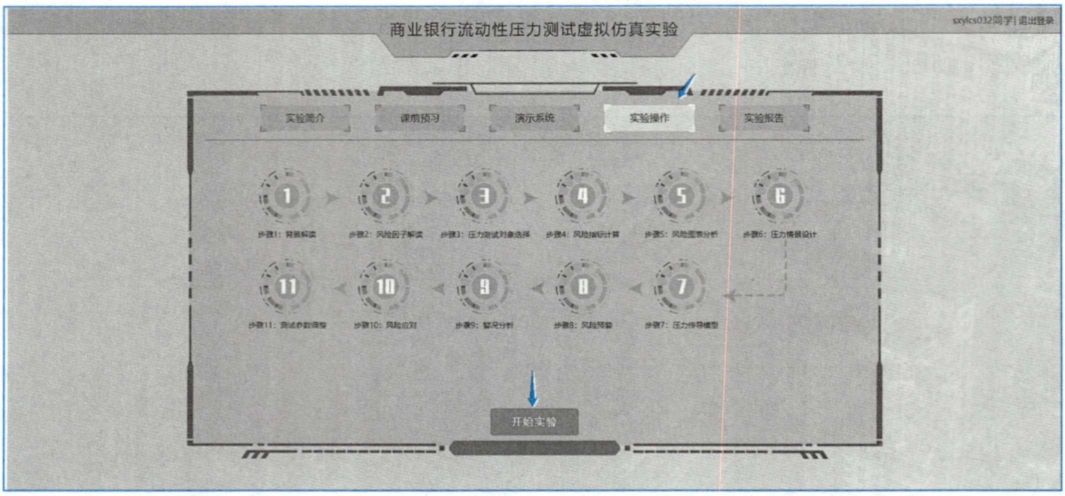

图 5-4　开始实验界面

（三）实验步骤

实验共 11 个步骤。

步骤 1：背景解读

- **实验目的：**让学生掌握有关流动性的基本监管规则，了解《商业银行压力测试指引》，并结合宏观经济背景理解风险因子的含义。
- **操作过程：**

（1）学生由人机对话的引导开始实验，如图 5-5 所示，点击“继续”按钮进行实验。

图 5-5　人机对话引导界面

（2）学生了解“钱荒”事件的不同阶段及其介绍，如图 5－6 所示。

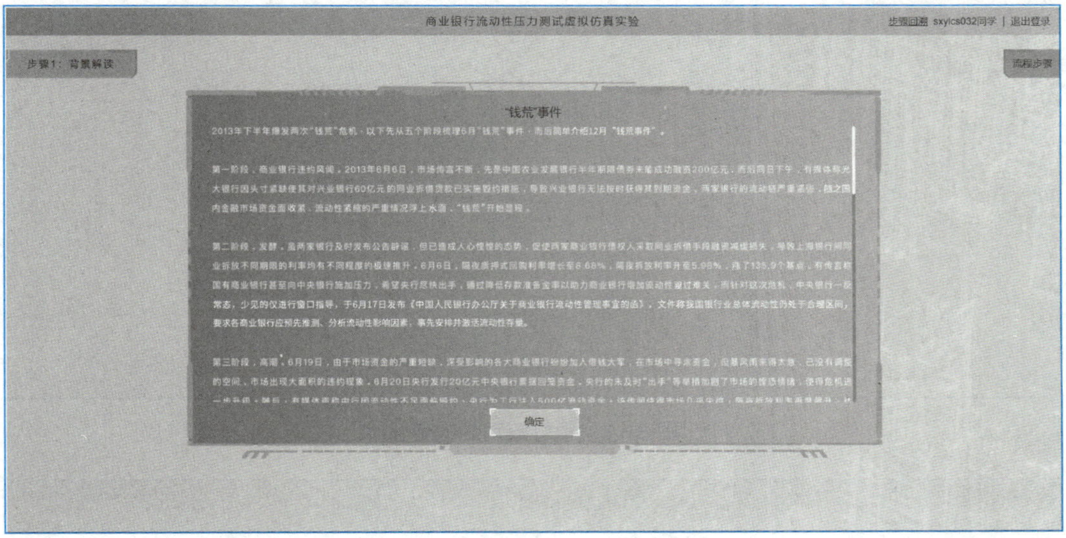

图 5－6　了解“钱荒”事件

（3）学生查看“钱荒”事件对各宏观经济背景指标的影响，如图 5－7 所示。

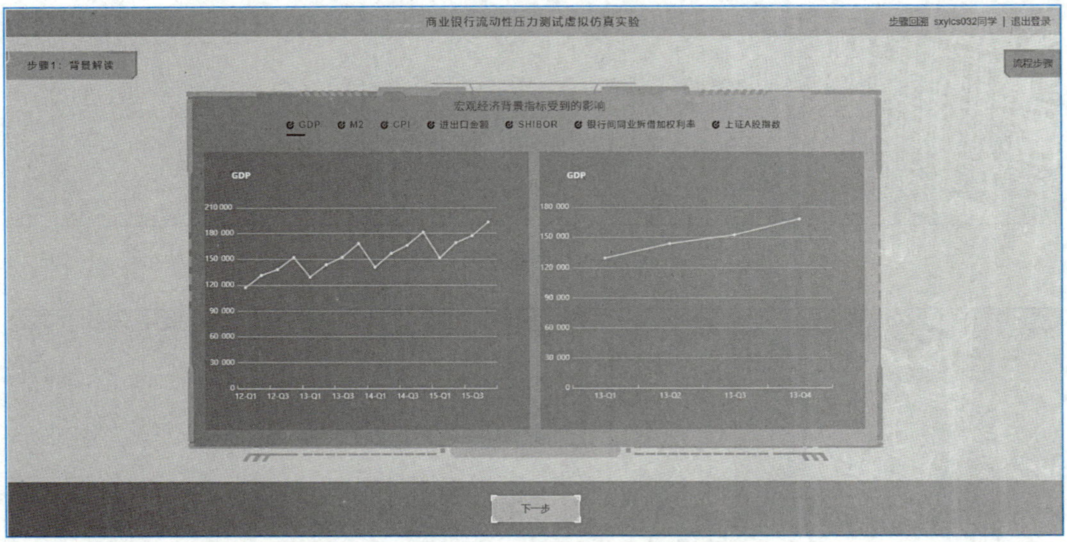

图 5－7　查看“钱荒”事件对各宏观经济背景指标的影响

（4）学生查看“钱荒”事件发生期间银行流动性的变化，如图 5－8 所示。

（5）学生回答实验交互问题，如图 5－9 所示。

（6）学生查看两种实验背景，如图 5－10 所示。

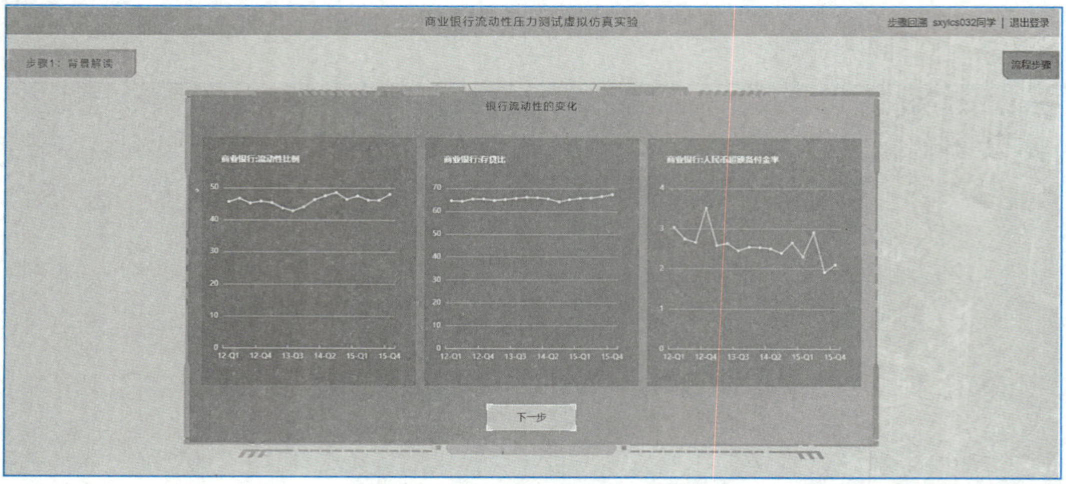

图 5-8　银行流动性的变化

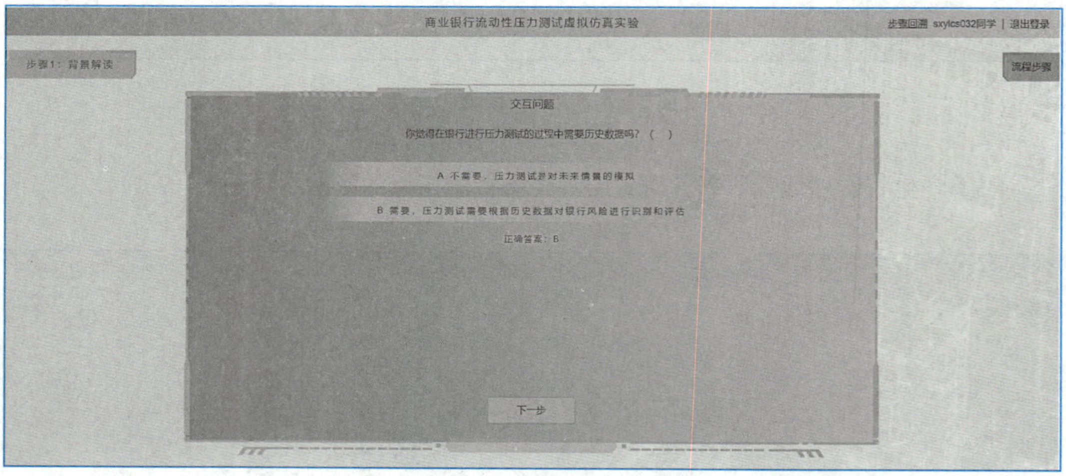

图 5-9　回答交互问题

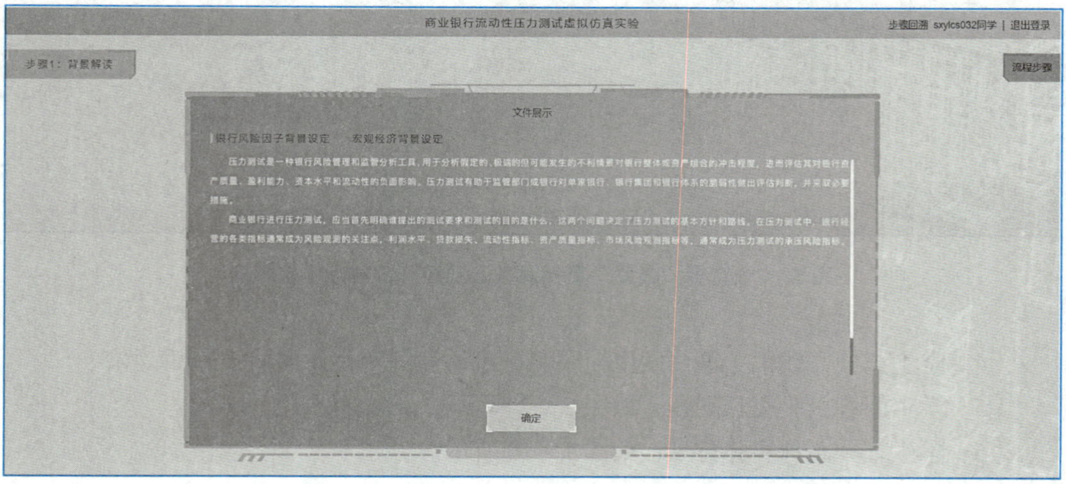

图 5-10　银行风险因子背景设定与宏观经济背景设定

课中任务

（7）学生回答实验交互问题，如图 5－11 所示。

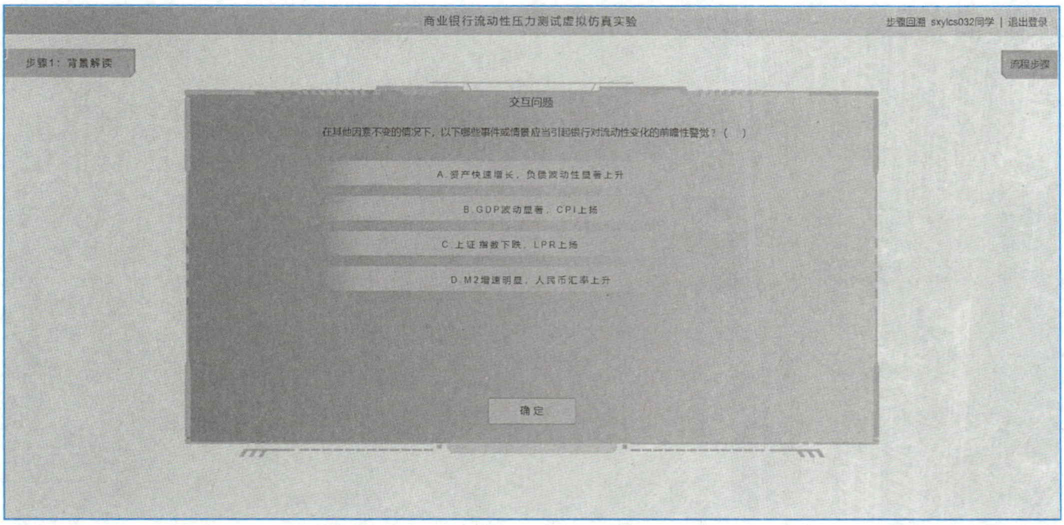

图 5－11　回答实验交互问题

● **考核方式：**自动考核，系统内置的交互问题答案，自动进行考核。

步骤 2：风险因子解读

● **实验目的：**根据模型类型的不同，按两个分支展示风险因子，并根据可能影响流动性风险的各风险因子的数据，让学生了解每个风险因子是怎样引发流动性变化的、为什么某个指标会成为风险因子。

● **操作过程：**

（1）学生选择“宏观经济冲击下的商业银行流动性风险压力测试”进行实验，如图 5－12 所示。

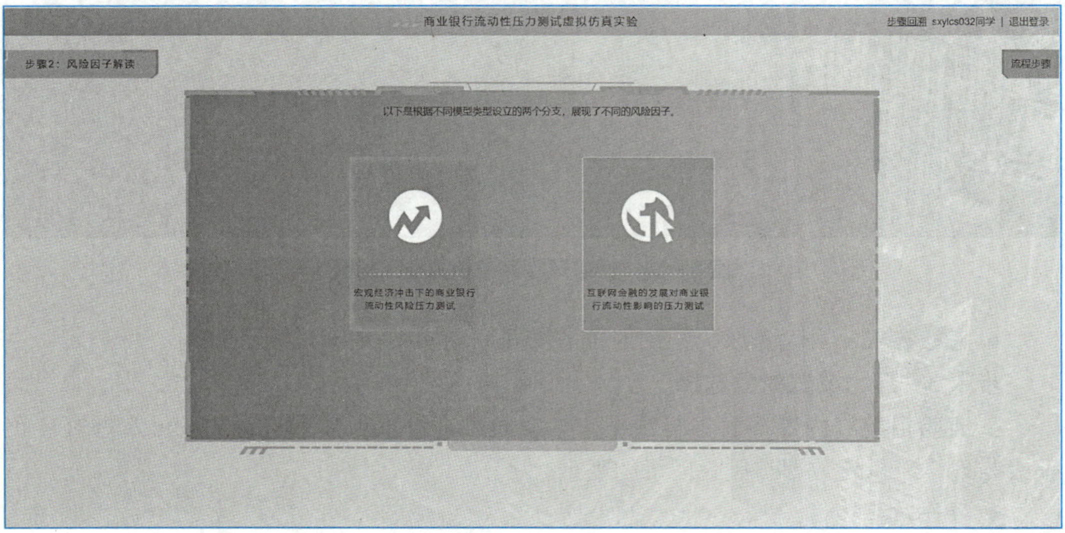

图 5－12　选择模型分支

（2）查看各风险因子十来年的数据及各风险因子的介绍，如图 5－13 所示。

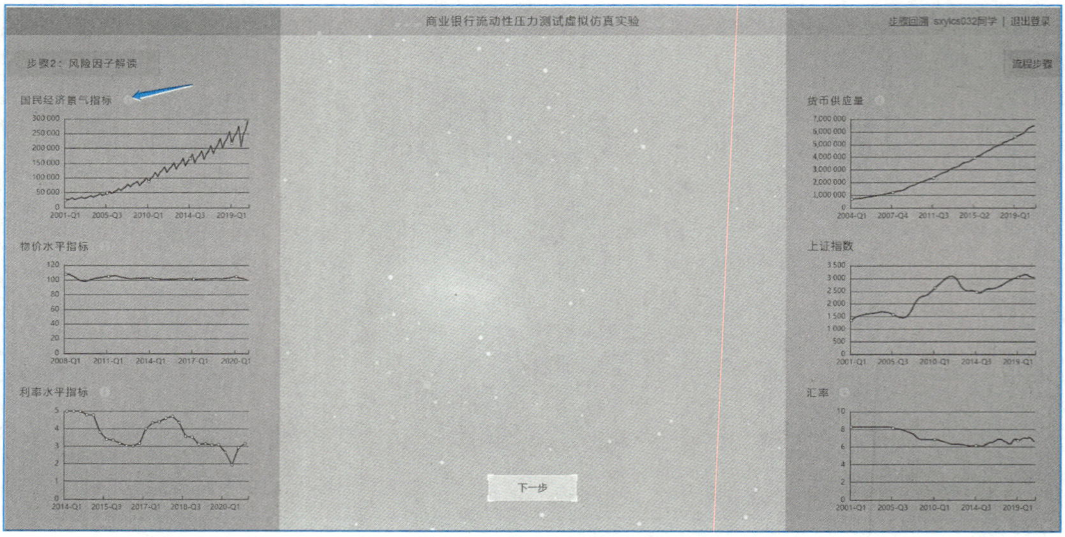

图 5－13　风险因子介绍与历年数据

（3）点击“下一步”，回答交互问题，如图 5－14 所示。

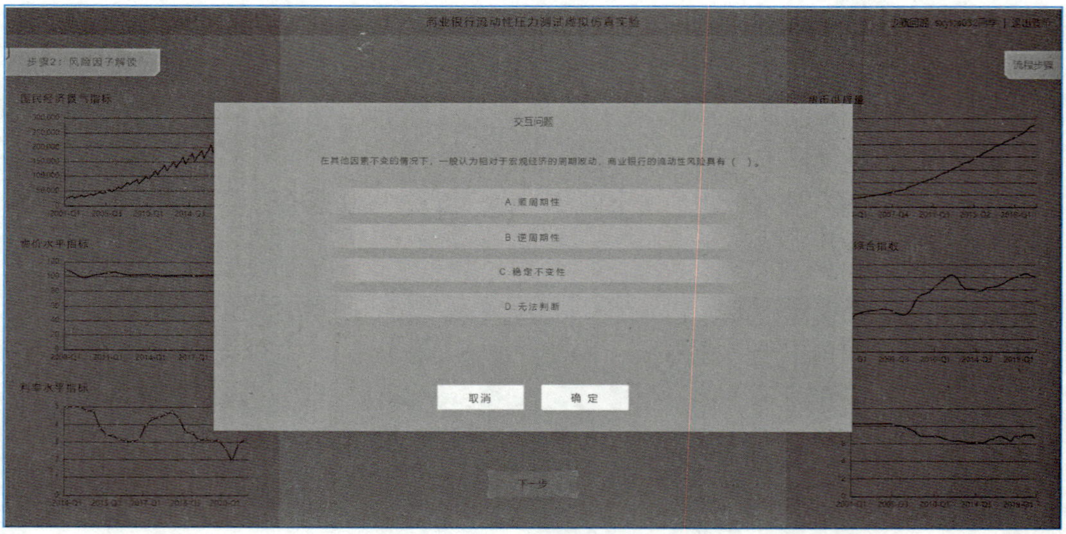

图 5－14　回答风险因子相关交互问题

● **考核方式：**自动考核，系统内置的交互问题答案，自动进行考核。

步骤 3：压力测试对象选择

● **实验目的：**内置多套银行数据，学生通过查看银行数据进行比较，掌握资产负债表与现金流量表数据与风险因子的联系。

● **操作过程：**

（1）学生可以勾选上方的复选框，查看四类银行的财报数据，如图 5－15 所示。

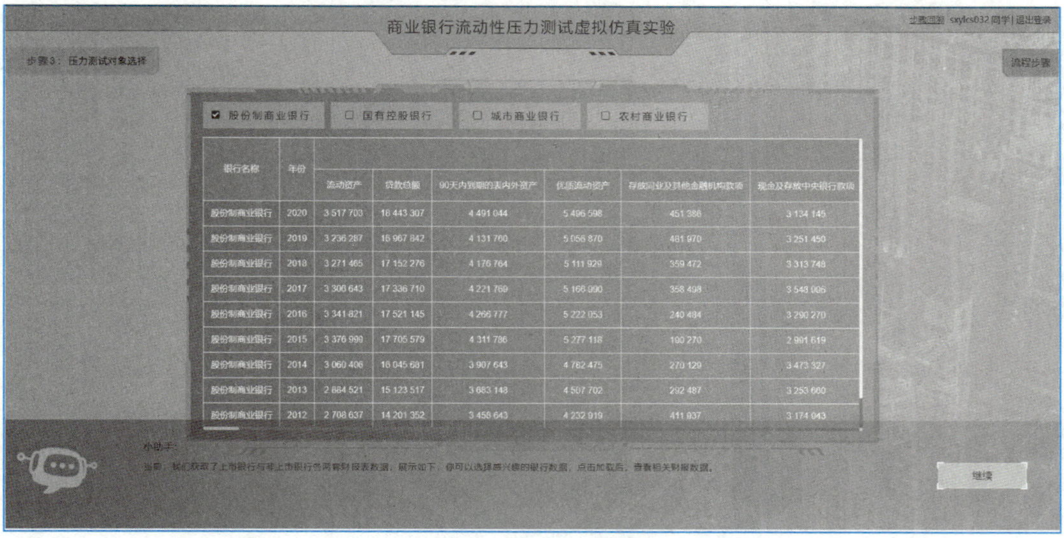

图 5 - 15 查看银行财报数据

（2）在对银行的数据有了一定的了解之后，学生需要选择任意一类银行作为流动性压力测试的对象，如图 5 - 16 所示。

图 5 - 16 选择进行压力测试的银行

- **考核方式：**不考核。

步骤 4：风险指标计算

- **实验目的：**根据内置的多套银行数据，学生掌握流动性相关指标的计算。
- **操作过程：**

（1）学生需要点击各风险指标下方的“填写公式”按钮，进行风险指标计算公式的编写，如图 5 - 17 所示。

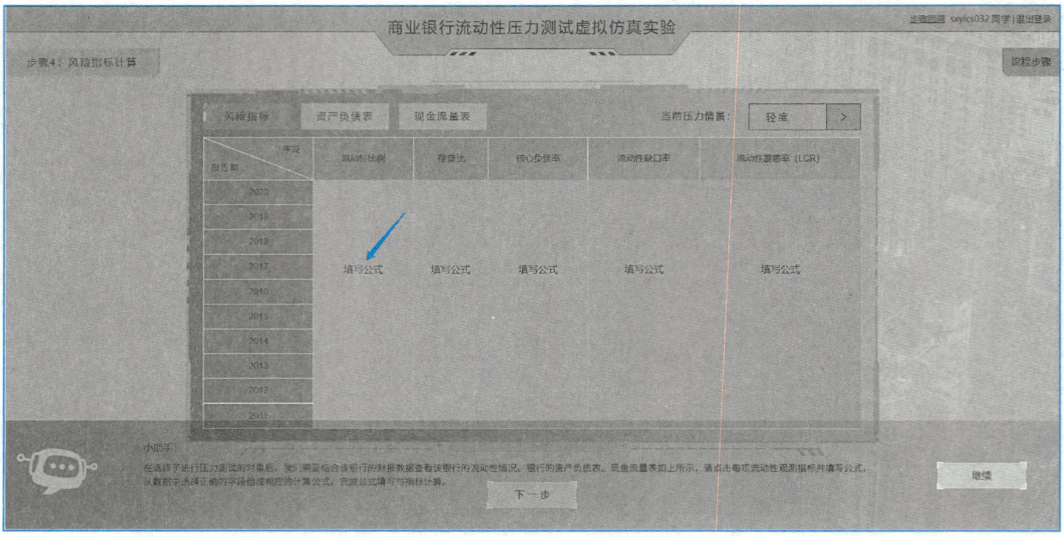

图 5－17　风险指标计算公式填写

（2）学生可以在操作台右侧先选择数据表，然后选择字段，结合左侧的运算符，组成该风险指标的计算公式。点击“确定”后，系统会显示运算结果，如图 5－18 所示。

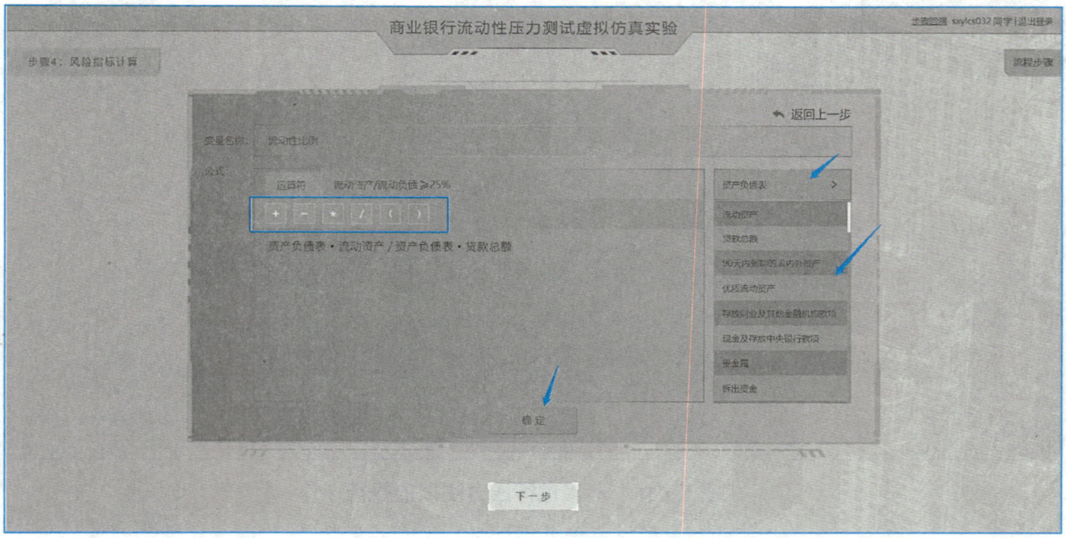

图 5－18　选择字段编写风险指标计算公式

（3）学生完成各风险指标的计算，点击“下一步”继续实验。

对于右上角的压力情景，若老师进行了初始设置，则学生在初次实验时无法进行修改；若老师允许学生自主设置压力情景，则学生可以自主选择。如图 5－19 所示。

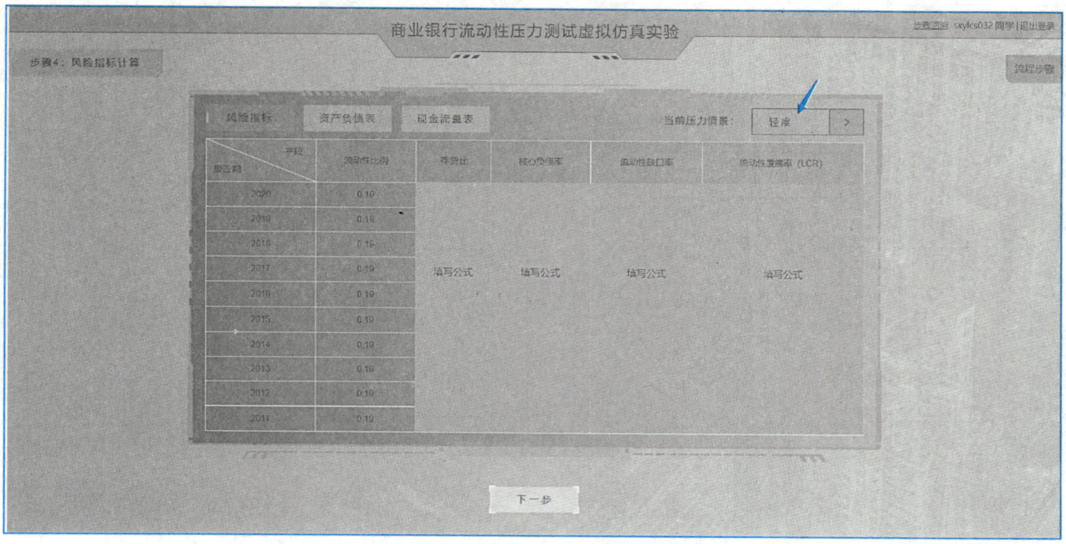

图 5-19　学生设置压力情景

● **考核方式：**自动考核，系统内置的风险指标计算公式，自动进行考核。

步骤 5：风险图表分析

● **实验目的：**根据内置的多套银行数据，学生掌握流动性指标与风险因子的相关性分析。

● **操作过程：**

（1）学生查看分析任务，如图 5-20 所示。

图 5-20　查看分析任务

（2）学生点击任意图表进行银行数据分析。选择数据表、X 轴与 Y 轴字段，点击“确定”按钮，形成相应图表，如图 5-21 所示。

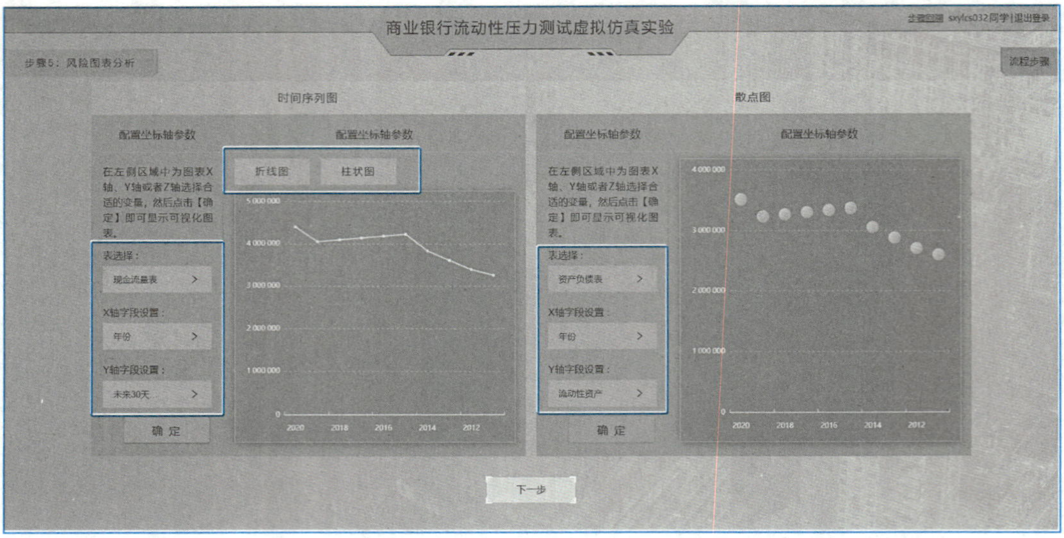

图 5-21　银行数据分析

- **考核方式：** 自动考核。

步骤 6：压力情景设计

- **实验目的：** 通过设置压力指标，学生了解不同压力情景下观测指标的范围变化。
- **操作过程：**

学生根据实验背景要求的压力情景，选择至多两个风险因子，并输入观测值，如图 5-22 所示。点击“下一步”进入压力测试模型。

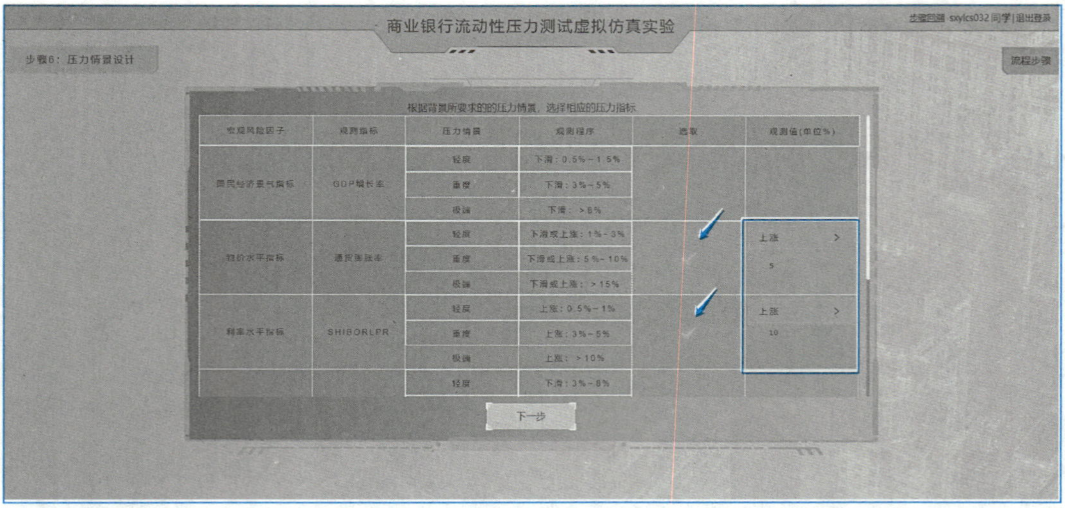

图 5-22　确定风险因子

- **考核方式：** 根据学生输入的观测值范围是否合理进行考核。

步骤 7：压力传导模型

- **实验目的：** 通过分析压力传导模型，学生掌握流动性指标与风险因子的压力传导机理。

● **操作过程：**

（1）学生查看压力传导模型假设与相关介绍，如图 5 - 23 所示。

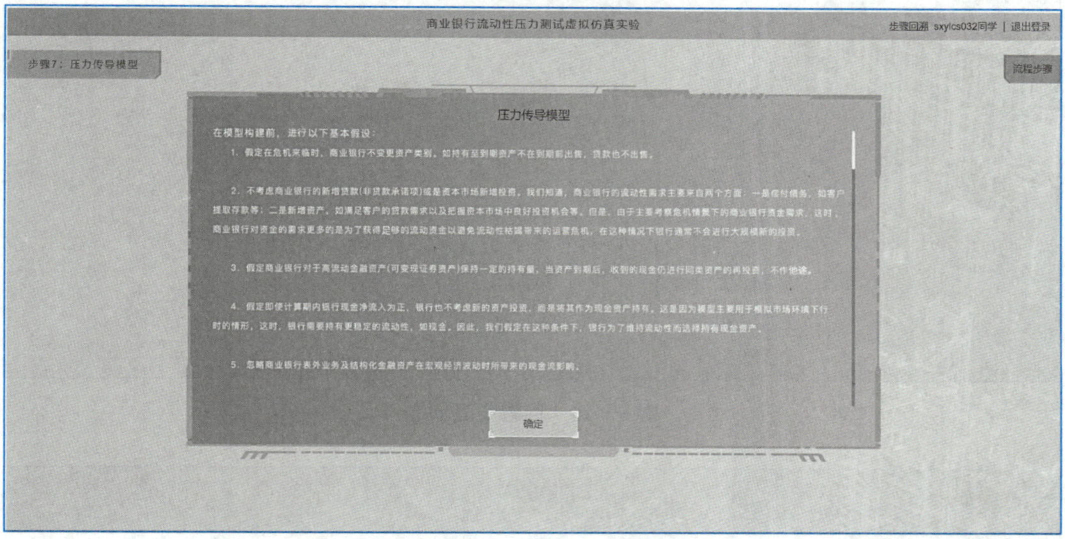

图 5 - 23　压力传导模型介绍

（2）学生查看压力传导模型流程图介绍，如图 5 - 24 所示。

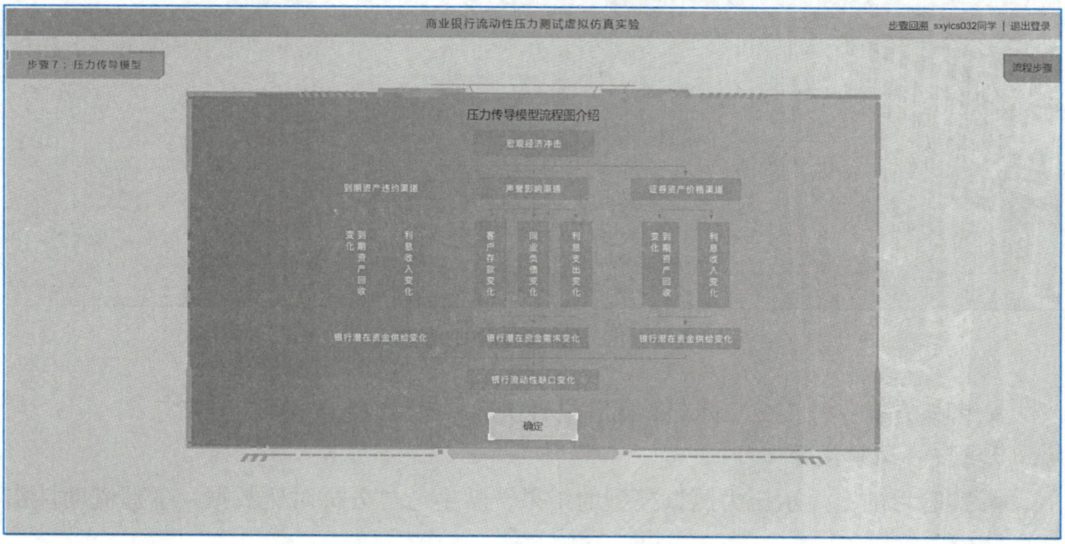

图 5 - 24　压力传导模型流程图介绍

（3）根据理论知识回答相关交互问题，如图 5 - 25 所示。

（4）学生查看银行以往的流动性风险情况，点击“开始测试”，系统运行压力测试模型，如图 5 - 26 所示。

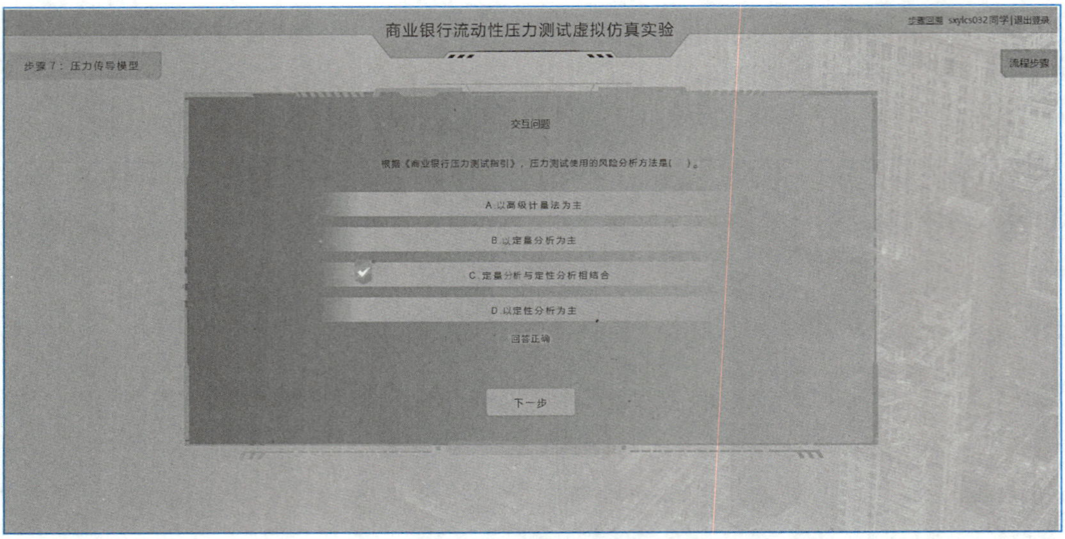

图 5-25　回答交互问题

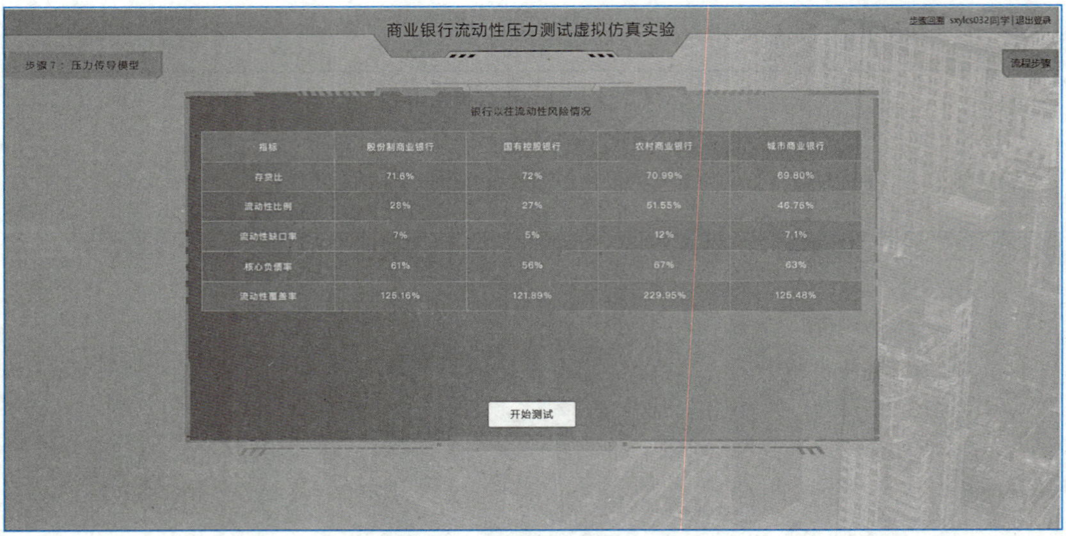

图 5-26　银行以往流动性风险

● **考核方式：**考核交互问题的回答是否正确。

步骤 8：风险预警

● **实验目的：**显示压力测试模型的结果，学生通过分析对比数据，掌握流动性指标的相应监管要求。

● **操作过程：**

（1）系统展示各流动性指标的阈值、测试前的值以及压力测试模型运行得出的结果，以红色信号灯标识存在风险，如图 5-27 所示。

（2）学生需要根据系统展示的阈值回答相关交互问题（在提交前，若需返回查看数据，点击“取消”按钮即可，之后点击“下一步”可重新答题），如图 5-28 所示。

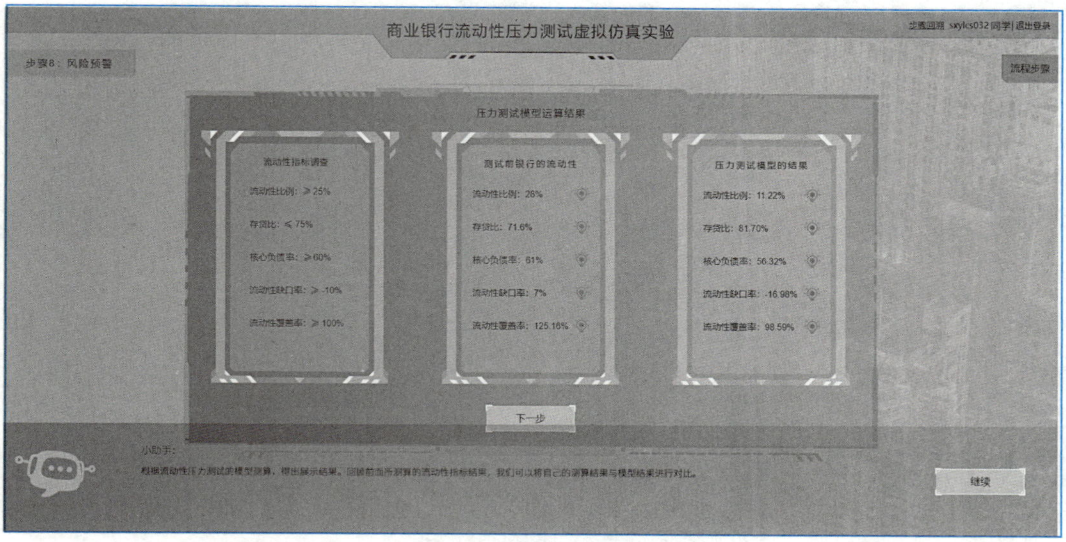

图 5－27　压力测试模型运行结果

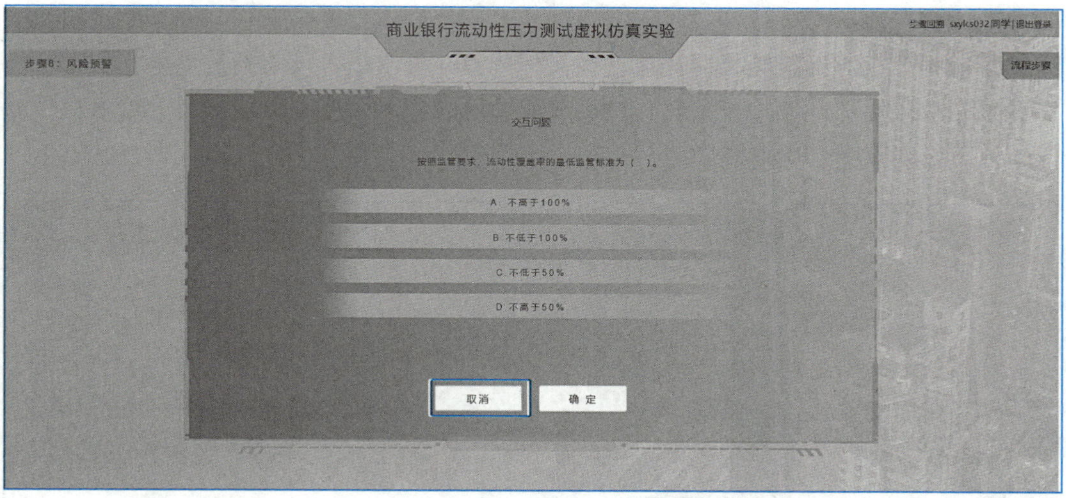

图 5－28　回答交互问题

- **考核方式：**考核交互问题的回答是否正确。

步骤 9：警况分析

- **实验目的：**根据出现的预警信息，需要学生逐条分析导致预警情况出现的原因。
- **操作过程：**

系统根据模型运行结果对比流动性指标阈值，得出暗含风险的流动性指标，学生分析该指标提示风险的原因。在输入框中输入自己的主观分析，如图 5－29 所示。

- **考核方式：**不考核。

步骤 10：风险应对

- **实验目的：**系统列出上一步骤中的潜在风险与脆弱环节，学生根据这些信息给出改进措施。

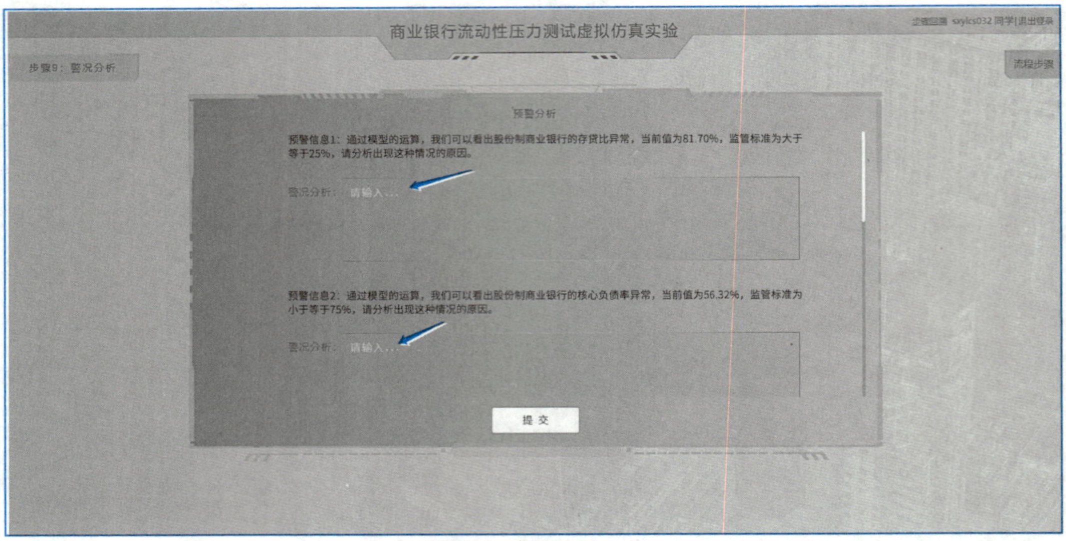

图 5-29　分析流动性指标提示风险的原因

● **操作过程：**

系统根据模型运行结果对比流动性指标阈值，得出暗含风险的流动性指标，学生结合该指标提示风险的原因分析，给出相应的风险应对策略。在输入框中输入自己的主观分析，如图 5-30 所示。

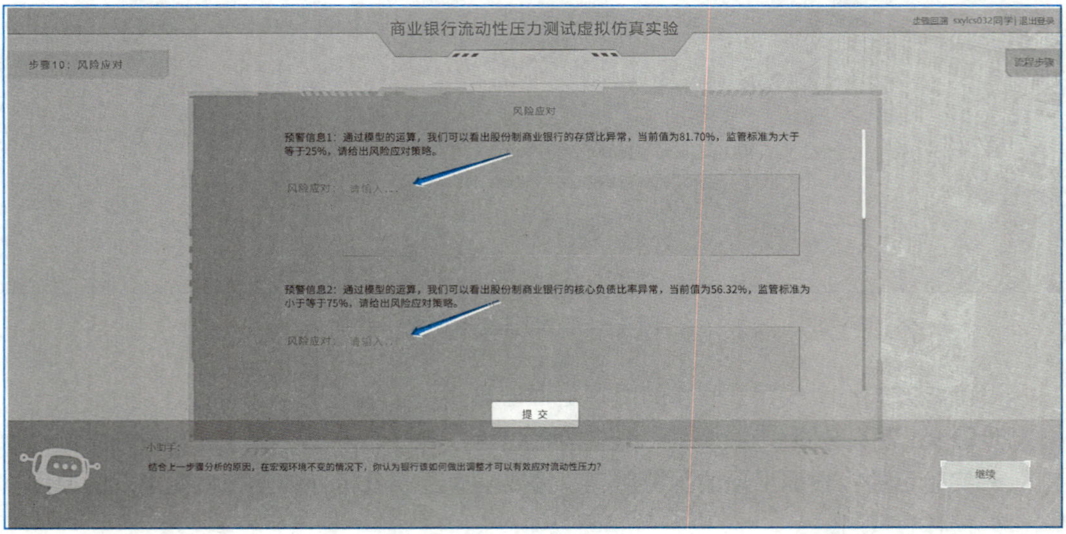

图 5-30　风险应对策略

● **考核方式：**不考核。

步骤 11：测试参数调整

● **实验目的：**根据风险应对内容，对压力测试参数进行调整，再次运行压力测试模型。

● **操作过程：**

（1）结合各指标测试结果对应的风险原因及应对策略，可重新选择风险因子、修改风险因子观测值，如图 5－31 所示。

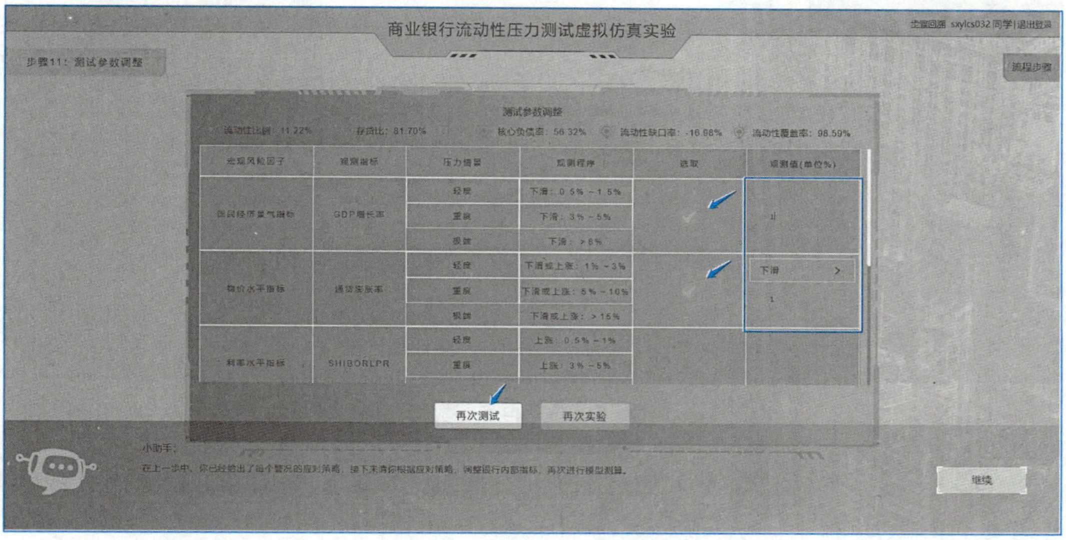

图 5－31　修改风险因子

（2）点击“再次测试”按钮，系统将再次运行压力测试模型进行流动性风险测试，并显示测试结果，如图 5－32 所示。

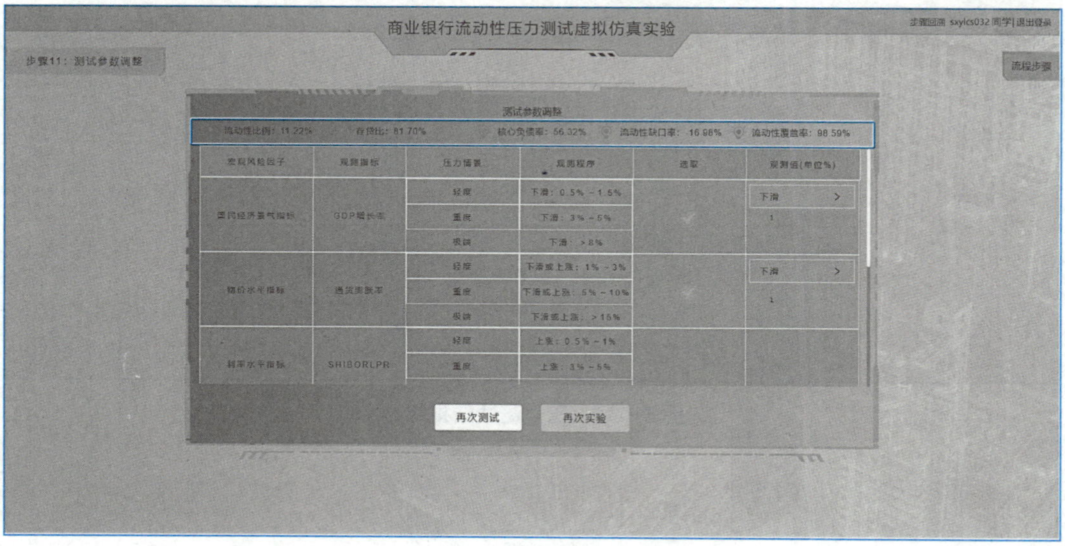

图 5－32　再次测试结果

（3）点击“再次实验”按钮，系统将给出操作提示，若学生选择再次实验，则回到步骤 4，可选择其他压力情景继续实验，如图 5－33 所示。

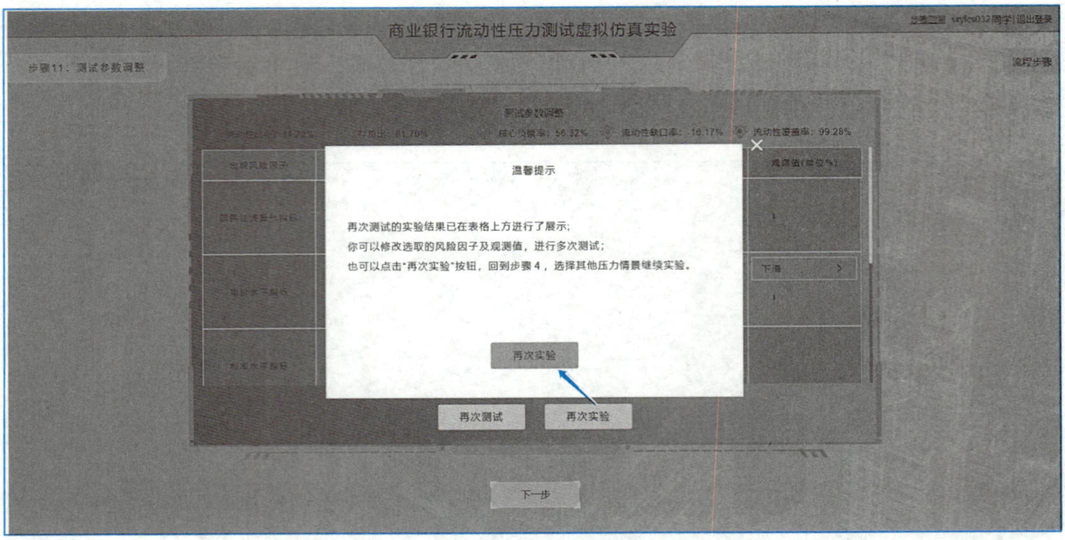

图 5－33　再次实验

（4）若不想再次实验，则点击“下一步”按钮，系统将展示流动性指标阈值以及学生进行的压力测试结果，如图 5－34 所示。

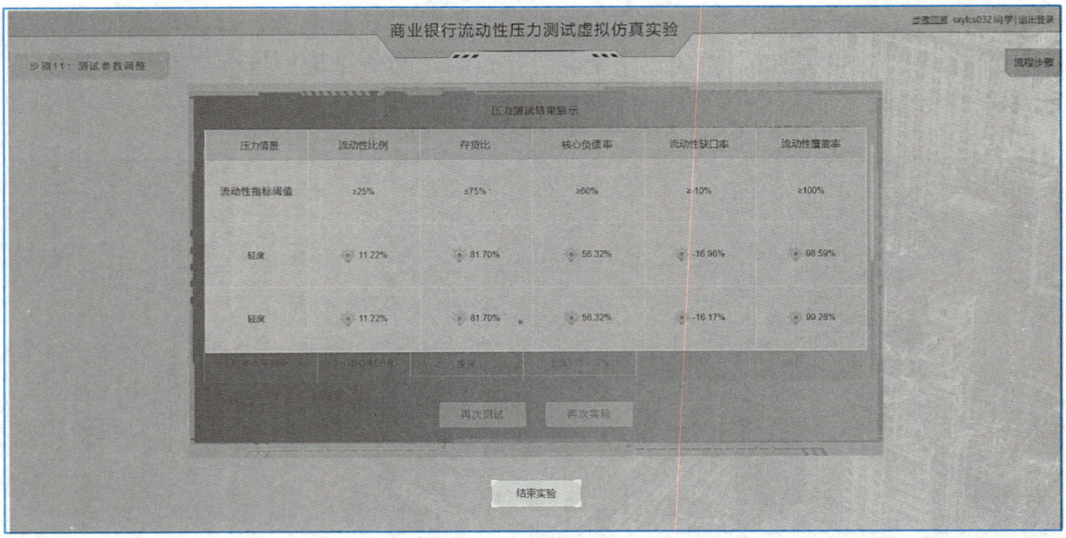

图 5－34　压力测试结果综合

● **考核方式：**自动考核。

课后任务　实训任务总结和反思

学生点击“实验报告”，系统跳转到实验报告填写界面，可查看本次实验的操作记录与实验成绩，如图 5-35 所示。学生可点击“下载实验报告”存档，如图 5-36 所示。

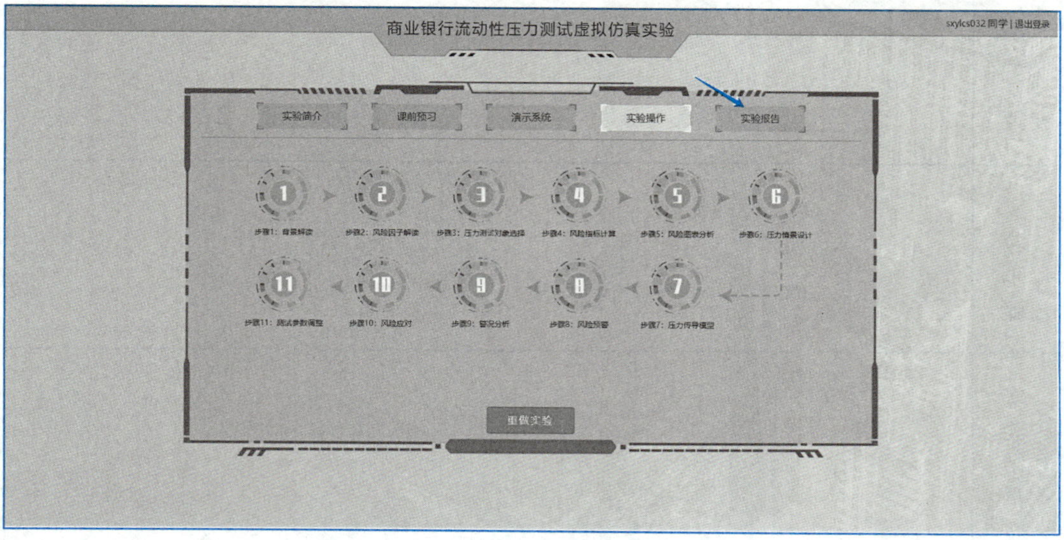

图 5-35　点击“实验报告”按钮

商业银行流动性压力测试虚拟仿真实验

实 验 报 告

实验名称：商业银行流动性压力测试虚拟仿真实验

学生姓名：sxylcs032

学　　号：sxylcs032

账　　号：sxylcs032

专业班级：流动性压力测试评审班级

所属学院：

上课模式：不分组

实验日期：

指导教师：

<table>
<tr><td>实验目的</td><td colspan="3"></td></tr>
<tr><td>实验要求</td><td colspan="3"></td></tr>
<tr><td>实验步骤</td><td colspan="3"></td></tr>
<tr><td>实验结果及分析</td><td colspan="3"></td></tr>
<tr><td>教师评语</td><td colspan="3">教师签名：
年　　月　　日</td></tr>
<tr><td rowspan="3">实验成绩</td><td>实验操作</td><td>考试测验</td><td>总成绩</td></tr>
<tr><td></td><td></td><td></td></tr>
<tr><td colspan="3">学生签名：
年　　月　　日</td></tr>
</table>

步骤名称	开始时间	结束时间	实验用时	推荐用时	得分	总分	赋分模型
步骤 1：背景解读	2023/01/05 10:05:01	2023/01/05 10:07:10	129	300	0	5	默认
步骤 2：风险因子解读	2023/01/05 10:07:11	2023/01/05 10:11:41	270	180	0	5	默认
步骤 3：压力测试对象选择	2023/01/05 10:11:42	2023/01/05 10:12:41	59	180	10	10	默认
步骤 4：风险指标计算	2023/01/05 10:12:42	2023/01/05 10:15:08	146	300	0	10	默认
步骤 5：风险图表分析	2023/01/05 10:15:09	2023/01/05 10:16:37	88	300	10	10	默认
步骤 6：压力情景设计	2023/01/05 10:16:38	2023/01/05 10:18:13	95	180	0	10	默认
步骤 7：压力传导模型	2023/01/05 10:18:14	2023/01/05 10:19:40	86	300	10	10	默认
步骤 8：风险预警	2023/01/05 10:19:41	2023/01/05 10:20:56	75	300	10	10	默认
步骤 9：警况分析	2023/01/05 10:20:57	2023/01/05 10:21:41	44	600	10	10	默认
步骤 10：风险应对	2023/01/05 10:21:42	2023/01/05 10:22:09	27	600	10	10	默认
步骤 11：测试参数调整	2023/01/05 10:22:10	2023/01/05 10:26:09	239	600	10	10	默认

步骤 1：背景解读
sxylcs032 完成交互问题：你觉得在银行进行压力测试的过程中需要历史数据吗？（　　），正确答案为“B. 需要，压力测试需要根据历史数据对银行风险进行识别和评估”。
sxylcs032 完成交互问题：在其他因素不变的情况下，以下哪些事件或情景应当引起银行对流动性变化的前瞻性警觉？（　　），正确答案为“A. 资产快速增长，负债波动性显著上升”。
步骤 2：风险因子解读
sxylcs032 完成交互问题：在其他因素不变的情况下，一般认为相对于宏观经济的周期波动，商业银行的流动性风险具有（　　），正确答案为“A. 顺周期性”。
步骤 3：压力测试对象选择
sxylcs032 完成压力测试数据选择，选择“股份制商业银行”。
步骤 4：风险指标计算
sxylcs032 完成流动性比例公式填写，正确答案为“资产负债表 · 流动资产 / 资产负债表 · 流动负债”。
当前压力情景为：轻度。
步骤 5：风险图表分析
sxylcs032 完成风险图表分析。
步骤 6：压力情景设计
sxylcs032 完成风险因子选择与赋值，选择“物价水平指标”，赋值为“上涨 5%”；选择“利率水平指标”，赋值为“上涨 10%”。
步骤 7：压力传导模型
sxylcs032 完成交互问题：根据《商业银行压力测试指引》，压力测试使用的风险分析方法是（　　），正确答案为“C. 定量分析与定性分析相结合”。
步骤 8：风险预警
sxylcs032 完成交互问题：按照监管要求，流动性覆盖率的最低监管标准为（　　），正确答案为“B. 不低于 100%”。
步骤 11：测试参数调整
sxylcs032 完成风险因子选择与赋值，选择“国民经济景气指标”，赋值为“下滑 1%”；选择“物价水平指标”，赋值为“下滑 1%”。
sxylcs032 再次完成测试，测试结果为“流动性比例：11.22%”，“存贷比：81.70%”，“核心负债率：56.32%”，“流动性缺口率：−16.17%”，“流动性覆盖率：99.28%”。

图 5－36　实验报告截图

任务四
总结与展望

课前任务　辩论赛准备

选出两组同学，成立两支辩论队，正方辩题为“金融科技监管重在监管科技而非金融业务”，反方辩题为“金融科技监管重在监管金融业务而非科技”。正方和反方在课前对辩题进行准备，收集论据并撰写辩论稿。

课中任务

金融科技的发展带来了金融监管领域的革命。未来金融监管领域会有一些变化，主要体现在以下几个方面：

一、突破传统分业监管，以“行为监管”为导向

随着金融科技的发展，金融科技呈现出多元化和混业化的发展态势，业务模式日益丰富，不仅模糊了传统金融的业务边界，而且通过创新不断衍生出新的业务模式。金融科技对商业模式的重塑使得传统的以机构类型（银行、保险、证券、信托等）为依据的分业监管模式难以适应新的业态，需要识别各类业务的“金融行为”本质，以“行为监管”为导向。

比如，2016 年 8 月，中国银监会、公安部、工信部、国家互联网信息办公室联合发布《网络借贷信息中介机构业务活动管理暂行办法》，网贷行业首部业务规范正式出台。该暂行办法以金融行为监管为导向，强调投资者保护和信息披露，以负面清单的方式划定了网贷行业的边界红线，一共有 13 条，包括禁止自融，禁止归集出借人资金，禁止提供担保，禁止对融资项目进行期限拆分，禁止发放贷款（但法律法规另有规定的除外），禁止代销银行理财、券商资管、基金、保险或信托产品，禁止从事股权众筹等。

行为监管需要洞察金融科技创新本质，联合多个监管部门，针对创新活动的风险点采取有效的风险管控措施，这对监管部门的监管智慧和跨部门合作能力均是不小的考验。

二、在一致性原则上实施差异化监管

金融科技创新日新月异，呈现出不同的业态和经营模式，金融科技风险也具有多样性和传递性强的特点，因此，对金融科技难以实施一刀切的监管模式，需要根据业务模式的特点，进行差异化监管；同时，金融科技监管也不能是一盘散沙，需要有一致的监管目标和原则，这样才能不被花样繁多的创新形式迷惑，能够按照一以贯之的原则及时采取监管措施。

中国人民银行强调，金融科技企业要与金融持牌机构合作才能从事金融业务，明确了“技术是技术，金融是金融”的监管原则。因此，对于从事金融业务的企业，一律需要取得牌照，按照金融机构来监管；对于以提供技术解决方案为主业、为金融机构提供系统开发和技术支持的金融科技企业，则无须按照金融机构的标准来监管，监管部门更多地从金融机构合作对象的适当性以及技术方案的安全性来进行监管，重点关注金融科技企业的资质、合作条件、技术解决方案安全标准等。

三、积极发展并应用监管科技

监管科技可以使监管部门的技术系统连接金融机构的后台系统，实时获取数

据，运用云计算、数据可视化等技术，实时生成监管动态和报告，具体体现在以下方面：

一是监管资料的数字化，即将与监管相关的全部资料，如视频、音频、图片、文件、表格等进行数字化处理与存储。

二是预测编码，将监管对象的一系列非正常行为数字化标记后，视作一串离散信号，利用上一个信号预测下一个信号，对实际值和预测值的差进行编码，这适用于监管部门遇到缺损数据时，辅助判断是否要对监管对象予以关注。

三是模式分析与机器智能，即运用模式识别与智能化的研究成果，识别、抓取、分析监管对象的异常行为。

四是大数据分析，即运用大数据技术，消除监管者与监管对象之间的信息孤岛，侦测可疑的金融交易行为，并进行追溯，找到违法违规者。

通过系统地构建基于云计算和大数据等技术的数字化监管体系，能够实现即时、动态和全方位的监管，减少人工失误，大大提升监管的效率和效果。

课中任务单　开展辩论赛

正方辩题：金融科技监管重在监管科技而非金融业务。

反方辩题：金融科技监管重在监管金融业务而非科技。

两支队伍对上述辩题展开辩论。

辩论结束后，老师对同学们的表现进行点评，提出自己的看法，并与同学们一起探讨金融科技对金融监管产生的影响。

四、实行沙盒模式，平衡创新与监管

沙盒（sandbox）被引入金融监管领域，旨在为金融创新提供安全的测试环境，允许金融创新在特定范围内进行测试，监管部门对测试过程进行评估后，决定是否给予正式的授权，允许该创新在沙盒之外推广。

监管沙盒是监管部门对金融生态进行顶层设计的一种艺术，折射出因时而变的监管理念，通过一种真实但受限制的测试环境，使监管部门参与了解创新，评估风险，决定是否推广创新，确定现有监管规则是否需要调整，其目的是在风险可控的前提下推动金融创新。

监管沙盒侧重于保护消费者权益，包括：更好的服务、更低的价格、更互惠的交易，增强便利性，帮助消费者识别和控制风险，推动创新、促进正当竞争，让消费者受益。因此，监管沙盒将金融监管者定位为：促进正当竞争，确保市场正常运行，监管金融行为，保护消费者权益，促进金融业稳健发展。这一定位使得监管者的角色和职能更加积极，不再是被动地应对风险，而是积极参与金融创新，促进创新的健康发展。

思政小园地

2022年年初，中国人民银行印发《金融科技发展规划（2022—2025年）》(以下简称《规划》)。《规划》依据《中华人民共和国国民经济和社会发展第十四个五年规划和2035年远景目标纲要》制定，提出新时期金融科技发展指导意见，明确金融数字化转型的总体思路、发展目标、重点任务和实施保障。

《规划》强调，要以习近平新时代中国特色社会主义思想为指导，坚持创新驱动发展，坚守为民初心、切实履行服务实体经济使命，高质量推进金融数字化转型，健全适应数字经济发展的现代金融体系，为构建新发展格局、实现共同富裕贡献金融力量。

《规划》指出，要坚持“数字驱动、智慧为民、绿色低碳、公平普惠”的发展原则，以加强金融数据要素应用为基础，以深化金融供给侧结构性改革为目标，以加快金融机构数字化转型、强化金融科技审慎监管为主线，将数字元素注入金融服务全流程，将数字思维贯穿业务运营全链条，注重金融创新的科技驱动和数据赋能，推动我国金融科技从“立柱架梁”全面迈入“积厚成势”新阶段，力争到2025年实现整体水平与核心竞争力跨越式提升。

课后任务　总结与反思

请每位同学思考以下问题：金融科技在金融监管领域的应用对金融从业人员有什么影响？好的影响有哪些？带来的挑战有哪些？金融从业人员如何应对这些挑战？请每位同学填写表 5-6。

表 5-6　课后任务：总结与反思

任务	思考金融科技在金融监管领域的应用对金融从业人员的影响
好的影响	
带来的挑战	
如何应对挑战	

考核评价

<table>
<tr><td>姓名</td><td></td><td>学号</td><td></td><td>组别</td><td></td><td>总分</td><td></td></tr>
<tr><td>考核内容</td><td colspan="7">金融科技在金融监管领域的应用</td></tr>
<tr><td colspan="8">考核评价标准（总分 = 自评分 ×30%+ 师评分 ×70%）</td></tr>
<tr><th>序号</th><th>评分项目</th><th>分值</th><th>得分点</th><th>自评</th><th>签字</th><th>师评</th><th>签字</th></tr>
<tr><td rowspan="3">1</td><td rowspan="3">学习态度</td><td rowspan="3">20</td><td>学习态度端正</td><td rowspan="3"></td><td rowspan="11"></td><td rowspan="3"></td><td rowspan="11"></td></tr>
<tr><td>勤于思考</td></tr>
<tr><td>小组讨论积极，团队合作良好</td></tr>
<tr><td rowspan="3">2</td><td rowspan="3">理解和分析能力</td><td rowspan="3">30</td><td>能够正确掌握知识点</td><td rowspan="3"></td><td rowspan="3"></td></tr>
<tr><td>能够正确理解任务要求</td></tr>
<tr><td>能够得出合理的分析结论</td></tr>
<tr><td rowspan="2">3</td><td rowspan="2">动手操作能力</td><td rowspan="2">30</td><td>实训任务完成速度</td><td rowspan="2"></td><td rowspan="2"></td></tr>
<tr><td>实训任务完成效果</td></tr>
<tr><td rowspan="2">4</td><td rowspan="2">表单完成情况</td><td rowspan="2">20</td><td>表单项目填写正确完整</td><td rowspan="2"></td><td rowspan="2"></td></tr>
<tr><td>表单项目填写整洁无涂改</td></tr>
<tr><td colspan="2">合计</td><td>100</td><td></td><td></td><td></td></tr>
<tr><th colspan="8">总结和反思</th></tr>
<tr><td colspan="8">1. 从本项目的学习和操作中，你学到了哪些知识和技能？</td></tr>
<tr><td colspan="8">2. 在本项目的学习和操作中，你对自己最满意的地方有哪些？你认为自己在哪些方面还有待提升？</td></tr>
<tr><td colspan="8">3. 对于本项目的学习和操作，你有哪些建议？</td></tr>
</table>

参考文献

［1］吕勇，张蓓，单俊．金融科技．北京：中国人民大学出版社，2021.

［2］姚国章，吴春虎，余星．区块链驱动的金融业发展变革研究．南京邮电大学学报（自然科学版），2016，36（5）．

［3］谢清河．区块链技术与金融业务创新问题研究．金融发展研究，2017（5）．

［4］刘秀德，江琳，温莹，等．人工智能技术推动普惠金融发展策略研究．无线互联科技，2020，17（2）．

［5］巴曙松，白海峰．金融科技的发展历程与核心技术应用场景探索．清华金融评论，2016（11）．

［6］于斌，陈晓华．金融科技概论．北京：人民邮电出版社，2017.

［7］李扬，孙国锋．中国金融科技发展报告：2018. 北京：社会科学文献出版社，2018.

［8］清华大学五道口金融学院中国保险与养老金研究中心．2018 全球保险科技报告．北京：清华大学出版社，2018.

［9］朱进元，刘勇，魏丽．保险科技．北京：中信出版社，2018.

［10］周延礼．保险科技的应用现状和未来展望．清华金融评论，2017（12）．

［11］周雷．互联网金融理论与应用（微课版）．2 版．北京：人民邮电出版社，2019.

［12］何大勇，谭彦，陈本强，等．银行转型 2025. 北京：中信出版社，2017.

［13］张晓朴，姚勇．未来智能银行：金融科技与银行新生态．北京：中信出版社，2018.

［14］李劲松，刘勇．智能投顾：开启财富管理新时代．北京：机械工业出版社，2018.

［15］何平平，车云月．大数据金融与征信．北京：清华大学出版社，2017.

图书在版编目（CIP）数据

金融科技应用 / 张蓓，单俊主编. -- 北京 ：中国人民大学出版社，2023.9

新编 21 世纪高等职业教育精品教材 · 金融类

ISBN 978-7-300-31835-6

Ⅰ. ①金… Ⅱ. ①张… ②单… Ⅲ. ①金融－科学技术－高等职业教育－教材 Ⅳ. ① F830

中国国家版本馆 CIP 数据核字（2023）第 112593 号

新编 21 世纪高等职业教育精品教材 · 金融类

新型活页工作手册式教材

金融科技应用

主　编　张　蓓　单　俊

副主编　吕　勇　魏　曼　杨萌萌　高　娜

参　编　刘　馨　谢　瑶　张书娟　张　朗

Jinrong Keji Yingyong

出版发行	中国人民大学出版社		
社　　址	北京中关村大街 31 号	**邮政编码**	100080
电　　话	010－62511242（总编室）		010－62511770（质管部）
	010－82501766（邮购部）		010－62514148（门市部）
	010－62515195（发行公司）		010－62515275（盗版举报）
网　　址	http://www.crup.com.cn		
经　　销	新华书店		
印　　刷	中煤（北京）印务有限公司		
开　　本	787 mm × 1092 mm　1/16	**版　　次**	2023 年 9 月第 1 版
印　　张	17.25	**印　　次**	2023 年 9 月第 1 次印刷
字　　数	368 000	**定　　价**	53.00 元